日本古代の穢れ観と外来信仰

勝浦令子著

塙書房刊

目次

目　次

日本古代の穢れ観と外来信仰

序　研究史の流れと本書各章の課題と概要

本書の目標は、日本古代の穢れ観、その中でも女性と密接に関係する穢れ観を中心に検討し、これを外来信仰と比較し、その伝播と受容、変容の実態を捉えることである。出産や月経を穢れとする観念、また女性の身体や女性そのものを穢れた存在とみなし、厭うべきものとする観念は、様々な時代や地域の社会と文化の中で創り出されてきた。そしてこれによって社会的、宗教的に、女性が男性よりも不当に低い地位に置かれる原因の一つとなってきた。

死をはじめとする穢れ観については多くの研究業績が存在する[1]。そして本書が主に考察対象とする、出産や月経などに代表される女性に対する穢れ観も、民俗学、文化人類学、文学、また日本史、思想史、宗教史、仏教史、神祇信仰史、法制史、女性史、ジェンダー史、医学史、その他、様々な分野で検討されてきた。内容については本書各章で必要に応じて言及するが、ここでは簡単に研究分野別の研究史の流れと主要文献を記しておきたい。

民俗学分野では、たとえば昭和初期の研究として、鹿鳴山人「お産の穢れ」「血の穢れと肉の穢れ」「産小屋の遺風」[2]、田中香涯「血穢考―血穢思想に就て―」[3]などがあり、また死を黒不浄と称するのに対し、出産を白不浄、月経を赤不浄と称する習俗語彙が確認され[4]、産婦を隔離する産小屋や月経期間の女性を隔離する他屋の風習などが指摘されてきた[5]。

一九七〇年代以降に民俗学、文化人類学ではハレ・ケ・ケガレ論が盛んになったが、この時期に発表された主要な文献としては、宮田登「血穢とケガレ─日本人の宗教意識の一面─」[6]、同『神の民俗誌』[7]、同「民俗宗教のなかの血穢観」[8]、瀬川清子『女の民俗誌─そのけがれと神秘』[9]、牧田茂『神と女の民俗学』[10]、波平恵美子「月経と豊穣」[11]、同「出産・月経とケガレ─赤不浄」[12]、アンヌ・マリ ブッシュ「母の力─産屋の民俗と禁忌」[13]などがある。その後も民俗学、文化人類学関係の研究は多く発表されている[14]。

医学史の分野では[15]、一九五〇年代の山崎佐「医事と穢忌」[16]、その後一九九〇年代の新村拓『出産と生殖観の歴史』が、受胎の不浄視、月経観についても触れている[17]。

これに対し、日本史、仏教史、宗教史、思想史、文学などの分野では、一九八〇年代では岡田重精『古代の斎忌〈イミ〉─日本人の基層信仰─』の「第六章イミの諸相（上）、第三節　出産・月事の忌」がある[18]。そして一九八〇年代以降に女性史、ジェンダー史の影響で活発になり、その早い例として、西口順子「仏法と忌み」[19]、一九九〇年代では、西山良平「王朝都市と《女性の穢れ》」[20]、また中野優子「「女人救済」と血穢観─『芦峅中宮御媼尊縁起』を中心に─」[21]、拙稿「血穢について」[22]などがある。

二〇〇〇年代にはさらに研究が進展し、代表的なものを発表順に提示すると、安田夕希子『穢れ考─日本における穢れの思想とその展開』[23]、成清弘和『女性と穢れの歴史』[24]、藤田きみゑ「問わずがたり─月経と血の穢れ思想─」[25]、長田愛子「古代日本における女性の穢れ観の成立とジェンダー─「記紀」の「穢」に関する記述の分析から─」[26]、松下みどり「〈女性の穢れ〉の成立と仏教」[27]、拙稿「七・八世紀将来中国医書の道教系産穢認識とその影響─神祇令散斎条古記「生産婦女不見之類」の再検討─」[28]、加藤美恵子「中世の出産─着帯・介添え・血穢を視座として─」[29]、拙稿「日本古代における外来信仰系産穢認識の影響─本草書と密教経典の検討を中心に─」[30]、源淳子「穢れ」[31]、拙稿「女性と穢れ観」[32]、服藤早苗「斎宮の忌詞と女性観の成立」[33]がある。

二〇一〇年代以降では、桑原恵「国学思想に見るジェンダー―ケガレとムスビをめぐって―」[34]、加藤美恵子「女性と穢れ」[35]、二〇〇五年・二〇一〇年発表論文を合わせて再構成した片岡耕平「「従産穢内迎取養育」考」[36]、また同「女性の穢の成立」[37]などがある。

穢れ観と密接に関係する「女人結界」「女人禁制」、また祭祀からの女性の排除に関連した研究も、各分野で多く行われてきた[38]。本書で特に参考にした主要研究は、脇田晴子氏[39]、鈴木正崇氏[40]、牛山佳幸氏[41]の研究である。

そして出産や月経の穢れ観と密接に関係する血盆経信仰、血盆池地獄・血の池地獄についても多くの研究がある[42]。特に一九六〇年代には中国の弘陽教とも比較したミシェル・スワミエ「血盆経の資料的研究」[43]、一九七〇年代には、堕地獄の理由が出産の血か月経か、またその日本における受容時期について論じた、武見李子「『血盆経』の系譜とその信仰」[44]、同「日本における血盆経信仰について」[45]、一九八〇年代には、武見説を批判的に継承発展させた松岡秀明「我が国における血盆経信仰についての一考察」[46]がある。

絵解きの史料、血盆経信仰霊場に関しては、一九八〇年代以降からは高達奈緒美氏が多くの論文を発表している[47]。そして二〇〇〇年代では、牧野和夫・高達奈緒美「血盆経の受容と展開」が朝鮮版の資料を紹介している[48]。また前川亨「中国における『血盆経』類の諸相―中国・日本の『血盆経』信仰に関する比較研究のために―」が日中の血盆経の諸本を比較検討しており[49]、東アジアの比較検討が進展した。二〇一〇年代には、加藤美恵子「中世の女性と血盆経信仰」[50]、川内教彰「『血盆経』受容の思想的背景について」[51]などもある。なお血盆経信仰を流布させた熊野比丘尼、また天台修験、曹洞宗など各宗派の研究も多いが、ここでは省略する。

日本古代の穢れ観を他の地域と比較検討する研究の早い例としては、一九一七年の中田薫「古法と触穢」[52]があり、その中で出産穢については、ペルシャ、インド、ギリシャ、ローマなどアーリア諸族、また中国、ユダヤと簡単に比較している。また日本の穢れ観に影響を与えた外来信仰については、仏教の影響を論じるものは多い。これに対して仏教以外の外来信仰と比較し、その影響を具体的に検討した研究に福永光司「『古事記』神話と道教神学」[53]などはあるが、少なかった。そして高取正男『神道の成立』は、浄と穢の概念は仏教で発展し、吉と凶の観念は儒教や陰陽道で発展したとみて、出産や月経の忌みに不浄観が加わるのは外来信仰の影響の中でも、仏教の影響が大きかったとしている。[54]しかしこれらの観念は中国ですでに影響し合い、日本でも複雑に習合させて受容しているため、日本の浄穢観念の成立を単独信仰の影響で論ずることはできず、仏教だけでなく、儒教、道教、陰陽、暦法や民間習俗などの影響、またこれを中国だけでなく朝鮮半島からの影響も考慮する必要がある。

著者は一九九五年に「血穢について」[55]という短文で、中国の道教に早くから産穢認識が存在し、また暦に日遊神の産婦忌避があり、日本でも八世紀の正倉院文書に残る具注暦に日遊神の産婦忌避が記載されていたことから、七世紀末から八世紀の律令制成立期には、まだ広汎に流布する段階には至っていなかったとはいえ、すでに道教、暦法、渡来系氏族の習俗などにみえる穢れ観の伝播を推測でき、中国の産穢観念が次第に日本の出産禁忌に影響を与えていった可能性があることを簡単に論じていた。

本書では東アジアにおける仏教、儒教、道教などの諸信仰や民間習俗にみえる穢れ観を具体的に検討し、これらが外来信仰として日本に伝播し、受容され、変容していく過程を考察していく。各章の課題と概要は以下の通りである。

第一章「七・八世紀将来中国医書の道教系産穢認識とその影響―神祇令散斎条古記「生産婦女不見之類」の再検討―」

この章は、中国の道教経典や医書にみえる道教系の産穢認識の内容を詳しく指摘し、神祇令⑪散斎条の「不ㇾ預二穢悪之事一」に関する集解諸説のうち、大宝令の注釈書である古記が「生産婦女不ㇾ見之類」と注釈したことを、神話にみえる産婦瞥見禁忌で、穢れ観とは無関係なものとする先行研究の説を再検討し、道教経典や医書にみえる産穢認識と共通する穢れ観を説明したもので、『弘仁式』触穢規定の産穢に繋がっていくものであると指摘することを課題とした。

七世紀末から八世紀初頭の律令祭祀儀礼整備の中で、大宝神祇令散斎条の規定が成立したが、散斎条の禁忌は、唐の律令祭祀儀礼における禁忌を基本的に手本とし、これに「食宍」を追加したものであり、散斎条の「穢悪」についても、唐の祭祀における禁忌と比較検討する必要がある。儒教の斎には「穢悪」に対する瞥見禁忌が存在するが、当時唐で重視されていた道教系の斎戒儀礼も、人の死喪、出産、月水などを穢れとして忌んでいた。このことは『斎戒籙』『上清太上黄素四十四方経』『雲笈七籖』『赤松子章暦』『無上秘要』『洞玄霊宝三洞奉道科戒営始』など、道教経典の分析によって明らかである。さらに道教系の産穢認識の影響を受けている中国医書の『千金方』『小品方』の中にも、産婦の瞥見禁忌を含む出産禁忌・穢悪認識が存在することを具体的に指摘できる。

『千金方』『小品方』は八世紀初頭までには日本に伝来しており、女医や女医博士によって、当時の最先端医療としての開明的知識とともに、道教系の産穢認識も抱き合わせで受容されていたと考えられる。八世紀前半の長屋王家木簡の「女医」関係の木簡、「穢」の文字がみえる木簡、「打散米」の木簡、また八世紀中頃の具注暦にみえる日遊神の産婦禁忌などから、医学とともに、易、陰陽暦法の知識も含め、出産禁忌や産穢認識が渡来系の人々や王権周辺の人々に影響を及ぼしていた可能性がある。八世紀前半の大宝令注釈書である古記が「穢悪」を「生産婦女不ㇾ見之類」と注釈したのは、多くの先行研究が論じてきた穢れ観とは無関係な神話の産婦瞥見禁忌を示したものではなく、道教経典や中国医書にみえる産穢認識と共通する穢れ観を説明したものである。

八世紀には、神祇信仰による祓の対象となる穢悪認識とともに、渡来系の穢悪認識が、少なくとも畿内を中心に影響していた可能性は極めて高い。外来の諸信仰にみえる、人と六畜の死や出産をはじめとする諸種の穢悪認識の存在も踏まえて、公的に整理限定し、日数等を制度化していったのが、九世紀前半の『弘仁式』制定の時期である。そして雑多で未整理のままに様々な形態で受容され、存在していた穢悪観念を、ある意味で政治的に整理し、逆にその範囲で固定化したのが『弘仁式』の触穢規定であった。さらにこれが『貞観式』『延喜式』を経て、その枠組みをひろげ、これを保持しつつ、後世には日数等の拡大化の道をたどった。

第二章「日本古代における外来信仰系産穢認識の影響―本草書と密教経典の検討を中心に―」

この章は、第一章の続編として、中国古代における民間の出産禁忌習俗と道教系産穢との関係、また医書だけでなく薬学関係の本草書にも、産婦瞥見禁忌がみえること、さらに仏教経典の中でも、唐宋期に翻訳、撰述作された密教経典だけに、出産禁忌・産穢認識がみえることを指摘する。そして本草書と密教経典による産穢認識の日本への影響を考察することを課題とした。

王充の『論衡』にみえる「婦人乳子」習俗記事によれば、一世紀代の中国江南地域で出産を不吉とし、産婦を隔離し腐臭を忌避する習俗があった。このような民間習俗の出産禁忌は道教系の産穢認識と共通するものである。また産婦瞥見禁忌は、医書だけでなく、薬学関係の本草書にもみえ、たとえば『本草集注』序録に、服薬の時は死尸及び産婦淹穢の事を見ることを忌むとある。これに対し、『千金方』には合薬の時に産婦が見ることを禁じている。『本草集注』は藤原宮出土木簡にみえ、遅くとも七世紀末には日本で利用されており、医疾令でも教科書とされていた。合薬しその薬を服する時に、死や出産の穢れを忌むことは、日本において七世紀末には、医書や本草書からも知られるようになっていた。

仏教経典では、出産禁忌の記述は早期の翻訳経にはみえず、唐宋代に翻訳または撰述された密教経典にみえることが特徴である。『陀羅尼集経』『龍樹五明論』『千手千眼観世音菩薩広大円満無礙大悲心陀羅尼経』『千手千眼観世音菩薩治病合薬経』『一字仏頂輪王経』『菩提場所説一字頂輪王経』『蘇婆呼童子請問経』には、道教経典や医書、本草書と類似する、死喪家や産室への進入と飲食の禁止、産婦を見ること、逆に産婦が見ること、中には六畜や牛・馬・驢・駝・猪・犬・羊など特定動物の出産禁忌を含むものもあった。密教経典の産穢認識はインドや中央アジアにおける認識との関係も否定できないが、『陀羅尼集経』『龍樹五明論』などは道教との関係が濃厚で中国撰述の可能性が高い。

八世紀後半の日本では、『陀羅尼集経』は確実に受容されており、『弘仁式』の死穢・産穢の枠組みとその原型の成立に、道教との関係が濃厚である密教経典類が影響を与えた可能性もある。『陀羅尼集経』、道教経典には、人間だけでなく「六畜」の産穢禁忌がみえ、『弘仁式』の「六畜」規定は外来信仰の影響を受けていると考えられる。また穢れの期間を日数で区分し、その期間だけを問題とする点は儒教や道教にも類似する要素がある。ただし日本の人間の産穢は七日、六畜の産穢は三日と短いことが特徴である。

以上のように、日本の律令神祇祭祀の斎戒における出産禁忌は、それ以前の出産習俗禁忌を受け皿にしつつも、医書、本草書、陰陽書、暦、密教経典などを媒介として、儒教、道教、仏教系の外来信仰の影響を色濃く受けていた。

第三章「女性と穢れ観」

この章は、アジアの諸宗教おける女性と穢れ観の関係を、出産や月経に限定せずに検討し、この認識がどのように日本に影響を与えていったのかを検討する。すなわち主に、仏教や儒教、道教における穢れ認識と日本の仏教や神祇信仰の関係を再検討し、可能な限り男性修行者による穢悪忌避と、それによって排除された女性側の受容過程を概観し、日本古代における女性に対する穢れ観の特質を論じることを課題とした。

古代インドの『マヌ法典』には、死と出産を不浄とし、死の禁忌とともに、月経の女性、出産後十日未満の女性と接触することの禁忌がみえる。また豚・鶏・犬、月経中の女性は、ブラーフマナ（司祭階級のバラモン）が食事をするのを見てはならないとする例などもある。一方、インドで成立した初期仏教経典にも、女性を穢れた存在とするものがある。これが東アジアに受容される時に漢訳されたが、『増一阿含経』は女人を「穢悪」もしくは「女人臭穢不浄」としている。また大乗仏教経典である『妙法蓮華経』は「女身垢穢」、『仏説転女身経』も女身を「不浄之器、臭穢充満」としている。これらは出産や月経に限定されない恒常的な穢れ観になっている。

このような女身に対する穢れ観を六世紀の敦煌や吐魯番の比丘尼が受容していたことが写経識語にみえる。また七世紀の唐では、男性修行者の観想の手引き書である『浄心誡観法』は、「経云」として女根の中に二万の姪虫が存在し生臭く穢れており、密かに胎孕を堕し懐姙産生すると汚穢狼藉であるとし、善神は見聞して悉く皆捨て去り、悪鬼魍魎は数々来て侵擾すると記している。このような内容は『仏説転女身経』などにはなく、むしろ密教系の産穢認識に類似し、さらに拡大解釈された穢れ観となっている。

修行者が女性の出産や月経を穢れとして忌避する認識は、密教経典に多く散見するが、唐宋代に翻訳、撰述されたものにみえることが特徴である。道教でも人の死喪、出産、月経、ある種の病を穢れとし、道教の「斎」において忌む認識が存在し、医書や本草書にも取り入れられていた。ただし出産や月経など特定の状況の女性だけでなく、単に女性に見られることを忌避するという女性一般に拡大した表現の例もある。このように中国では、儒教、道教、密教に共通する出産や月経など特定の状況の穢れ観と、初期仏教経典や大乗仏教経典の影響を受けた恒常的な女身に対する穢れ観が互いに影響を与えていった。

日本では、七世紀後半から八世紀前半に、中国から受容した女性に対する穢れ観・不浄観が意識され出し、八世紀末には、諸種の穢れを祓う烏枢沙摩法がみえる『陀羅尼集経』も受容されていた。また法会の場で動物の血の穢れを忌避する例、仏堂など清浄空間で一時的に不浄となっている女性を排除した例があった。そして九世紀前半には、比叡山や高野山などで、一定の領域から女性を恒常的に排除する女人結界を設けるようになっていった。女人結界は男性僧の戒律遵守のためだけでなく、神仏の降臨する空間の清浄確保のために、女性を排除したものといえる。聖域からの女性排除は、浄行を行う男性修行者側によって先行して受容された。さらに神仏習合が進行し、密教が盛んになる遅くとも十世紀から十一世紀前半までには、自ら月経の期間に参籠を忌んだ例、弥勒浄土とされた金峯山の参入ができないことを受け入れて変成男子を願う例など、排除された女性たちによっても、貴族を中心とした階層の一部に内在化されて受容されていった。一時的排除である出産や月経の穢れだけでなく、浄土に女人は存在しない、女性は「不浄」で法器ではないとする、恒常的な女性排除の教義、穢れ観の影響があった。

第四章「古代・中世前期出産儀礼における医師・医書の役割」

この章は、出産に伴う様々な儀礼を通じて、出産禁忌や穢れ観が実際にどのように認識され、受容されていたのかを具体的に考察することを目的とし、出産儀礼の中でも、出産前及び出産中・出産直後の儀礼で、特に出産禁忌や産穢認識と深く関わる、医師の関与や中国医書の影響を検討した。史料が多く残っている中世前期の平徳子（新生児、のちの安徳天皇）の例を基本モデルとして概観し、これをもとに医師の関与や中国医書の影響を可能な限り古代の事例に遡って検討することを課題とした。

医師が関与した儀礼は、まず出産前では医書に基づき産婦と胎児に対する安産のための薬の進上と胎教の知識伝達に関するものがあった。またその一方で妊娠・出産によって生じる穢れに対する禁忌や、この禁忌を避けるための呪術に関するものがあった。さらに出産中は医師が安産の呪法と薬の調進を予め行っておき、出産そのものは出産介助の経験が豊かな女性たちが、事前に医師や医書によって得た知識も含め、産婦と胎児を介助していた。そして出産後に医師は、産婦の薬調進と、新生児の成長祈願に関連する薬や雑物を調進した。以上の医師の役割の中でも、日遊を配慮して産所に「借地文」を貼り、反支を考慮し産座を鎮める呪を読むという呪術的儀礼や、出産禁忌を指導する背後には、道教系産穢認識の影響が存在した。この点から、医師が関与した出産禁忌儀礼は、道教や陰陽五行説と密接な関係にある陰陽師との共通性があった。

残存史料からは、医師による乳付薬進上や出産前後の祗候は遅くとも十世紀前半まで遡り、産婦の産穢を背景にした反支を陰陽師が問題にすることは遅くとも九世紀中頃までは遡ることができる。医師や陰陽師が典拠とした主要医書のうち『産経』の伝来は九世紀末には確認でき、『子母秘録』も遅くとも十世紀末までに伝来していた。それ以前の医師の出産関与や儀礼は、史料的に不明な点はあるが、『小品方』『千金方』など七・八世紀に将来されていた医書や暦などから、日遊や出産禁忌を配慮することは八世紀まで遡ることが考えられる。

第五章「産穢―産婦と新生児―」

本章は、片岡耕平氏が産穢は新生児が発生源であり、出産に付随する「胞衣などの汚物」への嫌悪感に根差して「穢」とされたのではなく、式の産七日は異界から来た異質なものである新生児を受け入れる日数であり、産穢が式に規定された当初には、女性の出血を理由としていなかったが、中世に産穢三十日となった時に、「女性の穢」が成立したとする説に対する検討を課題とした。

片岡説が根拠とした『文保記』「生産穢」にみえる諸説は、胞衣を分娩中、分娩後に産婦から出る血液類と同じ「汚物」とみて、新生児対「胞衣などの汚物」の二者択一として議論されているとはいえない。そしてこの史料は当初女性による汚物が問題ではなかったが、十一世紀末頃に問題とされるようになったことを示すものではない。片岡説は「産穢の発生源は、出産という営為を通じてこの世に誕生する新生児であった」とするが、産穢は「女性による出産」という営為によって引き起こされた「新生児の誕生」を指標に開始する「こと」であり、産婦と新生児のいずれもが当事者と考えるべきである。片岡説は式の産穢七日は新生児を受け入れる期間としているが、鎮火祭祝詞の産婦瞥見禁忌の七日間、また白い空間の七日間は、新生児だけではなく、産婦の期間でもあった。

片岡説は式の産穢と血は無関係とする。しかし出産中は新生児と胞衣は汚水や血を伴っており、産後七日程度は産婦にとっては血色の悪露が最も多い時期である。この期間は新生児の身体だけでなく、産婦の身体が安定し、秩序が回復していくうえでも、重要な目安となる期間である。その一方で、これは『弘仁式』触穢規定の「穢悪」に触れて忌むべきことの一つである「産七日」に重なり、産婦、そして産婦を通じて出現する新生児とその分身である胞衣、出産に付随する出血など、すべてが「穢悪」と認識されていた。また片岡説は、産穢は月事（血）よりも前に制定されていることを根拠に、産穢と血は無関係と説明したが、延暦二十三年（八〇四）成立の『皇大神宮儀式帳』にみえる忌詞の「死」「血」「宍」「墓」「病」は、『弘仁式』触穢規定の「死」「産」「喫レ宍」「弔レ喪」

「問レ疾」と重なり、忌むべき「血」は様々な原因によるといえるが、この中に「産」に伴う血も含まれると考えることが自然な解釈である。『玉葉』にみえる産穢三十日など、十一世紀末頃に産穢の日数が追加されていたことは確かであるが、三十日は産婦だけに追加された日数でなく、『諸社禁忌』にみえる伊勢神宮の例は出血が継続している場合だけ、三十日に加えさらに日数を追加している。また『諸社禁忌』では死穢も式の三十日から五十日、七十日とする例も増加しており、様々な穢れを規制強化する中の一つとして、「産穢」も日数が増加されたのであり、この頃初めて産婦の血を原因とする「女性の穢」として追加されたとはいえない。

第六章「穢れ観の伝播と受容」

本章は、古代における穢れ観の伝播と受容について、諸宗教の複合・重層の観点から考察し、さらに中世以降の展開を見通しながら、特に女性と穢れ観について、血盆経信仰を中心に論述することを課題とした。

この章は、日本古代の「穢れ観」が、儒教、道教、仏教など外来信仰の「穢れ観」との接触の中で整備され、さらにどのように変化していったかを概説した。律令神祇祭祀の斎戒における死や出産の禁忌は、日本における原初的な忌避習俗を受け皿にしつつも、中国の医書、本草書、陰陽書、暦、密教経典を媒介として、儒教、道教、仏教系の外来信仰の影響を色濃く受けていた。そして唐祠令の影響を受けた八世紀の神祇令⑪散斎条の死の禁忌と、出産を含む「穢悪」を出発点とし、八世紀後半の神祇儀式整備の時期に、雑多で未整理な「穢れ観」が整理されていくようになり、九世紀前半の『弘仁式』、九世紀後半の『貞観式』に成文化が進み、十世紀前半の『延喜式』の触穢規定として定着していった。この「式」規定によって死、出産、月経などの「穢」が及ぼす空間・時間・伝染を一定の範囲に限定して管理することになった。

「式」の穢規定が十世紀以降、さらに『延喜式』として効力を発揮することにより、触穢は定着していった。そして醍醐天皇以降、神事に際し、「穢」の状況を厳密に検討し、その忌む日数を決定するなど、その対応について最終的な判断を下すことを「定穢」と称し、公卿僉議を経たうえで天皇が行うことが原則となっていった。摂関期末から院政期にかけては、「式」規定を基準とするだけでなく、先例も重視され、また陰陽師の占いだけでなく、明法博士の勘申を判断の参考にするようになった。そして「穢」に対する判断が多様化することによって、「穢」の疑いがある場合でも適用する拡大解釈がなされるようになった。そして中世には各神社の慣習を反映した「服忌令」が作成され、「式」規定より禁忌期間の拡大化や忌避観念の強化が進行していった。

また出産や月経の「穢れ観」は、触穢の禁忌期間に限定された「穢れ観」を越えて、恒常的なもの、死後にも影響を与える観念とされる場合がみられた。その具体例である中・近世に流布した血盆経信仰も、中国・朝鮮半島の「穢れ観」の影響を受けたものであった。なお『三国遺事』にみえる月水帛を洗った川の穢水を僧に供する新羅の説話は、血盆経に通じる原初的なものである。ただし産穢の湯を浴びる男性修行者の説話とともに、その克服が男性修行者の信心の証とされている点が注目される。

注

(1) 二〇一〇年までの主要な研究文献については、三橋正「穢」(『日本古代神祇制度の形成と展開』法藏館、二〇一〇年)の注に譲り省略する。その中でも特に本書と関連する代表的なものに、高取正男『神道の成立』平凡社、一九七九年、岡田重精『古代の斎忌〈イミ〉―日本人の基層信仰―』国書刊行会、一九八二年、のち増補版、一九八九年、山本幸司『穢と大祓』平凡社、一九九二年、のち増補版、解放出版社、二〇〇九年、前述の三橋正「穢」などがある。この他で本書が参考にした主要文献は、新谷尚紀『ケガレからカミへ　新装版』岩田書院、一九九七年、同「死とケガレ」（宮田登・新谷尚紀編『往生考—日本人の生・老・死』小学館、二〇〇〇年）、勝田至「中世触穢思想再考」（『日本中世の墓と葬送』吉川弘文館、二〇〇六年）、大本敬久『触穢の成立—日本古代における「穢」観念の変遷—』創風社出版、二〇一三年、片岡耕平『穢れと神国の中世』講談社、二〇一三年、同『日本中世の穢と秩序意識』吉川弘文館、二〇一四年、櫛木謙周「穢観念の歴史的展開」（『日本古代の首都と公共性—賑給、清掃と除災の祭祀・習俗—』塙書房、二〇一四年）、井出真綾・牛山佳幸「古代日本における穢れ観念の形成」（『信州大学教育学部研究論集』九、二〇一六年）、尾留川方孝『古代日本の穢れ・死者・儀礼』ぺりかん社、二〇一九年、佐々田悠「古代日本の罪と穢れ」（佐々田悠・舩田淳一・関口寛・小田龍哉編『差別と宗教の日本史—救済の〈可能性〉を問う—』シリーズ宗教と差別、第2巻、法藏館、二〇二二年）などがある。

また服藤早苗・小嶋菜温子・増尾伸一郎・戸川点編『ケガレの文化史—物語・ジェンダー・儀礼』叢書・文化学の越境⑪、森話社、二〇〇五年の諸論文、特に北條勝貴「〈ケガレ〉をめぐる理論の展開　序論」は、穢れ観の問題を理論的に理解するうえで有益である。文化人類学では、メアリ・ダグラス『汚穢と禁忌』（原著は一九六六年）塚本利明訳、思潮社、一九七二年が日本の研究に影響を与えている。インドの穢れ観については、小谷汪之『穢れと規範—賤民差別の歴史的文脈』明石書店、一九九九年、関根康正『ケガレの人類学—南インドハリジャンの生活世界』東京大学出版会、一九九五年、関根康正・新谷尚紀編『排除する社会・受容する社会—現代ケガレ論』吉川弘文館、二〇〇七年なども参考とした。

（2）鹿鳴山人「お産の穢れ」「血の穢れと肉の穢れ」「産小屋の遺風」（『歴史地理』四五—三、吉川弘文館、一九二五年）。

（3）田中香涯「血穢考—血穢思想に就て—」（『新史談民話』東学社、一九三四年、のち礫川全次編『穢れと差別の民俗学』歴史民俗学資料叢書、第3期第4巻、批評社、二〇〇七年所収）。

（4）柳田國男『禁忌習俗語彙』（『柳田國男全集』二二、筑摩書房、二〇一〇年、初出は一九三五年）。

（5）恩賜財団母子愛育会編『日本産育習俗資料集成』第一法規出版、一九七五年、調査は一九三五年。

（6）宮田登「血穢とケガレ—日本人の宗教意識の一面—」（下出積與博士還暦記念会編『日本における国家と宗教』大蔵出版、一九七八年、のち宮田登『女の民俗学』宮田登日本を語る、第11巻、吉川弘文館、二〇〇六年所収）。

（7）宮田登『神の民俗誌』岩波書店、一九七九年。
（8）宮田登「民俗宗教のなかの血穢観」（『性と身分』大系仏教と日本人8、春秋社、一九八九年）。同『ケガレの民俗誌―差別の文化的要因』人文書院、一九九六年。ちくま学芸文庫、筑摩書房、二〇一〇年の「Ⅲ 性差別の原理」はこの論文を基礎としている。
（9）瀬川清子『女の民俗誌―そのけがれと神秘』東京書籍、一九八〇年。
（10）牧田茂『神と女の民俗学』講談社、一九八一年。
（11）波平恵美子「月経と豊穣」（『ケガレの構造』青土社、一九八四年）。
（12）波平恵美子「出産・月経とケガレ―赤不浄」（『ケガレ』東京堂出版、一九八五年、のち講談社文庫、二〇〇九年）。
（13）アンヌ・マリ　ブッシュ「母の力―産屋の民俗と禁忌」（脇田晴子編『母性を問う』上、人文書院、一九八五年）。
（14）一九九六年までの民俗学分野を中心とした穢れ関係の関連文献は、女性史総合研究会編『日本女性史研究文献目録』、東京大学出版会、一九八三年、Ⅵ.民俗、§4.5産育、同編『日本女性史研究文献目録』Ⅱ、東京大学出版会、一九八八年、Ⅷ.民俗、§4.4産育、§5.3ケガレ・ケ・ハレ、同編『日本女性史研究文献目録』Ⅲ、東京大学出版会、一九九四年、Ⅶ.民俗、§5.1.4ケガレ・その他、同編『日本女性史研究文献目録』Ⅳ、東京大学出版会、二〇〇三年、Ⅶ.民俗、§4.2産育、§5.1民間信仰・宗教を参照。その他に阿久津昌三「女のけがれ？―月経と出産のフォークロア―」（『信州大学教育学部紀要』七八、一九九三年）などもある。
（15）梶完次（藤井尚久校補）『明治前日本産婦人科史』（日本学士院日本科学史刊行会編『明治前日本医学史』第四巻、日本学術振興会、一九六四年）は、穢れに関する言及はほとんどないが、古代からの産婦人科に関する通史となっている。
（16）山崎佐『江戸期前日本醫事法制の研究』中外醫学社、一九五三年。
（17）新村拓『出産と生殖観の歴史』法政大学出版局、一九九六年。
（18）岡田重精前掲書注（1）に同じ。
（19）西口順子「仏法と忌み」（『女の力―古代の女性と仏教』平凡社、一九八七年）。

(20) 西山良平「王朝都市と《女性の穢れ》」(『日本女性生活史』第一巻、原始・古代、東京大学出版会、一九九〇年)。
(21) 中野優子「「女人救済」と血穢観―『芦峅中宮御媼尊縁起』を中心に―」(『宗教学論集』一六、駒沢宗教学研究会、一九九〇年)。なお中野優信「女性と仏教―仏教の血穢観と母性観―」(奥田暁子・岡野治編著『宗教のなかの女性史』青弓社、一九九三年)もある。
(22) 拙稿「血穢について」(『女の信心―妻が出家した時代―』平凡社、一九九五年の第五章「「洗濯と女」ノート」の「補」)。これは同「女性と古代信仰」(前掲書注(20)に同じ)の第一章の一部をもとに改稿したものである。
(23) 安田夕希子『穢れ考―日本における穢れの思想とその展開』ICU比較文化叢書5、国際基督教大学比較文化研究会、二〇〇〇年。
(24) 成清弘和『女性と穢れの歴史』塙書房、二〇〇三年。
(25) 藤田きみゑ「問わずがたり―月経と血の穢れ思想―」(『女性史学』一三、二〇〇三年)。
(26) 長田愛子「古代日本における女性の穢れ観の成立とジェンダー―「記紀」の「穢」に関する記述の分析から―」(『総合女性史研究』二一、二〇〇五年)。なお同「女性の穢れ観の成立とジェンダー―『延喜式』と『古事記』における「穢」から―」(『上越社会研究』一九、二〇〇四年)もある。
(27) 松下みどり「〈女性の穢れ〉の成立と仏教」(『相模女子大学紀要』七〇A、二〇〇六年)。
(28) 拙稿「七・八世紀将来中国医書の道教系産穢認識とその影響―神祇令散斎条古記「生産婦女不見之類」の再検討―」(本書第一章、初出は二〇〇六年)。
(29) 加藤美恵子「中世の出産―着帯・介添え・血穢を視座として―」(『女性史学』一六、二〇〇六年、のち『日本中世の母性と穢れ観』塙書房、二〇一二年所収)。
(30) 拙稿「日本古代における外来信仰系産穢認識の影響―本草書と密教経典の検討を中心に―」(本書第二章、初出は二〇〇七年)。
(31) 源淳子「穢れ」(田中雅一・川橋範子編『ジェンダーで学ぶ宗教学』世界思想社、二〇〇七年)。

(32) 拙稿「女性と穢れ観」(本書第三章、初出は二〇〇九年)。
(33) 服藤早苗「斎宮の忌詞と女性観の成立」(後藤祥子編『王朝文学と斎院・斎宮』平安文学と隣接諸学、六、竹林舎、二〇〇九年)。
(34) 桑原恵「国学思想に見るジェンダー―ケガレとムスビをめぐって―」(竹村和子・義江明子編著『思想と文化』ジェンダー史叢書、第3巻、明石書店、二〇一〇年)。
(35) 加藤美恵子「女性と穢れ」(鈴木則子編『歴史における周縁と共生』思文閣出版、二〇一四年)。
(36) 片岡耕平「「従産穢内迎取養育」考」(前掲『日本中世の穢と秩序意識』注(1)に同じ)。
(37) 片岡耕平「女性の穢の成立」(『歴史評論』八一六、二〇一八年)。
(38) 女人禁制関係の主要研究は、鈴木正崇『女人禁制』吉川弘文館、二〇〇二年、同『女人禁制の人類学―相撲・穢れ・ジェンダー―』法藏館、二〇二一年の参考文献を参照。この他に伊藤信博「穢れと結界に関する一考察―「ケガレ」と「ケ」―」(名古屋大学大学院国際言語文化研究科編『言語文化論集』二四(一)、二〇〇二年)、湯麗「女人禁制に見る女への穢れ観―神祇信仰を中心に」(『福井工業大学研究紀要』三九、二〇〇九年)、柳田國男から牛山佳幸までの主要女人禁制論を研究史整理した近藤直也「「女性排除」と「女人禁制」」(『ケガレとしての花嫁』創元社、一九九七年)。
(39) 脇田晴子「女人禁制と触穢思想―ジェンダーと身体的性差―」(『女性史学』一五、二〇〇五年)。
(40) 鈴木正崇前掲『女人禁制』、『女人禁制の人類学―相撲・穢れ・ジェンダー―』注(38)同じ。
(41) 代表的なものとして牛山佳幸「『女人禁制』再論」(『山岳修験』一七、一九九六年)、同『「女人禁制」の成立事情と歴史的意義をめぐる再検討』(科学研究費補助金基盤研究(C)(2)研究成果報告書、平成13~15年度、信州大学、二〇〇五年)、同「女人禁制の日本的展開」(『日本の宗教とジェンダーに関する国際総合研究―尼寺調査の成果を基礎として―』I本文編、科学研究費補助金(基盤研究(B)研究成果報告、平成18~20年度、二〇〇九年)がある。
(42) 昭和初期では中山太郎「血の池地獄」(『日本民俗学』風俗編、大岡山書店、一九三〇年)、塚田信寿『月水護符の研究』粋古堂、一九三七年などがある。この他、二〇〇三年までの主要研究は前川亨「中国における『血盆経』類の諸相―中国・

日本の『血盆経』信仰に関する比較研究のために―」（『東洋文化研究所紀要』一四二、二〇〇三年）参照。

(43) ミシェル・スワミエ「血盆経の資料的研究」（『道教研究』第一冊、昭森社、一九六五年）。

(44) 武見李子「『血盆経』の系譜とその信仰」（『仏教民俗研究』三、一九七六年）。

(45) 武見李子「日本における血盆経信仰について」（『日本仏教』四一、一九七七年）。

(46) 松岡秀明「我が国における血盆経信仰についての一考察」（『東京大学宗教学年報』六、一九八九年、のち総合女性史研究会編『女性と宗教』日本女性史論集五、吉川弘文館、一九九八年所収）。

(47) 代表的なものとして、高達奈緒美「血の池地獄の絵相をめぐる覚書―救済者としての如意輪観音の問題を中心に―」（『絵解き研究』六、一九八八年）。同「疑経「血盆経」をめぐる信仰の諸相」（『国文学―解釈と鑑賞』五五―八、一九九〇年）。同「「血盆経」と女人救済―〝血の池地獄の語り〟を中心として」（『国文学―解釈と鑑賞』五六―五、一九九一年）。同「血の池如意輪観音 再考―六角堂・花山院・西国三十三所の伝承から」（『宗教民俗研究』一六、二〇〇六年）。

(48) 牧野和夫・高達奈緒美「血盆経の受容と展開」（『女と男の時空―日本女性史再考』第五巻「女と男の乱」、藤原書店、二〇〇〇年）。

(49) 前川亨前掲論文注(42)に同じ。

(50) 加藤美恵子「中世の女性と血盆経信仰」（前掲書注(29)に同じ）。

(51) 川内教彰「『血盆経』受容の思想的背景について」（『仏教大学 仏教学部論集』一〇〇、二〇一六年）。

(52) 中田薫「古法と触穢」（『法制史論集』第三巻下、岩波書店、一九四三年。初出は一九一七年）。

(53) 福永光司「『古事記』神話と道教神学」（『道教と古代日本』人文書院、一九八七年）。この他に郭永恩「道教・神道における「斎」の比較研究―汚穢観を中心として―」（『神戸市外国語大学研究科論集』七、二〇〇四年）。

(54) 高取正男前掲書注(1)に同じ。

(55) 前掲拙稿「血穢について」注(22)に同じ。

第一章　七・八世紀将来中国医書の道教系産穢認識とその影響

――神祇令散斎条古記「生産婦女不見之類」の再検討――

はじめに

出産を穢れと認識し、宗教的に忌避する習俗に関する歴史的考察は、ケガレ研究の一例として諸分野から多くの研究がなされている。[1] しかし中国の出産禁忌・穢悪認識との比較や日本古代におけるその影響について言及したものは少ない。

筆者はかつて、「血穢について」という短文で、中国の道教に早くから産穢認識が存在した可能性があること、暦法にも日遊神の産婦忌避があり、日本でも八世紀の正倉院文書に残る具注暦に日遊神の産婦忌避が記載されていることから、七世紀末から八世紀の律令制成立期には、まだ広汎に流布する段階には至っていなかったと考えられるが、すでに道教、暦法や渡来系氏族の習俗などの血穢不浄観の伝播を推測できるとし、このような中国の産穢観念が次第に日本の出産禁忌に影響を与えていった可能性を簡単に論じたことがある。[2]

本章では、さらに中国では七世紀以前から道教に明確な産穢認識が存在すること、そしてこの影響を受けている中国医書の『千金方』『小品方』の中にも、出産禁忌・穢悪認識が存在することを指摘したい。そしてこれらの中国医書は八世紀初頭までには伝来しており、この認識が女医や女医博士によって王権周辺に影響を及ぼしていった可能性を、和銅期の長屋王家木簡にみえる「女医」関係の木簡等から検討を加えたい。またこの長屋王家跡から出土した「穢」の文字がみえる木簡や「打散米」に関する木簡から、八世紀前半の穢れ認識について言及したい。さらに中国医書にもみえる道教系の出産禁忌・穢悪認識が、神祇令⑪散斎条の条文「不レ預二穢悪之事一」に関連して、古記が「穢悪」を「生産婦女不レ見之類」と注釈したことに、間接的に影響を与えていた可能性について検討したい。

一　「不預穢悪之事」と出産禁忌

1　神祇令散斎条と唐祠令

九世紀以降に制定された令の施行細則である「式」に記された産穢規定の初見は、周知のように『西宮記』臨時一（定穢事）所収の或記云が引用する「弘仁式云」にみえる次の規定である。[3]

『弘仁式』触穢規定
触二穢忌（悪）事一応レ忌者、人死限二卅日一、産七日、六畜死五日、産三日、其喫レ宍、及弔レ喪、問レ疾三日。

そしてこの死穢等を含む触穢規定の淵源は次の神祇令散斎条とされている。そこでまず神祇令散斎条をあげる。なお『令集解』と『令義解』では令文が若干異なる。ここでは『令義解』を基本とし、異同は括弧で記した。

神祇令散斎条
凡散斎之内、諸司理レ事如レ旧。不レ得二弔レ喪、問レ病、食レ完《（宍）》（肉）。亦不レ判二刑殺一、不レ決二罰罪人一、不レ作二音楽一、不レ預二穢悪之事一。致斎、唯為二祀事一得レ行。自余悉断。其致斎前後、兼為二散斎一。

この神祇令散斎条は、斎を散斎（あらいみ）と致斎（まいみ）に分け、その期間における禁忌を規定したものである。すなわち「凡そ散斎の内には、諸司の事理めむこと旧の如く。喪を弔ひ、病を問ひ、完《（宍）》食むこと得じ。また刑殺判らず、罪人を決罰せず、音楽作さず、穢悪の事に預らず。致斎には、唯し祀の事の為に行ふこと得む。自余は悉くに断めよ。其れ致斎の前後をば、兼ねて散斎と為よ」とし、散斎禁忌として「不得弔喪・問病・食宍（肉）」、「不判刑殺」、「不決罰罪人」「不作音楽」「不預穢悪之事」をあげている。

このように神祇令散斎条の禁忌が『弘仁式』の産穢を含む触穢規定の基礎となったことは明らかであるが、令中では直接出産に関する禁忌を明記している部分はない。ただし「不レ預二穢悪之事一」の「穢悪」の集解諸説の中で、次の大宝令注釈書の④古記が出産禁忌に関する例をあげている。まず「穢悪」についての集解諸説をあげておきたい。

①（義解）謂。穢悪者、不浄之物。鬼神所レ悪也。
②釈云。穢悪之事。謂二神之所一レ悪《（穢カ）》耳。仮如、祓詞所謂上烝下淫之類。
③穴云。穢悪者如二令釈一也。或余悪謂二仏法等並同一者、世俗議也。非二文所一レ制也。

④古記云。問、穢悪何。答、生産婦女不レ見之類。
⑤跡云。穢悪、謂依レ穢而所レ悪心耳。
⑥延暦廿年五月十四日官符云。（引用略）

なおここで注目しておきたいことは、天長十年（八三三）成立の①義解の解釈は、弘仁十一年（八二〇）成立、天長七年（八三〇）施行の『弘仁式』規定以後に出された、「穢悪」に関する公式解釈であり、鬼神が悪とする不浄の物をいうとする。延暦六年（七八七）から十二年の間に成立した②令釈の見解とは、「鬼神」と「神」の違いはあるものの、ほぼ同じ解釈である。ただし令釈はその具体例の一つとして「祓詞所謂上烝下淫之類」をあげている。この烝は自分より身分の高い女性と私通する意であり、『延喜式』大祓の祝詞にみえる「己母犯罪・己子犯罪・母与子犯罪・子与母犯罪」を念頭にしたものとされている。そしてまたこれは『古事記』仲哀段の「上通下通婚」に通じるとされている。このことから神が不浄の物を悪とするため、祓の対象となるものが穢悪であるという認識は、八世紀末までには成立しているといえる。

いずれにしても、この神祇令散斎条は次の唐祠令を基本的に踏襲したものであった(4)。

唐祠令
諸散斎之内、昼、理レ事如レ旧、夜、宿二於家一正寝、不レ得二弔レ喪問レ疾、不レ判二署刑殺文書一、不レ決二罰罪人一、不レ作レ楽、不レ預二穢悪之事一。致斎、唯為二祀事一得レ行、其余悉断。非二応散斎致斎一者、唯清斎一二宿於本司及祠所一。

「諸そ散斎の内、昼は事を理めること旧の如く、夜は家に宿り正寝し、喪を弔ひ疾を問ふを得ず、刑殺の文書に判署せず、罪人を決罰せず、楽を作さず、穢悪の事に預らず。致斎、唯だ祀事の為に行ふを得、其の余は悉く断て。応に散斎、致斎に非ざるは、唯だ清斎し本司及び祠所に一宿するべし」とある。これは『天地瑞祥志』所引の祠令をもとにした復元であり、永徽令の条文と予想されている[5]。大宝令はこの条文を参考にしたと考えられる。

すなわち日本令において「食宍」が特別に挿入され、また「疾」「不判署刑殺文書」「楽」の部分の表現に若干変更があるだけで、その他はほぼ唐祠令と同じである。このことから唐の祭祀の散斎・致斎を手本として、日本の神祇祭祀の散斎（あらいみ）や致斎（まいみ）を厳密に整備しようとしたことは確かである。その場合に令制定者は、中国の「穢悪之事」も含めて検討し、継受可能な字句をそのまま神祇令に取り入れ、さらに「食宍（肉）」禁忌規定のみを追加したと考えられる。

唐祠令の散斎・致斎は、基本的には斎戒による徳の顕彰と身体の浄化を行う儒教の「斎」である。たとえば『礼記』では斎を齊と表記し、祭義第二十四の「致二齊於内一、散二齊於外一（内に致齊し、外に散齊す）」、祭統第二十五の「散齊七日以定レ之、致齊三日以齊レ之。定レ之之謂レ齊。齊者精明之至也、然後可三以交二於神明一也（散齊七日以て之を定め、致齊三日以て之を齊ふ。之を定むを之齊ふと謂ふ。齊とは精明の至なり、然る後以て神明に交はる可し）」など、散齊・致齊に関する記述がみえる。『礼記』には穢悪についての禁忌はみえないが、斎戒において穢悪を忌むことは、管見ではたとえば、『周礼注疏』巻三十六秋官の「蜡氏、掌レ除レ骴。凡国之大祭祀、令二州里一除二不蠲一、禁二刑者任人及凶服者一、以及二郊野一。大師大賓客亦如レ之（蜡氏、骴を除くことを掌る。凡そ国の大祭祀に、州里に令して不蠲を除き、刑者任人及び凶服者を禁じ、以て郊野に及ぶ。大師大賓客にも亦之の如くす）」に関する後漢の鄭玄の注に「此所二禁除㆒者、皆為㆔不㆑欲㆑見、人所㆓薉悪㆒也（此の禁除する所の者は、皆見るを欲せざる、人の薉悪とする所なるがためなり）」とあり、これについて唐の賈公彦の疏が「祭者皆斎。斎者潔静、不㆑欲㆑見㆓穢悪㆒也（祭は皆斎す。斎は潔静にして、穢悪を見るを欲せざるなり）」とする例がある。(6)

唐祠令の散斎・致斎における禁忌の「穢悪之事」認識を、三橋正氏は「単に『けがしにくむ』という意味にすぎず、祭祀の時のみに限られる用語だけでない」とする。(7) しかし前述の骴のように何らかの具体的な例も想定されていたはずである。たとえば成清弘和氏は、中国の「穢悪之事」の具体的な内容は不明であるが、参考として漢代の『礼記』内則篇の出産禁忌と比較検討している。(8) この『礼記』の出産禁忌については本章四―1で後述したい。

しかし道教を重視していた唐代では、儒教に基づく斎戒だけでなく、この儒教の影響を受けて成立していた道教の斎戒も、現実的には重要な存在であったと考えられる。(9) このためこの時に禁忌の対象とされる「穢悪」を、儒教だけでなく、道教で「斎」を行う場合に忌む「穢悪」についても検討してみる必要がある。また出産禁忌も『礼記』の儒教儀礼と比較するだけでなく、唐代の道教における出産禁忌・産穢認識とも比較して考察する必要があると考えられる。

2　道教の「穢悪」認識と出産

道教の「斎」は、「醮」に先行する斎戒儀礼で、懺悔による潔斎法であり、沐浴し、肉食・性交渉を絶ち、不浄を忌み、この身体の浄化と罪の告白によって潔斎するものである。また「醮」の祖形は祖廟において酒肴を供える儒教儀礼であり、神の居所である星辰を祀り、酒肴を供える儀礼である。(10)

このような道教祭祀における、不浄・「穢悪」認識の全体像について、ここで詳しく論じる準備はないが、今までに知り得たいくつかの例から、唐代に人の死喪、出産、月水、ある種の病を穢れとし、道教の「斎」において忌む認識が存在したことを指摘できる。たとえば『斎戒籙』の「説雑斎法」の中には次のような文がみえる。[11]

> 行レ斎之人、特忌二斬衰孝子、新産婦人、月信未断、及痎瘧、瘡疥、癈疾等一、並不レ得下昇二斎堂庭壇一、駆使如上願。苦求レ預レ斎、乞レ解二過咎一者、任レ投レ辞、為二其陳懺悔謝一、不レ得三雑登二堂宇一。応下行二法事等一、仍遷令二別坐一、兼忌中六畜上。蓋此等人穢触二真霊一、賢聖不レ降。乃修斎無レ功也。
>
> 『斎戒籙』「説雑斎法」
>
> （傍線は引用者、以下同じ）

ここでは斎を行う人は、父の喪に服している孝子、新産の婦人、月水の未だ終わっていない人、及び痎瘧、瘡疥、癈疾などの病の人を忌むとする。そしてこれらの人を斎堂庭壇に昇らせ、そこで使役して願いをかなえたりすることはできない。非常に強く斎に参加することを求め、過ちを除くことを乞うものがあれば、文辞を神前に投じ、その人のために陳懺悔謝してもよいとするが、ただしその人が別の人々に雑じって堂宇に登ることはできないとし、法事の時はよそに遷して、座席を別にさせるとしている。そして兼ねて六畜も忌むとする。さらにこれらの人の穢れが真霊に触れ、賢聖が降臨せず、斎を修するのに功が無いと、理由を記している点が注目される。

この『斎戒籙』は六朝隋唐の道書、特に南朝の陸修静、宋文同の説を中心に斎戒儀法を抜き出して解説したものである。典拠の引用がやや粗雑であり、その点では信憑性に乏しい面もあるが、この穢れ認識は検討に値するといえる。吉岡義豊氏によれば七世紀末か八世紀初頭には成立した可能性が高いとし[12]、一方、大淵忍爾氏は初唐以降、北宋以前とする[13]。このためこの解説が唐代のいつ頃の認識を示すのかは明らかにしがたい。ただしこのような出産禁忌や血穢自体は、隋唐期までに成立していたことを別の史料からも指摘できる。

まず血穢では、たとえば早期の上清派の経典の一つで、東晋の頃に成立したとされる『上清太上黄素四十四方経』に死穢や血穢の禁忌がみえる[14]。

『上清太上黄素四十四方経』

凡道士存二思上法一、及修二学太一之事一、皆禁レ見二死尸血穢之物一。若兆二見之一者、聴二得三光隠謝解穢内法一。当下以二真朱一銖一、散二内水中一、因以洗レ目漱レ口、并洗中手足上。畢、入室正寝、交二手心上一、叩二歯二七通一、心二拝四方一、乃微呪曰、（呪は略）

すなわち意識を集中し神々を瞑想する「存思」を行う道士、そして天やその精霊の上帝、また北極星である「太一」に関わる修法を学ぶ道士が、死尸血穢の物を見ることを禁じている。そしてもしこれを兆見（予見）した時は、三光隠謝解穢内法を聴得するとある。真朱を入れた水で目を洗い、口をそそぎ、手足を洗い清めるとしている。また同じ『上清太上黄素四十四方経』にも類似の禁忌がみえ、たとえば一死尸を見ると一年、これらの修法ができなくなるとしている[15]。

『上清太上黄素四十四方経』

凡修二太一之事一、及行二上法存神之道一、慎不レ可レ見二尸反（及カ）血穢之物一。見二一死尸一、則一年不レ得レ行レ事、有三却傾二一年之功一、然此帝一之科、科常却罰二於既往一、又進塞二於将来一。若一年之見レ尸者、則罰レ功断レ事各三年也。若遇二見二十四尸一者、皆不レ得下復修二太一一求上仙也。

なお北宋時代の天禧三年（一〇一九）成立の張君房『雲笈七籤』巻四十がこの二文を引用しているが、前者の文は「太上黄素四十四方経戒」として抄出し、また後者は「金書仙誌戒」の中で引用している。[16] この「金書仙誌戒」は、東晋南朝頃の成立とされる早期上清派経典の『金書仙誌真記』と関連がある戒と考えられる。ただし現存の『太微霊書紫文仙忌真記上経』には当該文はみえない。[17] このため後者の「太上黄素四十四方経戒」は張君房が独自に注記した可能性もある。また張君房がこの文の前に抄出している「正一法文」の前に、次の文がみえることが注目される。[18]

『雲笈七籤』巻四十「金書仙誌戒」

受法之身、不レ入二産婦之戸一及不レ見レ尸者、謂異処断二隔於来往一、則乃朝礼無レ廃、不レ拘二日数之限一。若家無二隔異一者、四十五日外、方得二朝礼一。

すなわち受法の道士は、産婦の戸に入ることを禁じられている。この背景には産穢認識が存在したと考えられる。

そしてこのような認識は、すでに『赤松子章暦』巻二の「殗穢」に引用された科にみえ、その中には人の死・

産や六畜の死・産の触穢日数がみえる。(19)

『赤松子章暦』巻二「殗穢」

科曰、家有二死亡一、無レ論二大小一、婦人生産、大喪、殗一百日。生産、女子傷身、殗一百日。入二産婦房一、殗三日。小児及奴婢死、殗一月。六畜死、殗一日。在レ外即無レ殗。朞喪四十日。大功緦麻、月内殗、出レ月即解。往二喪家一哭泣、其日殗。久喪無レ殗。喪家祭食、産婦三日、及満月之食、並不レ可レ喫。

右已上諸殗、不レ可二修斎、設醮、上章一、如下在二別処一遇上者、但以二符水一解レ之。

殗は魅に通じ汚触の意、または淹に通じひさしくとどまる意もある。いずれにしても日本の『弘仁式』等にみえる触穢規定とは種類や日数に差はあるが、人の死・産と六畜の死・産の穢れを日数で区切る点で共通すること、そしてこれらの穢れに触れた場合は、斎を修することが禁止されていることが注目される。また産婦の房に入ること、産婦三日と満月の食を喫することが禁じられている。

この『赤松子章暦』は六朝末から唐の著述とされているが、それ以前に成立した経典類を多く引用しており、大淵忍爾氏はこの科を四二〇年代中頃成立の上清経系科書である「太真科」の可能性があるものとして、参考史料にあげている。(20)

なお『雲笈七籤』巻四十一の「七籤雑法」の「解穢」の中にも次のような文がみえる。(21)

『雲笈七籤』巻四十一「解穢」

太極法師曰、道士女官、先無二淹穢一、哭亦不レ淹、唯須二佩籙者身一。或被二県官繋一閉出後、香湯沐浴解二淹穢一。三日已後、始得二入靖一。夫淹忌臨レ屍、入二産婦室一及喪家斎食、産家三日幷満月、及見下喪車、霊堂、六畜、生産、抱二嬰児一、胎穢、哭泣上、不レ得レ言二死亡事及不祥事一。午前忌レ之、不レ得レ見二血肉、死禽獣一。寝臥櫛髪、飲食、便曲、並不レ得レ向レ北、便曲不レ得レ視二三光一。餐二十二辰肉、魚臊、五辛一、並忌。若婦人有二経通一、不レ得レ近、亦不レ得下與同房寝臥、幷造二醮食一及近中道場上。如二夢洩一亦須二解穢一。若見二死柩喪車一、速存レ火従二自己心中一直出、往焼レ之赫然、死柩喪車並為二灰燼一、便想二烈風一吹レ之。又閉目内視、令二火自焚一、挙体潔白、見二穢気消滅一即解矣。又存一真人頭戴二籙中九鳳真官(冠カ)一、口中含レ水噴洒、穢亦消解。乃朱二書解穢符一。(後略)。

この文の出典やその成立は管見では不明であるが、太極法師は南北朝頃の道教経典にしばしば登場して重要な役割を負わされ、真霊位業図の第三中位の右位第十八番目にみえる徐来勒と考えられる[22]。『雲笈七籤』が隋・唐までに成立していた道教経典を多く引用することから、この文も南北朝頃の道教経典の引用、もしくは影響を受けた可能性もある。

ここでも人の死穢・産穢や六畜の死穢・産穢、さらに嬰児を抱くこと、胎穢もみえる。この他にも肉等の食禁忌があり、また「経通」すなわち月経・月水の婦人に近寄ることや同じ房で寝臥することを禁じており、また「夢洩」も穢れとしている点も注目に値する[23]。

このうち六畜の死穢・産穢や肉食等の禁忌は、すでに六世紀に北周武帝の意向で編纂された道教類書として著名な『無上秘要』巻九十九所引の「洞元五符経」にもみえる[24]。

『無上秘要』巻九十九「洞元五符経」

（前略）禁レ食二生魚猪肉葷菜一、禁レ見二喪尸猪犬産汙一、慎レ之。甲子建、癸亥数終、日辰為レ期、慎勿二廃忘一。（後略）

また『洞玄霊宝三洞奉道科戒営始』巻三「居処品」にも、六畜の屍や産の穢れの禁忌がみえる[25]。

『洞玄霊宝三洞奉道科戒営始』巻三「居処品」

科曰、凡道士、女冠居住、先須レ有二泉井一、毎令二清浄一、勿レ使二穢雑及六畜屍産穢一。凡用レ水、皆先濾後用。違、奪算一百二十。

この『洞玄霊宝三洞奉道科戒営始』は、隋唐期の道教科戒威儀を知るうえで重要な史料であり、大淵忍爾氏によれば隋末の成立とされている[26]。このことから道士女冠が六畜の屍や産の穢れを忌むことは七世紀にはすでに存在していたといえよう。

以上、道教諸派によって差異があるとは考えられるが、諸史料から、人や六畜の死と出産を、道教祭祀に関わる道士女冠などが穢れとして認識し、一定期間触れる、また産室への入室を禁じることが七世紀初頭の隋末までにはすでに成立していた可能性があると考えられる。

このような中国道教の触穢は、前述したように日本の『弘仁式』にみえる触穢とは種類や日数に差はあるが、人の死・産や六畜の死・産の触穢を日数で区切る点で共通すること、そしてこれらの穢れに触れた場合は、斎を修することが禁止されている点で類似することが注目される。もちろんこの類似をすべてそのまま中国道教系信仰の影響とみることはできない。また何らかの影響関係があるとしても、道教経典類の将来時期や、逆に道教経典類を直接介さない間接的な知識の影響を、受容ルートも含めて、詳細に実証的に検討する必要がある。しかし八世紀までの道教経典類の将来に関しては、特に史料的制約があり、検討も困難な点が多い。

たとえば『赤松子章暦』に相当する可能性が高いとされる「赤松子玉暦一「巻」」が、九世紀末成立の『日本国見在書目録』卅六の「五行家」にみえる。(27) そしてこれと関係する可能性がある「玉歴《ママ》二巻」が正倉院文書の天平二十年（七四八）六月十日の「写章疏目録」にみえる。(28) しかし、これに前述した巻二の「殗穢」が含まれていたかは不明である。

また『無上秘要』も、これに相当する可能性が高い「秘要三「巻」第三、四、五」が『日本国見在書目録』卅六の「五行家」にみえる。そして矢島玄亮氏は天平十九年（七四七）十月九日「写疏所解」の「秘要法二巻」を関係史料にあげている。(29) しかしこれはその直前にある「治禅病秘要法一巻」と関連する可能性があり、(30) 残念ながら『無上秘要』の確実な史料であるかは不明である。

ただし道教の出産禁忌・穢悪認識については、道教の影響下にある中国医書の出産に関する記事の中に、垣間見ることができる。中国医書は当時の最先端医療知識をまとめたものであり、出産に関する諸症状やその対処法など、合理的知識がみられるが、その一方で道教系の触穢観念の影響を受けた産穢認識を含んでいた。そこで古記が「穢悪」の具体例として出産に関する禁忌をあげたことの背景の一つを探るうえで、次に八世紀の日本に中国医書等を通じて、どのような中国の出産禁忌や産穢の知識が伝わっていたのかを検討したい。

二　中国医書にみえる出産禁忌・穢悪認識

1　『千金方』の出産禁忌・穢悪認識

まず『千金方』にみえる認識について検討したい。『千金方』とは唐代の孫思邈によって撰述された医書の略称で、『備急千金要方』全三十巻とその続編『千金翼方』全三十巻の二つをさすが、ここでは主として前者の『備急千金要方』を中心に検討する（以下、これを『千金方』と記し、続編『千金翼方』と区別する）。『千金方』は道教の影響が潜在的にあり、続編『千金翼方』には、さらに辟穀（穀物を食せず神仙を求む）や禁経（道教の護符や呪文の類）の記述も多くなり、神仙・道家的色彩が強くなっているという特徴がある。

この『千金方』の成立年代については諸説あるが、小曽戸洋氏によれば六五〇年（永徽元、白雉元）から六五八年（顕慶三、斉明四）にかけて成立したことは確かとされている。[31] そしてこの医書は、産婦人科・小児科関係を重視しており、巻一の序に続いて、巻二～四が婦人方、巻五が少小嬰孺方の叙述となっていることが特徴の一つである。

次にこの婦人方にみえる出産禁忌記事について検討したい。なお出産禁忌記事の『千金方』のテキストとしては、日本への影響関係も考慮して、丹波康頼が天元五年（九八二）に撰述し、永観二年（九八四）に献上した『医心方』が引用したものを基本としたい。また『医心方』のテキストは写本中でも最も重視されている天養二年（一一四五）書写の国宝の半井家本を使用する。[32] ただし『医心方』の『千金方』は部分的な抄出のため、これと比較するために現伝本『千金方』のうち、治平三年（一〇六六）の林億の所改を経ないものとされる静嘉堂文庫所蔵の南宋刊本『新雕孫真人千金方』[33]と、治平三年（一〇六六）の林億らの所改本である国立歴史民俗博物館所蔵の南宋刊本『宋版　備急千金要方』[34]を載せておく。なお宮内庁書陵部所蔵の古鈔本『真本千金方』は第一巻のみが現存し、該当巻は現存しないため確認不可能である。[35]

テキスト①半井家本『医心方』産婦部巻第二十三、産婦用意法、第三（一九八一頁）

（句読点、返り点及び（A）（B）（C）の分類は引用者による。以下同じ）

（A）千金方云、論曰、産婦雖二是穢悪一、然将レ痛之時及未産已産、並不レ得レ令二死喪穢家之人来一。視レ之則生難。若已産者則傷レ児。

（B）又云、凡欲レ産時、特忌二多人瞻視一。唯三人在レ傍待レ生、惣訖了、仍可レ告二語諸人一也。若人衆看レ之無レ不レ難耳。

（C）又云、児出訖、一切人及母忌レ問二是男是女一。又勿レ令三母看二視穢汚一。

テキスト②『新雕孫真人千金方』巻第二、婦人上（九八・九九頁）

（ゴチックが異同。傍線が『医心方』抄出部分のもととなっている部分）

産難第五

（A）論曰、婦人産難（雖カ）二是穢悪一、然将レ痛之時及未産**巳**産、並不レ得レ令二死喪**汚**穢家人来一。視レ之則生難、若**巳**産者則傷レ児**也**。

婦人産乳忌二反支月一、若値二此月一、当レ在二牛皮上一、若灰上一、勿レ令二水血悪物著一レ地。則殺レ人。及浣濯皆以レ器盛、過二此忌月一乃止。

凡生産不レ依二図説一有二犯触一、於レ後母子皆死、若不レ允即母子倶病、庶事皆不レ稱レ心、若能依レ図无二犯触一、母子即得レ无レ病、子亦易レ養。

（B）凡欲レ産時、特忌二多人瞻視一。唯得二三人在レ傍待一、惣了訖、乃可レ告二語諸人一也。若人衆看レ之、无レ不レ難耳。

（C）凡産婦第一不レ得二忽々忙迫一、傍人極須二隠審一人、皆不レ得二預緩預急憂々悒々一則難レ産、若腹痛眼中火生、此児廻転未二即生一也。児出訖、一切人及母皆忌レ問二是男女一。児落レ地与下新吸（汲カ）二井水一五咽上、忌レ与二暖湯物一也。勿レ令三母看二視穢汚一。

テキスト③『宋版　備急千金要方』巻第二、婦人方上（一五七・一五八頁）
（ゴチックが異同。傍線が『医心方』抄出部分のもととなっている部分）

産難第五（論一首八条　方二十一首　針法一首）

（A）論曰、産婦雖二是穢悪一、然将レ痛之時及未産已産、並不レ得レ令二死喪汚穢家人来一。視レ之則生難、若已産者則傷レ児也。
婦人産乳忌二反支月一、若値二此月一、当レ在二牛皮上一、若灰上一、勿レ令二水血悪物著一レ地。則殺レ人。及浣二濯衣一水皆以レ器盛、過二此忌月一乃止。

凡生産不レ依二産図脱（説カ）一有二犯触一、於レ後母子皆死、若不レ至レ死即母子倶病、庶事皆不レ稱レ心、若能依レ図無レ所二犯触一、母即無レ病、子亦易レ養。

（B）凡欲レ産時、特忌二多人瞻視一。惟得二二三人在レ傍待一、惣産訖、乃可レ告二語諸人一也。若人衆看レ之、無レ不二難産一耳。

（C）凡産婦第一不レ得二忽忽忙怕一、傍人極須二隠審一、皆不レ得二預緩預急及憂悒憂悒一、則難レ産。若腹痛眼中火生、此児廻転未二即生一也。児出訖、一切人及母皆忌レ問二是男是女一。児始落レ地与下新汲二井水一五咽上、忌レ与二暖湯物一。勿レ令三母看二視穢汚一。

基本としてテキスト①の『医心方』が抄出した部分は、テキスト②③の二種類の現伝本と若干文字など相違する表現はあるが、概ね趣旨は同じといえる。そこで以下はテキスト①の『医心方』をもとにして検討したい。

（A）は「千金方云、論に曰はく、産婦は是れ穢悪と雖ども、然るに痛の将なるの時、及び未産、已産は、並びに死喪に穢れる家の人を来たらしむるを得ざれ。之を視れば則ち生れ難く、若しくは已産の者は則ち児を傷る」とある。基本として産婦穢悪観がある一方で、産婦も陣痛時や出産前後に死喪穢家の人を見ると難産となり、また出産後ならば子供に障害が起こるとしており、産婦も死穢を避けるべきとする。このように穢悪である産婦も見てはいけない穢悪（死穢）の存在をあげており、死穢の方が産穢よりも重いことが注目される。なお槇佐知子氏は「之を視れば」を、「死喪穢家之人」に「見られると難産になる」と訳し、産婦は「死喪穢家之人」から見られる対象と解釈する[36]。しかしこの文では主語は産婦と考えておきたい。

この（A）部分の後に、テキスト②③では「反支月」に関する内容がみえる。この「反支月」は十二支が一巡してもとに戻ると害があるとされ、立年（年の十二支に対応した反支があり、これに対応した月の出産を忌む）・年数（女性の年齢に対応した反支月があり、これに対応した十二支を忌む）・生年（生まれ年の十二支に対応した月を忌む）・日（朔日の十二支に対応した日を忌む）と多くの種類があった。ただしこの部分については、テキスト①の『医心方』は同じ巻第二十三、産婦反支月忌法、第二に、内容として類似する『産経』を引用しているため省略したと考えられる。また「産図」によらない出産が害となることも記している。

（B）は「凡そ、産せんと欲する時、特に多くの人瞻視するを忌む。唯三人傍に在りて生るるを待ち、惣て訖了らば、仍ち諸人に告げ語る可き也。若し人衆く之を看れば難ならずということ無し」とある。出産にあたっては、多くの人が出産を見ることを禁忌とし、三人以外は瞻視してはならない。多くの人が見ることは難産となる。出産がすべて完了した後に諸人に知らせることが述べられている。

（C）は「児、出で訖らば、一切の人及び母、是れ男か是れ女かと問うを忌む。又母に穢汚を看視しむこと勿れ」とある。この『医心方』は『千金方』の部分的な抄出であり、後半の部分には出産後の母に穢汚を見せてはならないとしている。

なお『医心方』では（C）の他に『産経』の「凡婦人初生児不レ須二自視一、付辺人莫レ問二男女一、辺人莫レ言二男女一、児敗（凡そ婦人は初生児を自ら視るべからず、付きたる辺人に男女を問ふなかれ、辺人は男女を言ふなかれ、児敗るるなり）」もあげている。産婦も付き添い人も新生児の性別を口にすることを禁忌としている点では（C）の前半部分と共通する。

以上をまとめると、（A）は産婦自身が穢悪であることを前提としていることがまず特徴である。そのうえで（A）（C）ともに、産婦が見てはならない、産婦に見せてはならない死穢や穢汚も存在したことが注目される。一方、（B）の例は、産婦を多くの人が見てはならないとする。これはたとえば『古事記』上巻で、豊玉毘売が出産に先立ち「願勿レ見レ妾（願はくは妾をな見たまひそ）」と述べたような、「記紀神話」の出産瞥見禁忌と類似する要素がある。

しかし三つに共通することは、医書の視点では、出産において産婦を主体としており、外部の穢れを見ることや外部から瞥見されることを忌み、これを禁止している。すなわちこの禁忌を外部より受ける障害から産婦や新生児を守る立場で記しているといえる。では逆に（A）の前提となっている産婦穢悪認識は、産婦の何が何に対して穢悪とされるのであろうか。この問題を考えるうえで、次の『小品方』の認識は興味深い。

2　『小品方』の出産禁忌・穢悪認識

『小品方』は六朝時代に陳延之によって撰述されたもので、小曽戸洋説では、四五四年以降四七三年以前の成立とされている。『小品方』は現在では逸文の形でしか伝わらないが、近年発見された前田育徳会尊経閣文庫蔵「経方小品」が巻一の残巻であり、序目・総例・巻一本文からなり、序目の総目録部分によって全十二巻のうち、巻七が婦人病の治方、巻八が少小病（小児科疾患）の治方であることが判明している。[37]

この『小品方』は唐代に至っては広く流布し、各医家が重視・重用する書物となった。そして唐医疾令の復元を試みた丸山裕美子説では、『六典』医博士条には「以二医術一教二授諸生一。習二本草・甲乙・脈経一」とあり、この医書の名はみえないが、治平三年（一〇六六）正月二十五日の年紀の『備急千金要方』校定序に「臣嘗読二唐令一見レ制、為二医者一皆習二張仲景傷寒・陳延之小品一」とあることから、開元二十五年（七三七）令は「医生、習二本草・甲乙・脈経一。兼習二傷寒一小品等方一」とし、『傷寒論』『小品方』が兼習書となっていたとする。さらに丸山説では開元七年（七一九）令では『小品方』と『集験方』が兼習書であったと推測している。[38]

次に『小品方』の出産禁忌・穢悪認識を示す記事について検討を加えたい。

テキスト④半井家本『医心方』産婦部巻第二十三、産婦用意法、第三（一九八二頁）

（D）小品方云、凡婦人産闇穢血露未レ浄、不レ可下出二戸牖一、至中井竈所上也。不レ朝二神祇及祠祀一也。

（句点及び（D）（E）の分類は引用者による）

この（D）と類似する内容は、『医心方』巻第二十三の別の部分にも引用されている。

テキスト⑤半井家本『医心方』産婦部巻第二十三、婦人産後禁忌、第十九（二〇一七頁）

（傍線がテキスト④抄出部分のもととなっている部分）

（E）又云、婦人産後満月者、以二其産生身一、経二闇穢一血露未レ浄、不レ可下出二戸牖一、至中井竈所上也。亦不レ朝二神祇及祠祀一也。満月者非レ為三数満二卅日一、是跨レ月故也。若下是正月産、跨二二月一、入中三月上、是跨レ月耳。

テキスト⑥前田尊経閣文庫蔵『（失名医方書）』婦人科専門書（鎌倉時代書写本[39]）

（E´）小品方云、産後満月者、其以二産生身一、経二闇穢一血露未レ浄、不レ可下出二戸牖一、至中井竈所上也。亦不レ朝二神祇及祠祀一也。

（D）は「小品方に云はく、凡そ婦人は産の闇穢血露の未だ浄からざれば、戸牖を出でて、井竈の所に至るべからざる也、神祇及び祠祀を朝せざる也」と、婦人には出産の闇穢があり、出産後の「血露」が終わらない時は家から出て井戸や竈のところに行ってはならない、また神祇や祠祀を拝してはならないとしている。闇穢の闇は諒闇の闇とも通じる、廬などに忌み籠る意味と考えられる。産婦の宗教的行動規制は産穢と共通する点で注目される。

そして（D）は（E）の抄出と考えられる。（E）は出産後の「満月」に関する内容となっている。この「満月」の説明として「満月とは、数の卅日を満つと為すに非ず。是れ月を跨ぐの故也。是れ正月産、二月を跨ぎ、三月に入るがごとき、是れ月を跨ぐとなすのみ」とする。なお（D）と共通する部分で、（E）では「経闇穢血露未浄」とあるが、この中の「経」の解釈が難解である。槇佐知子氏は「経」を「身体から出たおりもの」と解釈する。[40] しかしここでは「闇穢を経るも、血露の未だ浄かざるは」、すなわち「一定の闇穢の期間を経過してもまだ血露がなくならない時」と解釈しておきたい。

以上『小品方』第七巻の中には、出産に関する症例とその治療の記述だけでなく、（D）（E）のような産婦の穢れに関する記述があった。すなわち婦人は産穢があり、出産後「血露」が終わらない時は、外出し水や火に関わる井戸や竈に近づくことを避け、また神祇や祠祀の参拝を禁止されていた。これを逆に産婦側からいえば、これらの禁忌に触れることによって受ける災いを避ける必要があったことになる。医学用語では産褥期約一ヶ月程度の期間続く分泌物を「悪露」と称するが、「血露」を赤色悪露とすればおおよそ三〜七日程度の期間となる。色は三日程度で赤色から褐色、十日程度で黄色に褪色し、産後三週で白色化するとされている。

いずれにしても、この『小品方』（D）が産後女性の血露を穢れとして認識し一定期間忌み籠り、また神祇祭祀空間への参入を禁じることは道教系の穢れ観念と共通する。そして『千金方』（A）にみられた産婦を穢悪とする認識も同様のものであったといえる。また神から不浄として忌避されている点では、前述した『令集解』諸説が、「穢悪」を神が不浄のものを悪とすると解釈したことにも通じる認識といえる。

三　八世紀における中国医書の出産知識の影響

1　『千金方』・『小品方』の伝来時期

以上のように、五・七世紀に成立していた中国医書の中には、道教系の出産禁忌・穢悪認識が含まれていたことがわかる。次にこの医書等がいつ頃日本に伝来し、影響を与えたかを考察したい。

高宗の初期に成立した『千金方』が日本へ伝来したことを確認できる確実な記録は、寛平三年（八九一）頃成立の『日本国見在書目録』である。ただし『朝野群載』巻二十一「凶事」所収の「天平九年六月日」の典薬寮疱瘡治方勘文にみえる「傷寒豌豆病治方」が、『千金方』によるものであることは、服部敏良氏によって指摘されている[41]。このことから天平九年（七三七）以前に将来されていたと考えられる。

ところで和田萃氏は次の飛鳥京跡苑池遺構出土木簡の「西州続命湯方」の処方が『千金方』巻八の諸風にみえる「西州続命湯方」の処方とほぼ同じであることから、七世紀後半には伝来していた可能性を指摘している[42]。

木簡史料①木簡学会『木簡研究』25―47頁―（51）

・西州続命湯方 麻黄□〔六カ〕
石膏二両（他に石・命・方の刻書あり）

・当帰二両 杏人卌枚
乾薑三両『其 □水九□〔升カ〕□』

この木簡には年紀がないが、同一溝出土の飛鳥京跡苑池遺構出土木簡の中には、丙寅年（六六六、天智五）・戊寅年（六七八、天武七）・丙戌年（六八六、朱鳥元）・戊子年（六八八、持統二）の年紀がみえ、また行政区画を記した木簡の存在から、この木簡群は大宝令施行前後までの、ほぼ七世紀後半を中心としたものである[43]。

和田萃氏はこのことを踏まえ、（1）遣唐使による将来、（2）百済亡命学者による将来の可能性を想定している。（1）の場合は白雉五年（六五四）派遣の遣唐使の帰国時である斉明元年（六五五）の副使に薬師恵日がいることから最も可能性が高いとし、また（2）の場合は、『日本書紀』天智十年（六七一）正月是月条にみえる吉大尚など、医薬に通じたものが多いことから、彼らが将来した可能性も指摘している。そして『日本書紀』天武四年（六七五）正月丙午朔条の外薬寮の存在から、同年七月派遣の遣新羅使の可能性は否定している。

一方、小曽戸洋・真柳誠の両氏は、この西州続命湯方が七世紀の前半までに舶載されていた『集験方』などの中国医書にもみえることから、これらによるとし、『千金方』説を否定している。そして『千金方』は七三四・七三六年の天平期の遣唐使の帰国時に渡来したとする[44]。ただし小曽戸洋説が大宝令制定の段階には伝来していなかったとする根拠はこれが医生の教科書になっていないことだけである[45]。

木簡の処方はいずれの中国医書とも若干相違する点があり、『千金方』に関してもそのものを書写したものではないが、これをもとに処方した可能性も十分あると考える。

なお藤原宮跡から二〇〇四年度に出土した「秦膠酒方」の処方を記した木簡は、『千金方』の「秦艽酒」とほぼ同文とされている[46]。そしてこの木簡群には戊寅年（六七八、天武七）から大宝三年（七〇三）までの年紀を持つ木簡が含まれることから、『千金方』が八世紀初頭には伝来していた可能性が高い。

いずれにしても『千金方』は古記の成立した天平十年（七三八）以前に将来されていたことは確かといえる。また医書の伝来は一回限りに想定する必要はなく、和田氏や小曽戸氏・真柳氏の指摘する遣唐使ルートだけでなく、和田氏が否定した新羅経由ルートでも将来された可能性も充分考えられる。

一方、『小品方』は養老医疾令でも医生の兼習書に位置づけられていた。『政事要略』巻九十五、至要雑事（学校）にみえる養老医疾令(3)医針生受業条の逸文は、「医針生、各分レ経受レ業。医生、習二甲乙脈経本草一。兼習二小品集験等方一。（後略）」とあり、医生の習得すべき医書を列記している。そしてこの部分の義解によれば、「甲乙経十二巻、脈経二巻、新修本草廿巻、小品十二巻、集験十二巻也」としている。また『延喜式』巻第三十七、典薬寮32読医経条では　三百十日の学習が義務づけられていた。

このことから少なくとも養老年間以前には、『小品方』が日本に将来されていたことは確かである。大宝医疾令の当該条文は不明であるが、大宝令においても何らかの兼習書の規定があった可能性がある。恐らくその一つとして、もしくは大宝令施行時期の実態的な兼習書となっていた可能性は高い。

さらに小曽戸洋氏はすでに七世紀前半に伝来していた可能性を指摘している[47]。その根拠の一つに藤原京出土の「漏盧湯方」関係木簡の存在をあげている。

木簡史料②木簡学会『木簡研究』5―83頁―（36）

・漏盧湯方漏盧二両升麻二両黄芩二両大黄二両枳実二両
　白蘞二両白微二両夕薬二両甘草二両

・麻黄二両漏盧
　新家親王　湯方兎糸子□　　本草

この木簡は新家親王すなわち氷高内親王（のちの元正天皇）のための処方書であり、大宝令施行直後頃のものと考えられる。小曽戸説は『医心方』の所引の『小品方』と類似するとし、これを『小品方』もしくは『葛氏方』によるとする。(48)ただし東野治之氏は、この木簡の典拠を『葛氏方』とする。(49)

以上『小品方』の将来時期を確定するには若干問題点はあるものの、いずれにしても養老令に規定されていることは、古記の時代である天平年間に『小品方』が日本に存在したことは確実であったことを確認しておきたい。

2　八世紀の王権周辺の出産と女医・女医博士

次に八世紀初頭までには伝来していた中国医書にもみえた中国の出産禁忌、またその背後にある道教系の穢悪認識が、どの程度の範囲で影響し、また受容されていたのかを予想したい。

『千金方』『小品方』を含む七、八世紀将来の中国医書の知識は、少なくとも医博士、医師、医生に受容されていた。この中でも婦人病や出産に関する知識は、この他に女医、さらにこの女医を教育するために設けられた男性の女医博士によって受容されたと考えられる。

女医に関する規定は『政事要略』巻九十五、至要雑事（学校）引用の医疾令⒃女医条逸文にみえる。

医疾令⒃女医条逸文

女医、取二官戸・婢、年十五以上廿五以上、(下)性識慧了者卅人一。別所安置、謂。内薬司側造二別院一安置也。教以二安胎産難、及創腫傷折針灸之法一。皆案レ文口授。謂。女医不レ読二方経一唯習二手治一。故博士於二其所レ習、案二方経一以口授也。案二唐令一、博士教レ之。今於二此令一、雖二文不レ言、而博士教授。但按摩針灸等、其業各異。須二当色博士各教授一。即試昇令二当色試一。

毎月医博士試、年終内薬司試、限二七年一成。

すなわち女医とは、官戸・婢の年十五歳以上、二十五歳以下で、適性能力のあるものを三十人選び、内薬司の側に造られた別院に安置し、安胎・産難などの出産や、創以下の一般治療の訓練を受けさせた女性である。毎月医博士が試験し、年度の終わりに内薬司が試験して　年限は七年となっていた。女医は医書を読まず口頭で授けられて暗記したとある。

これは唐医疾令九条を基本的に継受したものと考えられるが、義解の「案二唐令一。博士教レ之」から唐令では日本令にはない「博士教之」の語があったと考えられていた。ただしその後発見された宋の天聖令により復元された唐令では「博士教之」の語そのものはなかったとされている[50]。

大宝令の女医の規定は、『令集解』などの史料が残っておらず不明である。しかし、平城京左京三条二坊一・二・七・八坪の長屋王邸跡の南北溝ＳＤ四七五〇から出土した長屋王家木簡に、次のような「女医」の存在がみえる。そしてこの木簡群は和銅四年（七一一）から霊亀二年（七一六）の六年間を中心としていることから、大宝令にも同様の規定が存在した可能性は高い。長屋王家木簡の女医関係木簡は次の三点である。

木簡史料③『平城宮発掘調査出土木簡概報』23—8上(40)

・竹野王子女医二口

・一升半受真木女

木簡史料④『平城宮発掘調査出土木簡概報』25—14上(144)

・○女医一口米二升受□□〔韓女カ〕

・○　十四日君万呂

木簡史料⑤『平城京木簡一』三〇六号木簡[51]

□□〔女醫カ〕一口米

長屋王家木簡にはこの他に「医師」関係の木簡もあり、「召医許母」の許母は『続日本紀』養老五年（七二一）正月甲戌条ほかにみえる甲許母である。

木簡史料⑥『平城京木簡一』一四七号木簡

・○符　召醫許母矣進出急々

・○　五月九日 家令 家扶

このように長屋王邸には渡来系の医師や複数の女医が平城宮から派遣されていたと考えられる。また木簡史料③の竹野王は女性であり[52]、竹野王の子の出産や育児に女医が関与していた可能性が高い。

女医は養老令制では医博士が教授し試験することになっていたが、狩野本『類聚三代格』によれば、養老五年（七二一）十月一日には「女医博士」が設置されている。そして翌年の養老六年十一月には「始置㆓女医博士㆒」と[53]、恐らく実員が任命されたと考えられている。これは女医の教育を専門とする男性の医博士と考えられる。

女医の実態を示す史料は前述の長屋王家木簡だけであるが、『延喜式』巻第十三、典薬寮14供御御白粉料条には、白粉を作る女医十四人がみえる。一方、女医博士はその後も存在が確認できる。たとえば『類聚三代格』寛平八年（八九六）十月五日太政官符には「女医博士一人」と定員一名の存在が確認できる。なお山崎佐氏によれば、女医博士はその後も任じられており、たとえば『吾妻鏡』正応元年（一二八八）十一月二十一日条等にみえ、そして女医博士は鎌倉末の永仁年間（一二九三～一二九九）の和気光成・丹波遠永、権女医博士は嘉慶年間（一三八七～一三八九）の和気常成の補任が最後とする。そして産婦人科専門医は延文三年（一三五八）の足利義満出生を取り扱った安芸守定からで、それ以前の女医博士は、女医教授としての医博士の官名とする。(54)

七世紀後半から八世紀前半にかけては、持統・元明・元正天皇など女帝の時代であり、婦人科への関心は極めて高かったと考えられる。また和銅・養老期は、首皇子のキサキたちをはじめとする、王権周辺の出産が問題になっている時期でもある。特に養老二年（七一八）に光明子が初めて阿倍内親王を出産した後、光明子の周辺ではさらなる男子出産の期待も高くなっていく時期である。

八世紀に王権とその周辺における出産は、より政治性を帯びたものとなり、神祇や仏教などの宗教による守護を期待するとともに、渡来系の医師が医書を用いて指導し、女医が関与するという、当時の最先端の中国医学によって管理されていったと考えられる。そしてこの医学は道教系信仰の影響を含んでおり、この医書によって影響を受けるようになっていったと考えられる。

3　長屋王家木簡の穢木簡

なおここで、長屋王家木簡の中に「穢」を名詞として使用する木簡が存在することに注目しておきたい。

木簡史料⑦『平城宮発掘調査出土木簡概報』27—23下(376)

穢在云故

この木簡は前述した女医木簡と同一地区の南北溝SD四七五〇から出土している。〇一一形式で、寸法は（65）×28×5ミリであり上端が欠け、かつ「穢」の字の上の部分の表面が若干削れている。このため「穢」の字の前に字があった可能性もあり、必ずしも一字のみの「穢」とは断言できない。しかし何らかの穢れ観念の存在を前提にした内容といえる。穢れた状況を形容しているのではなく、名詞として使用した「穢」の実態的な例としては初見であり[55]、この木簡群が和銅五年（七一二）成立の『古事記』とほぼ同時期のものであることは注目される。もちろんこの「穢」を特定することはできないが、八世紀前半の長屋王家に関わる祭祀や祓において、何らかの穢れを想定していたといえる。

そして穢れとは直接は繋がらない場合もあるが、長屋王邸では、しばしば「打散米」の例がみえることにも注目しておきたい。「打散米」関係木簡の木簡は次の五点がみえる。

木簡史料⑧『平城宮発掘調査出土木簡概報』27—8上(59)

・馬甘若翁幸行打散米一升受□　○

・虫九月卅日大□□　○

木簡史料⑨『平城宮発掘調査出土木簡概報』27—13下(157)

・打散米二升受嶋女　七月卅日甥万呂　○
書吏

・「伊都門　□〔伊カ〕伊都□〔門カ〕都門女瓦□□□」　○

木簡史料⑩『平城宮発掘調査出土木簡概報』27—13下(158)

□□〔打散カ〕米一升

十一月十八日廣嶋　○

木簡史料⑪『平城京木簡二』一九八三号木簡

打散米□〔二カ〕升□□□六

木簡史料⑫『平城京木簡二』二五一二号木簡

打散米三升　七月廿八日□

これらもまた南北溝SD四七五〇出土である。⑧は行幸などの路次の穢悪・邪気・悪神などを祓うためと考えられる。⑨の用途は不明であるが、伊都門の習書があることから門など境界を祓うための可能性もある。⑩⑪⑫は用途も不明であるが、十一月、七月などの例であり、かなり頻繁に行われていた可能性がある。

打散は打撒・散米ともいい、供物供進の一方法で、米を撒き散らすことである。『釈日本紀』巻七には、「散米者、解㆓謝其罪㆒以㆑米分散之義也」とある。そしてこの打撒の例としては、『延喜式』祝詞の大殿祭の注にみえる産屋の散米が著名である。

『延喜式』祝詞、大殿祭

屋船豊宇気姫登、是稲霊也、俗詞宇賀能美多麻、今世産屋以㆓辟木束稲㆒、置㆓於戸辺㆒、乃以㆑米散㆓屋中㆒之類也。

そして、平安期には出産の時に行われた例が多くみえる。たとえば『紫式部日記』にも中宮彰子の出産に先立ち「うちまきを雪のやうに降りかかり」と産所の周辺に撒かれ、また産後の湯殿儀でも散米している。

なお道教では産穢を祓う散米の例もあり、たとえば葛洪著『神仙伝』王遠伝の中に、「麻姑欲レ見二蔡経母及婦等一。時経弟婦、新産数日。姑、見知レ之曰、噫、且止勿レ前。即求二少許米一来。得レ米擲レ之堕レ地。謂三以レ米祛二其穢一也。視二其米一、皆成二丹砂一」とある。すなわち仙女の麻姑が蔡経の母や妻らに会うことを希望したが、その時蔡経の弟の妻が新たに出産して数日後であった。麻姑がこれを知ると、しばらく前に来ないように、そして少しばかりの米を持ってくるようにといい、米を得るとこれを擲って地に堕し、米でその穢れを祓った。そしてその米を視ると、皆丹砂と成ったという(56)。

このように長屋王家で、何らかの穢れ認識があり、また日常的に打散が行われている背景に、神祇祭祀はもとより陰陽系信仰の影響も想定できる。たとえば森公章氏は伊豆国造米関係木簡から、伊豆の卜部による祓行事を想定している(57)。その一方で、たとえば大祓には中臣・卜部によるものだけでなく、東西文部の祓刀による祓があるように、祓には渡来系の儀礼も並存する場合がある。長屋王家からは人形の出土もみえ、陰陽系の祭祀も存在した可能性がある。そして長屋王個人にも陰陽、さらに道教系信仰の影響がみられることはよく知られている(58)。

4　具注暦と出産禁忌

次に八世紀に陰陽暦法の出産禁忌が影響を与えている例を指摘したい。たとえば「正倉院文書」天平勝宝八歳（七五六）具注暦（儀鳳暦）には、次のような出産禁忌がみえる(59)。

日遊　其所在産婦不レ可レ居二之坐一、及掃レ舎又忌。

この日遊は、天一神の臣とされ、天一神が天上にある時に地上に降りて来る神で、凶神ともされ、これがその座にある方位を犯すことが忌まれた。医書などでは、たとえば『医心方』巻第二十三、産婦借地法、第四に引く『子母秘録』には「産婦が借地するときの、百の忌みにふれることの無い借地文」という呪文がみえ、その中で産婦の借地が穢汚あることを恐れるので、たとえば「東海神王・西海神王・南海神王・北海神王・日遊将軍・白虎夫人」は十丈横に去れとする。[60]

なおこのような日遊神を含む暦の吉凶と結びついた出産禁忌認識が強い医書として、この『子母秘録』の他に『産経』がある。この『産経』は『隋書』巻三十四、経籍志第二十九、三子五行にみえる産科専門の医書で、前述した『医心方』に多くの逸文引用がある。

たとえば反支月に汚水血悪物を地に着けることを忌むことがみえる。

テキスト⑦半井家本『医心方』産婦部巻第二十三、産婦反支月忌法、第二（一九七七頁）

（F）産経云、反支者、周来害レ人、名曰二反支一。若産乳婦人犯者、十死。不レ可レ不レ慎。若産乳値二反支月一者、当レ在二牛皮上、若灰上一。勿レ令三汚水血悪物着二レ地。々々則殺レ人。又浣灌皆以レ器盛レ之、過二此忌月一、乃止。

すなわち「反支は、周り来りて人を害するを名づけて反支と曰ふ。若し産乳の婦人犯さば、十死す。慎しまざるべからず。若し産乳、反支月に値らば、当に牛皮の上、若しくは灰の上に在るべし。汚水血悪物を地に着かしむること勿れ。地に着かば、則ち人を殺す。又浣灌し皆器を以て之を盛り、此の忌月の過ぐるまで止めよ」とする。これは前述したように、『千金方』テキスト②③では「反支月」に関する内容があるが、テキスト①の『医心方』が別のところで『産経』の「反支月」を抄録しているために省略したものと同じである。このためこのような捉え方は『千金方』から受容することも可能であった。

この他にも、たとえば産廬すなわち産室を設ける方法として月の方角、材質、竈を近づけないことなどを記し、また産婦が草席を敷く時の呪文、魑魅魍魎を退散させる呪文などを記している。そして、難産の原因を産婦が妊娠中の禁忌を遵守しなかったことに求める考え方をとっている。

テキスト⑧半井家本『医心方』産婦部巻第二十三、治産難方、第九（一九八七頁）

（G）産経云、夫産難者、胞胎之時、諸禁不レ慎、或触二犯神霊一、飲食不レ節、愁思帯レ胸、耶結二齊下一、陰陽失レ理、
　　並使二難産一也、賢母宜二予慎一レ之。

すなわち「夫れ、産難する者は、胞胎の時に諸禁を慎まず、或は神霊に触犯し、飲食を節せず、愁思を胸に帯びて、耶を齊下に結び、陰陽の理を失するは、並に難産にせしむる也、賢母は宜く予め之を慎むべし」とする。そして難産の際に産婦に呑ませる符籙など、呪術的対処法も多く載せている。[61]

この医書は『隋書』では「産経一巻　産図二巻」だけで作者を記さないが、九世紀末成立の『日本国見在書目録』に「産経十二巻　徳貞常撰」とみえる。[62]『産経』が将来された時期は今後の課題であるが、かなり早くから将来されていた可能性も予想される。

いずれにしても、『日本書紀』欽明十四年六月条や同十五年二月条から、六世紀には暦博士は易博士・医博士とともに暦本や薬を伴って百済から交代で渡来し、推古十年（六〇二）冬十月条から、観勒が暦本・天文地理書・遁

甲方術之書をもたらして影響を与えていたことは確かである。このように道教系の出産禁忌・穢悪認識は、七世紀には朝鮮半島経由と中国経由で、暦や医学と密接な関係を持ちながら受容されていたといえる。なお血忌日は月水に特定されない血一般を忌む日ではあるが、現在のところ最古の実例である、飛鳥の石神遺跡出土木簡の持統三年（六八九）の具注暦に「天間日血忌□」の記載があることも注目される。(63)

四　古記「生産婦女不見之類」解釈の再検討

1　古記の解釈に関する研究史

前述したように神祇令散斎条「不レ預二穢悪之事一」の「穢悪」の集解諸説の中で天平期の大宝令注釈書である古記だけが、「問、穢悪何。答、生産婦女不レ見之類」と出産に関する具体例をあげる独自の解釈をしていた。ここで前節までの知見を踏まえて、古記の解釈について改めて検討を加えたい。

そこで最初に、従来の主要な産穢研究では古記をどのように解釈してきたのかをみていきたい。

まず岡田重精氏は、古記を「不見生産婦女之類」と誤記引用している。これは生産婦女を目的語と解釈したことから、本来の文法に基づいて誤記したと考えられる。そして『古事記』にみえるトヨタマヒメが出産に先立ち「願勿レ見レ妾」と述べたように、出産瞥見禁忌があるとし、これを念頭に置いた解釈をしている。なお岡田氏は、産屋は邪悪を祓い危険を防除して守護することを第一義として隔離したものとする。(64)

この岡田説は多くの研究者に影響を与えており、西山良平氏は「生産せる婦女見ずの類」と一見生産婦女を主語にも目的語にも解釈し得る訓読をしているが、実質的には岡田氏の「出産瞥見禁忌」説を支持し、古記は豊玉毘売の「あをな見たまひそ」や伊佐奈美命の「夜七日・昼七日、吾をな見たまひそ」など、神話的な理解を提示しているとする。そのうえで、八世紀の穢悪観は神話のうえの認識として解釈し、これは『弘仁式』の産穢とは関係なく、「八世紀中頃には、法家も出産自体を穢れと解釈せず、この状態は九世紀初期まで継続していた」とみている(65)。

また三橋正氏は「生産の婦女を見ざるの類」と訓読し、「婦女の出産を見ないこと」と解釈し、イザナギの黄泉国訪問説話との関連を匂わせる説などを載せていることが注目されるとし、やはり神話的解釈に由来する「産」とみている(66)。

さらに成清弘和氏は「生産（うめ）る婦女を見ざるの類」と訓読し、古記の解釈は、『礼記』内則の「妻将レ生レ子、及二月辰一、居二側室一。夫使二人日再問一レ之、作而自問レ之。妻不二敢見一、使二姆衣服而対一、至二于子生一、夫復使二人日再問一レ之。夫齊、則不レ入二側室之門一。」を「妻将に子を生まむとすれば、月辰に及びて側室に居る。夫、人をして日に再び之を問はしむ。作するときは自ら之を問ふ。妻敢へて見えず、姆をして衣服して対へしむ。子生まるるに至りて、夫、復た人をして日に再び之を問はしむ。夫、斎するときは、則ち側室の門に入らず」と訓読し、この記述と表層の言語表現では部分的に相通じるとし、出産瞥見の禁忌をさすとみる。そのうえで、八世紀初頭の令制定時において「産穢」という習俗が古代日本社会に存在したとは考えがたく、その前段階の出産瞥見の禁忌が存在していたに過ぎないと推考している。そして九世紀に産穢が成立したことを、家父長制転換との関係で説明している(67)。

また長田愛子氏は直接この古記には言及していないが、『古事記』『日本書紀』の「穢」や出産記事を分析し、これらには産穢認識はみられないとする[68]。

以上、多くの研究が古記の解釈を神話的な出産瞥見の禁忌を述べたものであり、この出産禁忌には忌むべきものとして否定的に強調する穢れ観はみられず、九世紀の産穢とは異質のものとしている。このように近年、九世紀前半の『弘仁式』で産穢が規定されるまで、それ以前の産穢認識の存在を否定する見解が多い。しかしなぜ八世紀は存在せず、九世紀に急に規定されるのかについて、必ずしも説得的な説明がなされているとは言いがたい。

2　古記説の背景

さて前述した拙論旧説では、古記の解釈について岡田説を引用し、メルシナ型神話の解釈をベースにして出産瞥見禁忌を解説したものであったとし、その点では、前掲諸研究と同じく、古記説は日本の出産禁忌の原型を示すとみていた。ただしこれに「穢悪」観念が伴い、八世紀段階には産穢の原型が成立しつつあったとみる点で諸研究とは若干説を異にしていた[69]。しかし、本章で前述した中国の出産禁忌・穢悪認識との関係から、「記紀神話」にみられる出産習俗に結びつけた解釈だけが、古記の「生産婦女不㆑見之類」の認識を支えているわけではなく、むしろこの古記は、道教系の穢悪認識の影響を受けていた天平期の実態的な出産禁忌解釈と考えるに至った。この点を以下に詳述したい。

まず注目したいのは、諸研究の多くは、この時期の出産に対する穢悪認識の存在を否定するが、まず大前提として確認しておくべきことは、古記は「穢悪」の説明のために、その事例として「生産婦女不㆑見之類」をあげており、出産に何らかの「穢悪」認識を持っていたことは確かである。すなわち、この古記の解釈は、九世紀の『弘仁式』以下の式にみえる産穢と全く異質なものではなく、ある程度通じる「穢悪」認識を含んでいると考える。

そして次に注目したいのは、古記は生産婦女について両義的に解釈が可能な、極めて曖昧な表現をしていることである。たとえば古記は「不レ預二穢悪之事一」の説明ではなく、「穢悪」の説明のために、その事例として「生産婦女不レ見之類」をあげている。祭祀に携わる者が、従来説のように「産婦を見ないこと」を「穢悪」とするならば、「産婦を見ること」は問題ないことになってしまう。ただしこの場合は、古記が「穢悪」の解説としながらも、実質的には「不レ預二穢悪之事一」の説明をした可能性もあるが、いずれにしてもこの点で曖昧な表現といえる。

また古記の文章は本来の文法からすれば、生産婦女を主語とみる解釈も可能であり、目的語であれば岡田説が誤記したように「不見生産婦女之類」と書く方が正しい。もちろん古記は目的語を主語的に倒置して文を作る可能性もある。(70)

その点で「生産婦女を見ること」は「穢悪」である、「生産婦女を見ないこと」は「穢悪に預らないこと」であるという解釈は可能ではあるが、逆に「産婦が見てはならないもの」としての「穢悪」、もしくは、「産婦に見せてはならない」、産婦が見ることによって起こる「穢悪」を忌むという解釈も可能な、極めて曖昧な表現になっている。

見る、見られるは相互的な関係ではあるが、たとえば、『千金方』巻第一、合和第七に「凡合二腎気署預、及諸大補、五石、大麝香丸、金牙散、大酒煎膏等一、合時煎時、並勿レ令二婦人、小児、産母、喪孝、固(癇)疾、六根不具足人、及雞犬六畜等見一レ之。凶。其続命湯、麻黄等諸小湯、不レ在二禁忌限一」など、ある種の合薬を行う時に、婦人、小児、産婦、喪孝、癇疾、六根不具足人、及鶏犬、六畜等、ある種の人や動物に見せてはならないとしている。(71)この中には本章一―2で述べた道教で斎戒時の禁忌の対象となった服喪の孝子、産婦、疾病などが含まれている。これらの人等が見ること、すなわち見られることが合薬には凶であり、大忌であるとする。このような例は中国医書に多い。

ただし医書は本章二—1の『千金方』のように、出産瞥見禁忌を、産婦側を穢悪としつつも、産婦を主体とし保護する禁忌として叙述する場合もあった。また『千金方』巻第十、傷寒下、傷寒雑治第一では熱病後に発した豌豆瘡の治療に「婦人月水布拭レ之」「小児著取二月水汁一和レ水浴レ之」など、月水やこれをつけた布が用いられる場合もある(72)。月水の呪力への恐れとその力により病が平癒することへの期待が隣合わせで存在している。その一方で道教経典類は、これも本章一—2にあげたように、斎戒する側を主体とする禁忌として、産室入室や月水等を叙述する。この意味でも出産禁忌には両義的な要素があるが、根底には共通する死や産への穢悪認識があったことは確かである。

前述したように、少なくとも古記が成立したとされる天平十年前後までに、日本に将来されていた中国医書の『千金方』『小品方』に、産婦を外部から守る出産禁忌がある一方で、産婦を神が穢悪とするという産穢認識が存在していた。また古記は「生産」を出産の意味で使用しているが、このような用例は医学用語に多いことに注目したい。たとえば『隋書』経籍志には、前述の『産経』などとともに「生産符儀一巻」がみえる。また時代は下るが『宋史』芸文志の医書類の中に「沈虞卿　生産科方一巻」などがみえる。

そして古記は医書を引用する例がある。たとえば、戸令⑦目盲条の「癲狂」の注釈には「甲乙子巻」「葛氏方」「華他(陀カ)方」を引用し、また選叙令㉓癲狂酗酒条の「癲狂」にも同じく「甲乙子巻」「葛氏方」「華他方」を引用している。すなわち主要な中国医書に関する知識を古記は持っていたことがわかる。

ただし古記が「穢悪」の説明のために、その事例として「生産婦女不レ見之類」をあげたのを、直接『千金方』『小品方』に出典を特定し、これに基づいて中国の認識だけを説明したと考えていない。むしろこの時期の王権を中心とした畿内の支配層の出産において、記紀神話にみえるような出産禁忌を受け皿にしつつも、中国医書に基づく治療や禁忌、またその背後の道教系信仰にみえる産穢などの知識が影響を与えはじめていたことを背景にしたものと考える。

また古記の作者には大和長岡・山田白金・秦大麻呂など諸説があるが[73]、いずれも留学経験、もしくは渡来系氏族出身の人物が想定されている。また古記は個人の著作というよりグループによる著作の可能性も考えでみる必要があるが、この中に中国医書や暦、またその背後の道教系、陰陽系の知識や信仰に通じた人々がいた可能性は十分考えられる。

たとえば大和長岡とも関係が深い留学経験者の吉備真備に、次のような妊娠禁忌や医書の重視があったことが注目される。すなわち吉備真備の家訓とされる『私教類聚』の目録には、「第廿八任身禁忌事」がみえ、八世紀において妊娠に関する禁忌が意識されていた[74]。任身は孕の意で、またこの前後に「第廿七世俗禁忌事」「第廿九房中禁忌事」がみえることからも、これが妊娠に関する禁忌であったことがわかる。

残念ながら、これらの本文はいずれも現存しないため、その内容が不明であるが、『私教類聚』には「第三仙道不レ用事」と道教を排するものの、「第卅五可レ知二医方一事」もあり、その逸文も知られることから、医学的な知識を重んじており、これを背景にしていた可能性がある。なお真備が長期の留学を終えて帰国し、唐礼等を献上したのは天平七年（七三五）四月であり、この時にのちの天平宝字七年（七六三）八月に儀鳳暦に替えて使用が開始される大衍暦に関連した『大衍暦経』『大衍暦立成』ももたらしている。暦や吉凶に関する知識を多く持っていたと考えられる。

この妊娠の禁忌が受胎時や妊娠中だけでなく出産時における禁忌を含んでいたかは不明であるが、長期の留学により中国の実情に通じていた吉備真備が、中国の妊娠・出産の禁忌の知識を持っていた可能性は極めて高く、これが王権の妊娠・出産の禁忌知識に影響を与えた可能性も予想できる。

おわりに

以上、問題が多岐にわたったが、最後にここで論じたことを簡単にまとめておきたい。七世紀末から八世紀初頭の律令祭祀儀礼整備の中で、大宝神祇令散斎条の規定が成立したが、この散斎の禁忌は、唐の律令祭祀儀礼における禁忌を基本的に手本とした。唐の祭祀における禁忌には、儒教だけでなく、当時唐で重視されていた道教系の斎戒儀礼の禁忌の影響も重要であると考えられる。そしてこの中国の道教系信仰には、七世紀以前から人や六畜などの死や産を穢れとする観念が存在したことを指摘した。またこの道教系信仰の影響を受けている中国医書の中にも、出産禁忌や産婦を忌避する産穢認識が存在することを指摘した。

さらに、たとえば『千金方』、『小品方』などの中国医書は、八世紀初頭までには日本に伝来していたこと、またそれ以前から渡来した医博士も含め、女医博士や女医などによって、当時の最先端医療としての開明的知識とともに、道教系の産穢認識も抱き合わせで受容されたことを指摘した。また陰陽暦法の知識も含め、さらに出産禁忌や産穢認識が渡来系の人々や王権周辺の人々に影響を及ぼしていた可能性を論じた。そしてこれを背景に、古記が「穢悪」の説明として「生産婦女不〻見之類」と記した可能性を指摘した。

すなわち八世紀には、神祇信仰による祓の対象となる穢悪認識とともに、このような雑多な渡来系の穢悪認識が、少なくとも畿内を中心に影響していた可能性は極めて高いと考える。そして八世紀までに様々な形で移入されていった道教などを含む外来の諸信仰にみえる、人と六畜の死や出産をはじめとする諸種の穢悪認識の存在も踏まえて、公的に整理限定し、日数等を制度化していったのが、九世紀前半の『弘仁式』制定の時期であるといえよう。そして雑多で未整理のままに様々な形態で受容され、存在していた穢悪観念を、ある意味で政治的に整理し、逆にその範囲で固定化したのが『弘仁式』規定であったと考える。さらにこれが『貞観式』、『延喜式』規定を経て、その枠組みをひろげ、これを保持しつつ、後世には日数等の拡大化の道をたどったといえる。

この穢悪認識の受け皿となった記紀神話にみえる出産禁忌の実像理解、また産穢のみでなく、日本の律令祭祀儀礼整備の中で、道教儀礼を含む中国の律令祭祀儀礼の禁忌の影響、さらに『弘仁式』以下の日本の触穢規定に及ぼした影響など、本章で論じ残した多くの課題がある。また外来信仰の一つである、仏教、とりわけ密教との関係も今後の課題である。(75)

注

（1）最近のケガレ研究史や問題点を概観したものに北條勝貴「〈ケガレ〉をめぐる理論の展開」（服藤早苗・小嶋菜温子・増尾伸一郎・戸川点編『ケガレの文化史―物語・ジェンダー・儀礼』叢書・文化学の越境⑪、森話社、二〇〇五年）。

（2）拙稿「血穢について」（『女の信心―妻が出家した時代―』平凡社、一九九五年、第五章、「補」。初出は「女性と古代信仰」『日本女性生活史』第一巻、原始・古代、東京大学出版会、一九九〇年の第一章の一部）。概要は注(69)参照のこと。

（3）虎尾俊哉編『弘仁式貞観式逸文集成』国書刊行会、一九九一年。なおこの『弘仁式』以後の式にみえる産穢関係の規定は次の通りである。

「前後神祇式」（『小野宮年中行事』（雑穢事））

一　人死、忌㆓三十日㆒、自㆓葬日㆒始㆑計、　産七日、

（中略）

一　六畜死、忌㆓五日㆒、今案、鶏非㆓忌限㆒、　産三日、

『延喜式』巻第三　神祇　臨時祭

凡触㆓穢悪事㆒応㆑忌者、人死限㆓卅日㆒、自㆓葬日㆒始㆑計、　産七日、六畜死五日、産三日、鶏非㆓忌限㆒、　其喫㆑宍三日、此官尋常忌㆑之、但当㆓祭時㆒、余司皆忌、

凡弔㆑喪、問㆑病、及到㆓山作所㆒、遭㆓三七日法事㆒者、雖㆓身不㆑穢、而当日不㆑可㆑参㆓入内裏㆒。

（4）祠令「三八　乙〔永〕（追加）」。仁井田陞著、池田温編集代表『唐令拾遺補』東京大学出版会、一九九七年、四九九頁。

（5）なおこの条文は、仁井田陞『唐令拾遺』東京大学出版会、一九六四年では、『大唐開元礼』巻三序列下「斎戒」及び『大唐六典』巻四尚書礼部・祠部郎中員外郎の記事から開元七・二五年令として次のように復元している（ただし句点は中村裕一説による）。

諸大祀、散斎四日、致斎三日。中祀、散斎三日、致斎二日。小祀、散斎二日、致斎一日。散斎之日、斎官昼理㆑事如㆑故、夜宿㆓於家正寝㆒、惟不㆑得㆓弔㆑喪問㆑疾、不㆑判㆓署刑殺文書㆒、不㆑決㆓罰罪人㆒、不㆑作㆑楽、不㆑預㆓穢悪之事㆒、致斎惟祀事得㆑行、其余悉断。非㆓応散斎致斎㆒者、惟清斎一㆓宿於本司及祠所㆒。

しかし中村裕一氏は前半の祀の種類ごとの斎の日数の部分と、当該の禁忌部分は日本令と同様に別の条文であったと推定している。なお中村氏の復元文言は仁井田復元と句点以外は同じである（中村裕一「祠令逸文」『唐令逸文の研究』汲古書院、二〇〇五年）。

（6）『四庫全書』経部四、礼類一、上海古籍出版社、一九八七年。90—六六〇・六六一頁。

（7）三橋正「弘仁・貞観式逸文について—『延喜式』穢規定成立考」（『国書逸文研究』二二、一九八九年、のち『日本古代神祇制度の形成と展開』法藏館、二〇一〇年、第二章「穢」第一節「穢規定の成立」に改題して所収）。

（8）成清弘和『女性と穢れの歴史』塙書房、二〇〇三年。

（9）道教の斎が儒教の斎の影響を受けて成立したことは、山田利明「道教における斎法成立」（『六朝道教儀禮の研究』東方書店、一九九九年）を参照した。

（10）山田利明「斎醮」（『道教事典』平河出版社、一九九四年）。またこの斎醮の歴史的変遷は、小林正美『中国の道教』創文社、一九九八年に詳述されている。

（11）『斎戒籙』第十（ＳＮ四六四。ＳＮは、クリストファー・シュペール編『道蔵通検』に付された経典番号であるシュペール・ナンバー。以下同じ）。『正統道蔵』（精装版、芸文印書館、一九七七年〈以下『正統道蔵』はこれによる〉第11冊八九九八頁）。なお『中華道蔵』（華夏出版社、二〇〇四年〈以下『中華道蔵』はこれによる〉第42冊二四八頁）の句読点を参考に、初出版の句読点、及び釈読文を改訂した。またこの文の釈読については、安藤信廣氏のご教示を得た。

　この文は「説雑斎法」（『正統道蔵』第11冊八九九七頁）として、多くの斎を三元品戒経・明真科・三洞奉道科、その他聖紀・八道祕言などによって引用列挙したうえで、『洞玄霊宝説光燭戒罰灯祝願儀』の「夫斎者、正以二清虚一為レ体、恬静為レ業、謙卑為レ本、恭敬為レ事、戦戦兢兢、如レ履二氷谷一、粛粛慄慄、如レ対二厳君一」（ＳＮ五二四。『正統道蔵』第16冊一二七二五頁、『中華道蔵』第4冊四一四頁）とほぼ同文の「夫斎者、正以二清虚恬静一、謙卑恭敬、戦戦兢兢、如レ履二氷谷一、若レ対二厳君一」を引用し、さらに「丹誠謙若、必祈二霊応一、検勅二内外一、無レ使二喧雑一」に続いて斎を行う人の禁忌を記した部分の記事である。

（12）吉岡義豊「斎戒籙と至言總―道教経典の一研究―」（『大正大学研究紀要』五二、一九六七年）。

（13）大淵忍爾「三皇文より洞神経へ」（『道教とその経典』創文社、一九九七年）。

（14）『上清太上黄素四十四方経』第七（ＳＮ一三八〇。『正統道蔵』第56冊四五五八五頁）。『中華道蔵』第1冊六三〇頁。

（15）『上清太上黄素四十四方経』第九（ＳＮ一三八〇。『正統道蔵』第56冊四五五八六頁）。『中華道蔵』第1冊六三一頁。

（16）『雲笈七籤』巻四十第十（ＳＮ一〇三二。『正統道蔵』第37冊二九五五四頁）。『中華道蔵』第29冊三三八頁。

　凡道士存二思上法一、及修二学太一事一、皆禁レ見二死尸血穢之物一。当下以二真**硃**一銖一、散二**入**水中一、因以洗レ目漱レ口、并洗中手足上、微呪曰、（呪は略。ゴチックは異同部分）

『雲笈七籤』巻四十第十二（ＳＮ一〇三二。『正統道蔵』第37冊二九五五五頁）。『中華道蔵』第29冊三三九頁。

　太上黄素四十四方経云。凡修二太一之事一、及行二上法存神之道一、慎不レ可レ見二尸**及**血穢之物一。見二一尸一則一年不レ得レ行事、又却傾二一年之功一。然此帝一之科常、却罰二於既往一、又進塞二於将来一。若一年三見レ戸者、則罰レ功断レ事各三年也。

若過見二二十四戸一者、皆不レ得下復行二太一一、以求上仙也（ゴチックは異同部分）

(17)『太微霊書紫文仙忌真記上経』（SN一七九。『正統道蔵』第5冊三五一二～三五一三頁）。『中華道蔵』第1冊三〇四～三〇五頁。

(18)『雲笈七籤』巻四十第十二（SN一〇三二。『正統道蔵』第37冊二九五五五頁）。『中華道蔵』第29冊三三一九頁。

(19)『赤松子章暦』巻二第二十三（SN六一五。『正統道蔵』第18冊一四四八三頁）。『中華道蔵』第8冊六三八頁。

(20)大淵忍爾「太真科とその周辺」（前掲書注(13)に同じ）。なお『赤松子章暦』の成書年代については、丸山宏『道教儀禮文書の歴史的研究』汲古書院、二〇〇四年、六四頁。

(21)『雲笈七籤』巻四十一第十一（SN一〇三二。『正統道蔵』第37冊二九五六二～二九五六三頁）。『中華道蔵』第29冊三三五頁。

(22)大淵忍爾「老子道徳経序訣の成立」（『道教史の研究』岡山大学共済会書籍部、一九六四年）。

(23)日本における男性の夢洩に対する不浄観は『日本霊異記』中巻第十三縁にもある。しかし日本では、精液を穢れの中に体系化しなかった。この男性の不浄については、野村育世「女の穢と男の不浄」（『仏教と女の精神史』吉川弘文館、二〇〇四年）が興味深い指摘を行っている。

(24)『無上秘要』巻九十九第九（SN一一三八。『正統道蔵』第42冊三三七九六頁）。『中華道蔵』第28冊三〇三頁。この「洞元五符経」は『太上霊宝五符経序』か。

(25)『洞玄霊宝三洞奉道科戒営始』巻三第九（SN一一二五。『正統道蔵』第41冊三三三〇八三頁）。『中華道蔵』第42冊一七頁。

(26)大淵忍爾「三洞奉道科誡儀範の成立」（前掲書注(13)に同じ）。

(27)矢島玄亮『日本国見在書目録―集証と研究―』汲古書院、一九八四年。

(28)「写章疏目録」（「正倉院文書」続修三十九、『大日本古文書』三ノ九〇頁）。

(29) 矢島玄亮前掲書注(27)に同じ。
(30) 「写疏所解」(「正倉院文書」正集二裏、『大日本古文書』二ノ七〇七頁)。
(31) 小曽戸洋「晋~唐の医学典籍　『千金方』」(『中国医学古典と日本―書誌と伝承―』塙書房、一九九六年)。
(32) 『国宝半井家本医心方』五、オリエント出版社、一九九一年。
(33) 『新雕孫真人千金方』東洋医学善本叢書、第12冊、オリエント出版社、一九八九年。
(34) 『宋版　備急千金要方』上、東洋医学善本叢書、第9冊、オリエント出版社、一九八九年。
(35) 古鈔本『真本千金方』東洋医学善本叢書、第12冊、オリエント出版社、一九八九年。
(36) 槇佐知子全訳精解『医心方』巻二十三　産科治療・儀礼篇、筑摩書房、一九九八年。
(37) 小曽戸洋「晋~唐の医学典籍　『小品方』」(前掲書注(31)に同じ。初出は一九八六年)。
(38) 丸山裕美子「日唐医疾令の復元と比較」(『日本古代の医療制度』名著刊行会、一九九八年所収、初出は一九八八年)。
(39) 小曽戸洋前掲論文注(37)に同じ、三七五頁。
(40) 槇佐知子前掲書注(36)に同じ、二〇三頁。
(41) 服部敏良『奈良時代医学の研究』東京堂、一九四五年。またこれを追確認したものに丸山裕美子「『医心方』の世界」(前掲書注(38)に同じ) がある。
(42) 和田萃「西州続命湯方」(『明日香風』八八、二〇〇三年)。
(43) 卜部行弘・鶴見泰寿「奈良・飛鳥京跡苑池遺構」(『木簡研究』二五、二〇〇三年)。この木簡は奈良県立橿原考古学研究所によって二〇〇二年に奈良県明日香村岡、飛鳥京跡苑池遺構の水路SD〇〇一三から発掘された。
(44) 小曽戸洋・真柳誠「飛鳥京庭園跡出土木簡『西州続命湯』の出典について」(『日本医学史雑誌』四八―三、二〇〇二年)。
(45) 小曽戸洋前掲論文注(31)に同じ。
(46) 市大樹「藤原宮跡」(『木簡研究』二七、二〇〇五年)。

（47）小曽戸洋前掲論文注(37)に同じ。

（48）小曽戸洋前掲論文注(37)に同じ。なおもう一つの根拠として、尊経閣文庫本には唐太宗の世民の避諱がなく、六五一年の永徽令以前のテキストと考えられることから、六四〇年以前の伝来、さらに舒明四年（六三二）の薬師恵日帰国まで遡るかとする。ただし残念ながら開元七年令以前の医疾令において『小品方』が規定されていたかは不明であり、また尊経閣文庫本が唐太宗の世民の避諱がない点だけで六四九年没以前のテキストであるとは言い切れない。

（49）東野治之「平城宮木簡中の『葛氏方』断簡」（『日本古代木簡の研究』塙書房、一九八三年）。同「長屋王家木簡の醤・味滓請求木簡―『葛氏方』との関連から―」（『長屋王家木簡の研究』塙書房、一九九六年所収、初出は一九九五年）。なお平城宮出土の医事関係の木簡には葛氏方の処方と類似するものが多い。葛氏方は現存本の書名は『肘後備急方』といい、晋の葛洪原撰「肘後救卒方」を梁の陶弘景が増補し、金の楊用道が一一四四年に補訂したものである。

（50）丸山裕美子前掲論文注(38)に同じ。程錦「唐医疾令復元研究」（『天一閣蔵　明鈔本天聖令校証　附唐令復元研究』下冊、中華書局、二〇〇六年）。

（51）奈良国立文化財研究所『平城京木簡一』、『平城京木簡二』（奈良国立文化財研究所史料41・53）真陽社、一九九五年・二〇〇一年。

（52）鬼頭清明「長屋王家木簡二題　赤染豊嶋と竹野女王」（『古代木簡の基礎的研究』塙書房、一九九三年所収、初出は一九九〇年）。

（53）『続日本紀』養老六年十一月甲戌（七日）条（新日本古典文学大系）。

（54）山崎佐「女医博士について」（『法制史研究』五、一九五五年）。また同『江戸期前日本醫事法制の研究』中外醫学社、一九五三年、瀧川政次郎「奴婢漫稿」（『律令賤民制の研究』角川書店、一九六七年）第一章も女医博士について言及している。なお『職原抄』は官位相当を正七位下とする。

（55）名詞的用法には二字名詞と一字名詞があり、二字名詞の文献上の初例は、『日本書紀』大化二年（六四六）三月甲申条の「汚穢」、一字名詞の文献上の初例は『続日本後紀』承和三年（八三六）九月丁丑（十一日）条の「今月九日宮中有ㇾ穢」

とされている。新谷尚紀「死とケガレ」（『往生考―日本人の生・老・死』小学館、二〇〇〇年）は名詞としての「穢」の用例の定着を「穢れ」の観念の形成の指標としている。

(56) 王遠伝は『神仙伝』の中でも原作に近い古形を保つ可能性があるとされる（澤田瑞穂『列仙伝・神仙伝』解説、中国古典文学大系8、平凡社、一九六九年）。当該文とほぼ同文は『太平広記』巻七に引用され、十世紀までには成立しており、また当該文の有無は不明ながら、この直前の麻姑関係記事は七世紀前半の『芸文類聚』巻八・巻七二にみえる。なお中国を含む散米については西岡弘「散米考」（『古典の新研究』角川書店、一九五二年）参照。また祓と穢れの関係については、参考として小谷汪之『穢れと規範―賤民差別の歴史的変遷』明石書店、一九九九年、第一章「穢れ意識と賤民差別」は、インドの『マヌ法典』では穢れは「清める」という言葉や行為の隠喩によって示されると指摘していることは示唆的である。『マヌ法典』では親族の死・産は服忌の清め、親族外の死体・産婦・月経中の女・人の骨肉との接触は沐浴による清めとされる。

(57) 森公章「卜部寸考」（『長屋王家木簡の基礎的研究』吉川弘文館、二〇〇〇年所収、初出は一九九三年）。

(58) 長屋王と道教の関係については新川登亀男『道教をめぐる攻防』大修館書店、一九九九年。なお長屋王家の散米については櫛木謙周「長屋王家の宗教的習俗について―散米を中心に―」（『木簡研究』三二、二〇一〇年、のち『日本古代の首都と公共性―賑給、清掃と除災の祭祀・習俗―』塙書房、二〇一四年所収）がある。

(59)「天平勝宝八歳（七五六）具注暦」（儀鳳暦）（「正倉院文書」続修十四、『大日本古文書』四ノ二一一頁）。

(60) 半井家本『医心方』産婦部巻第二十三、産婦借地法、第四（一九八二頁）。『子母秘録』は『崇文総目輯釈』巻三、医書類に「子母秘録十巻　許仁則」とみえ、唐の天宝年中（七四二～七五五）の王燾撰『外台秘要方』には許仁則の文として引用されている。一方『宋史』芸文志や『本草綱目』には「張傑子母秘録」とある。この医書については槇佐知子前掲書注(36)に同じ、四七頁参照。

(61) この符籙の一つは敦煌遺文にみえることが東野治之「木簡雑識」（前掲書『長屋王家木簡の研究』注(49)に同じ）に指摘されている。なおここでは詳述できないが、『医心方』巻二十五に引く『産経』には日の吉凶、埋葬の地に関する注意をはじめとする、極めて詳細な胞衣の埋葬法がみえる。
(62) 矢島玄亮前掲書注(27)に同じ。
(63)『木簡研究』二六―26―(55)、二〇〇四年。
(64) 岡田重精『古代の斎忌―日本人の基層信仰―』国書刊行会、一九八二年。
(65) 西山良平「王朝都市と《女性の穢れ》」(『日本女性生活史』第一巻、原始・古代、東京大学出版会、一九九〇年)。なお、西山氏は長屋王家木簡に子生犬の米支給の例がみられることから、六畜産をこの時期は穢れとしていない根拠とされた。しかしこの木簡は子生犬の食料支給を示すだけであり、穢れの有無をこれで否定することの根拠にはなり得ない。
(66) 三橋正「『延喜式』穢規定と穢意識」(『延喜式研究』二、一九八九年、のち前掲書注(7)に同じ、第二章「穢」第一節「穢規定の成立」に改題して所収)。三橋正「神道と穢」(『神葬祭総合事典』雄山閣出版、二〇〇〇年)。
(67) 成清弘和前掲書注(8)に同じ。なお成清説は、前掲拙稿注(2)に同じを「日本古代に産穢習俗が存在していたとする見解」と理解しておられるが、受け皿となった出産習俗と血穢不浄観とは切り離して考えており、単純にいわゆる産穢習俗が存在したとは述べていない。この点は注(69)参照のこと。
(68) 長田愛子「古代日本における女性の穢れ観の成立とジェンダー――「記紀」の「穢」に関する記述の分析から――」(『総合女性史研究』二二、二〇〇五年)。
(69) 前掲拙稿注(2)に同じ。拙稿では「基層信仰にも産の禁忌の原型があり、それは、八世紀の神祇令散斎条の「穢悪之事」についての古記の注釈にみえるように、産屋の中の出産を見るなの禁であった。この産屋を見るなの禁は(中略)日本のメルシナ型神話に特徴的なものである」とし、この禁を破ることで、神の来臨する出産の場が産婦や新生児の死の場に転化することへの恐れによって、産屋内部から侵入者を禁忌したものと考えた。そしてこの内部からの禁忌を破らざるを得ない親族が、公的な祭祀へ参加することを外部から禁忌することが、のちの『弘仁式』などの「産穢」の原型となったと考えた。
　ただしこの「産穢」の受け皿になり得る出産禁忌が、古くから「産穢」のような血穢不浄観を伴うものとは述べているわけではなく、この点については、「女性と産穢で問題となるのは、この原型のケガレにオーバーラップしていく不浄観の質や内容の歴史的変化であろう。基層信仰では、本来月経の不浄観は希薄であり、産や月の忌みに血穢不浄観が加わるのは外来信仰の影響であるといわれている」として、この外来信仰を仏教、儒教だけでなく、従来見過ごされている道教や陰陽の影響について言及した。そしてこのような血穢不浄観による「女性への規制が、潜在的レベルの段階から、国家的神事からの排除など公的性格を帯びる段階へ変化する画期は、七世紀末の律令制成立期である」とし、「さらに触穢が整理され数量化され、不浄観との関係を強くする画期が、『弘仁式』など九世紀前半であった」とした。

(70) たとえば『令集解』厩牧令①厩細馬条の古記は「今行事、粟巳下塩巳上不レ給、乾草日二圍巳上、三圍巳下充」としており(新訂増補国史大系本九一六頁)、不給の対象を前に置いている。ただしこれは令本文「日給二細馬一、粟一升・稲三升・豆二升・塩二勺。中馬、稲豆二升・塩一勺。駑馬、稲一升・乾草各五圍・木葉二圍」の存在を前提として作文をしている例である。

(71)『新雕孫真人千金方』東洋医学善本叢書、第12冊、オリエント出版社、一九八九年、四九頁による。『宋版　備急千金要方』上、東洋医学善本叢書、第9冊、オリエント出版社、一九八九年、八九・九〇頁は「凶」を「大忌、切宜慎之」とする。古鈔本『真本千金方』東洋医学善本叢書、第12冊、オリエント出版社、一九八九年、八八頁では「諸補五石」を「大五蟲」とし、「煎時」はなく、「産母」を「産婦」とし、諸小湯に「大黄」が加わっている点が大きな違いである。

(72)『宋版　備急千金要方』中、東洋医学善本叢書、第10冊、オリエント出版社、一九八九年、七一頁。なお前述したように、この『千金方』の治療法は、半井家本『医心方』巻第十四、治傷寒豌豆瘡方、第五十七(一二八〇頁)に「婦人月布拭レ之」、『朝野群載』巻第二十一、凶事所収の「天平九年六月日」の典薬寮疱瘡治方勘文にみえる「傷寒豌豆病治方」に「又取二月汁一、水和浴レ之」「又婦人月布拭二小児一」とみえる。

(73) 代表的論者は大和長岡・山田白金説(瀧川政次郎「大宝令注釈書『古記』について」『日本法制史研究』有斐閣、一九四一年)、秦大麻呂説(青木和夫「古記の作者」『日本古代の政治と人物』吉川弘文館、一九七七年)がある。なお古記作者に関する研究史整理としては宮部香織「大宝令注釈書『古記』について―研究史の整理と問題点―」(『国学院大学日本文化研究所紀要』九〇、二〇〇二年)。
(74)『私教類聚』は岩波日本思想大系『古代政治社会思想』所収による。瀧川政次郎「私教類聚の構成とその思想」(『日本法制史研究』名著普及会、一九八二年)。
(75)たとえば新谷尚紀前掲論文注(55)に同じは『陀羅尼集経』の烏枢沙摩解穢法印、『大日如来剣印』の加持三業法の解穢法の影響も問題とされ、僧道鏡の影響の可能性を指摘している。なお一九八〇年代まで配布されていた「烏芻沙摩明王真言」については、門馬幸夫「聖俗論と「穢れ」・共同体・カリスマ」(『差別と穢れの宗教研究』岩田書院、一九九七年)にみえる。

第二章　日本古代における外来信仰系産穢認識の影響

――本草書と密教経典の検討を中心に――

はじめに

日本古代の産穢規定は、九世紀前半成立の『弘仁式』逸文「触㆓穢忌（悪カ）事㆒応㆑忌者、人死限㆓卅日㆒、産七日、六畜死五日、産三日、其喫㆑宍、及弔㆑喪、問㆑疾三日」が史料上の初見である(1)。ただしこれは儒教祭祀を基本とする唐祠令の散斎・致斎を手本に継受した、神祇令散斎条の中の「不㆑預㆓穢悪之事㆒」に関する細則規定である。そして天平十年（七三八）頃に成立した大宝令注釈書の古記は、この「穢悪」を「生産婦女不㆑見之類」と解説している(2)。

従来の研究では、この古記の解釈は記紀神話等にみえる「吾をな見たまひそ」という産婦瞥見禁忌をベースにしたものであり、八世紀前半には産穢認識は成立していないとする説が多かった(3)。これに対する私見として、日本古代の出産禁忌と外来信仰の関係に注目し、特に道教に日本の産穢と類似する産穢認識が存在し、これがたとえば七・八世紀将来の中国医書などにもみえることから、医書、暦、陰陽書、またそれを受容した医師、女医、陰陽関係者などを通じて、王権周辺の人々に影響を与えており、日本固有の何らかの出産禁忌を受け皿にしつつも、八世紀前半の古記の解釈にはすでに産穢認識が含まれることを、以前に論じたことがある(4)。

この前稿（本書第一章）では、主に『千金方』や『小品方』など産科関係の内容を含む医書を中心に検討したが、本章では道教系産穢認識の原型となる中国の出産禁忌習俗と、七世紀将来の代表的本草書である『本草集注』にも類似した産穢認識が存在することを指摘したい。また七・八世紀に成立し日本に将来されていた密教経典にみえる仏教系産穢認識を検討し、さらにこれら儒教系、道教系、仏教系の産穢認識の日本への影響について考察したい。

一　中国古代の出産禁忌習俗と道教系産穢認識

中国六朝後半期の道教の殗穢について体系的な検討を加えられた都築晶子氏によれば、道教が食物（五葷・五辛・六畜肉・生魚・犬肉など）、血、死、性などを穢れとして禁忌することは、神々の降臨する空間を清浄に保ち、神に接する作法として、古く礼の殗穢から継承されてきたもので、この礼の殗穢は国家祭祀の次元、さらに社会全体に根強く存在していたとしている。そして都築氏は、この礼の殗穢、そしてその影響を受けている道教の殗穢に関する原型の一例として、後漢の「婦人乳子」習俗と「腐臭」をあげている。(5) ただしこの習俗や道教の産穢認識そのものについては細かい検討はされていない。

この「婦人乳子」習俗とは、王充（二七～九八）の『論衡』第六十八、四諱の中にあり、一世紀代の江南地域で婦人の出産を不吉として忌避する習俗があったことが注目される。(6)

『論衡』第六十八、四諱

俗有二大諱四一（中略）三曰、諱二婦人乳レ子、以為二不吉一。将下挙二吉事一、入二山林一、遠行度中川沢上者、皆不二與

レ之交通一。乳レ子之家、亦忌悪レ之、丘墓廬（行カ）二道畔一、踰レ月乃入、悪之甚也。暫[聞]（脱カ）卒見、若レ為二不吉一、極一レ原其事一、何以為レ悪。

ここでは四つの禁忌習俗の三つ目として、婦人が子を乳《う》むことの禁忌をあげている。すなわちこれを不吉とし、めでたいことを行ったり、山林に入ったり、遠方に出かけ、川や沢を渡ろうとする者は、皆これと行き来しない。産家ではまた忌んでこれを悪み、道端に仮小屋を作らせて、一月以上経ってからはじめて家に入れる。これは悪みかたがひどいからであり、しばらく聞く、もしくはちょっと見るだけでも不吉だとする。

王充は当時としては特異な合理的思考を持った人物として著名であるが、彼はこれを批判し、子どもは天地の気を持って生まれてくるのになぜ凶として悪むのか、もし胎盤（胞）を不吉とするならば、木の実のさやや鳥の卵の殻と同じようなものであり悪むのはおかしいとし、さらに人の産だけ悪んで、六畜の産は悪まないのはおかしいとしている。ここではまだ六畜産は禁忌対象ではなかったらしい。ただし「江北諱レ犬不レ諱レ人、江南諱レ人不レ諱レ犬、謡俗防悪、各不レ同也」と、犬の出産禁忌が存在し、また江北では犬を諱むが人を諱まず、江南では人は諱むが犬を諱まないという地域差があることを指摘している。

ただしその一方で、凡そ人の悪む所は腐臭の如きなしとする。その一方で外出して豚を背にした人を路上で見たり、腐爛した屍を溝の中に見たりしても、それを不吉だと思わないのは、汚辱は相手にあるのであって、自分の体には着かないからであるとする。また「今婦人乳レ子、自在二其身一、斎戒之人、何故忌レ之」と、婦人が出産するのは、何といってもそれ自身のことだから、斎戒している人がどうしてこれを忌みきらうのかとする。そして王充の最終的な結論として「諱一レ忌産レ子乳レ犬者、欲レ使二人常自潔清一、不レ欲レ使三人被二汚辱一也」と、人や犬の出産を諱忌するのは、潔清のために汚辱を被らせないためであるが、自分自身が潔清であれば、心が誠で行いも清く正しい節操が行えるとしている。逆にいえば、当時の習俗には婦人出産に対する汚辱観があり、斎戒を行う人がこの汚辱の伝染を忌避した可能性がある。

このように江南と江北で地域差はあるものの、後漢の江南では出産を不吉とし、産家への交通を禁忌し、出産後の時期に産婦を別小屋に隔離し、また出産を見聞することを禁忌とする習俗があった。そしてその根底には血の腐臭を汚れとする産婦汚辱観があり、これが伝染すると捉え、これを斎戒の人が忌避していたと考えられる。このような出産禁忌習俗は中国への仏教伝来とほぼ同時期ではあるが、その影響によるのではないと考えられ、儒教の礼の殗穢、さらに道教の産婦忌避・産穢認識の原型であったと考えられる。

礼では、たとえば『周礼注疏』巻三十六秋官「蜡氏、掌㆑除㆑骴。凡国之大祭祀、令㆓州里㆒除㆓不蠲㆒、禁㆓刑者任人及凶服者㆒、以及㆓郊野㆒、大師大賓客亦如㆑之」に関する後漢の鄭玄注「此所㆓禁除㆒者、皆為㆔不㆑欲㆑見、人所㆓薉悪㆒也」、唐の賈公彦疏「祭者皆斎。斎者潔静、不㆑欲㆑見㆓穢悪㆒也」などのように、穢悪を見ることへの禁忌があった。

また道教経典類の産穢認識の事例は前稿（本書第一章）で詳述したが(7)、たとえば『赤松子章暦』巻二「殗穢」が引用する上清派系の「科」には、人の生産や死、また六畜の死の殗穢を日数で区切り、その殗穢の間は斎醮を禁止している(8)。

『赤松子章暦』巻二「殗穢」

科曰、家有㆓死亡㆒、無㆑論㆓大小㆒、婦人生産、大喪、殗一百日。生産、女子傷身、殗一百日。入㆓産婦房㆒、殗三日。小児及奴婢死、殗一月。六畜死、殗一日。在レ外即無レ殗。朞喪四十日。大功緦麻、月内殗、出レ月即解。往二喪家一哭泣、其日殗。久喪無レ殗。喪家祭食、産婦三日、及満月之食、並不レ可レ喫。

右已上諸殗、不レ可二修斎、設醮、上章一、如下在二別処一遇上者、但以二符水一解レ之。

そしてこの道教系産穢認識の影響を受けた中国医書には易産法を説く内容がみえると同時に、産婦穢悪観・産婦不見、さらに産褥期間の神祇隔離規定がみえる。たとえば七・八世紀には日本へ将来されていた『千金方』や『小品方』などの中国医書も易産法を示すことを主眼としながらも、一方で道教系の産穢認識や産室進入禁止・産婦不見などの禁忌を含んでいた。この詳細も前稿（本書第一章）に譲るが、五世紀成立の『小品方』には「凡婦人産闇穢血露未レ浄、不レ可下出二戸牖一、至中井竈所上也、不レ朝二神祇及祠祀一也」(9)とあり、出産の闇穢があり、「血露」が終わらない時は産婦が家から出て井戸や竈のところに行くこと、また神祇や祠祀を拝することを禁じている。闇穢の闇は諒闇の闇とも通じる、盧などに忌み籠る意味と考えられる。また七世紀半ば成立の『千金方』では「論曰、産婦雖二是穢悪一、然将レ痛之時及未産已産、並不レ得レ令二死喪穢家之人来一、視レ之則生難。若已産者則傷レ児」(10)、「又勿レ令三母看二視穢汚一」(11)とあり、基本として産婦穢悪観がある。その一方で、産婦も陣痛時や出産前後に死喪穢家の人を見ると難産となり、出産後ならば子どもに障害が起こるとしており、また産婦も死穢や穢汚を避けるべきとする。この他「凡欲レ産時、特忌二多人瞻視一。唯三人在レ傍待レ生、惣訖了、仍可レ告二語諸人一也。若人衆看レ之無レ不レ難耳」(12)と多くの人が出産を見ることを忌む内容もあった。基本として産穢認識があるが、医書の産婦人科関係では、産婦の易産を主眼とした叙述になっていることが特徴であった。

二　『本草集注』の産穢認識

前述した医書の産婦人科関係の記述にみえる産穢認識と共通するものが、本草書の中にも存在することが注目される。次の史料は龍谷大学図書館所蔵の敦煌本で、開元六年（七一八）写本の『本草集注』序録の記事である。[13]

『本草集注』序録

服薬、通忌㆑見㆓死尸及産婦淹穢事㆒

すなわち服薬の時には、通じて死尸及び産婦淹穢の事を見ることを禁忌としている。この『本草集注』は、中国南北朝の陶弘景（四五六〜五三六）が、南斉の永元二年（五〇〇）前後に著したものである。これは『神農本草経集注』『本草経集注』とも称されるように、『神農本草』と『名医別録』の二書を選出して、『神農本草経』とし、さらにこれに注を加えたものである。陶弘景は上清派の道教や仏教、また医・薬・陰陽五行に通じ、この前後に茅山において活動して道書の『登真隠訣』『真誥』、医書の『効験方』『肘後百一方』などを著している。[14]

そしてこの『本草集注』は隋唐では医生本草としては重視され、さらに高宗の時、顕慶四年（六五九）に、蘇敬によって編纂された『新修本草』にも敷衍された可能性が高い。『新修本草』の序録の写本は失われているが、これらを敷衍して集成した『証類本草』「巻二、序例下」にも引用されている。[15] 十世紀後半の丹波康頼撰『医心方』巻第一、服薬禁物、第四にも本草経の引用として「又云、服薬、通忌㆑見㆓死尸及産婦諸淹穢事㆒」とある。[16] 前掲の敦煌本『本草集注』にない「諸」があるが、『新修本草』からの引用と考えられる。

この『本草集注』は、藤原宮のＳＤ一〇五から出土した次の木簡によって、遅くとも七世紀末には日本で利用されていたことは確かである(17)。

・本草集注上巻

・黄芩二両芷白芷二両↓

そして唐医疾令と同様に、養老医疾令(3)医針生受業条では医生は甲乙・脈経・本草を習うこととされ、かつ医疾令(4)医針生初入学条では医針生の初入学者は最初に本草・脈決・明堂を読むとされているように、基本となる教科書であった。また養老医疾令(20)薬園条では、薬園において園生に本草を教読することになっていた。なお日本では延暦六年（七八七）に『新修本草』が採用されるまでは、『本草集注』が学ばれていた。

一方、たとえば『抱朴子』内篇、金丹に「今之医家、毎レ合二好薬好膏一、皆不レ欲レ令二雞犬小児婦人見一レ之。若被二諸物犯一レ之、用便無レ験(18)」と、合薬する時に鶏・犬、小児、婦人が見ることを忌む例がある。『千金方』に特定の合薬に産母や喪孝、痼疾、六根不具足人、六畜が見ることを忌む例があることをはじめとして、この禁忌は医書に多くみえる(19)。

このように医書では合薬の時に産婦に見られてはならないとし、本草書では服薬の時に産婦淹穢を見てはならないとしており、見る主体が逆転しているが、見る、見られるは相互関係にある。前稿（本書第一章）で詳述したように、天平十年（七三八）頃に成立した古記が「穢悪」の注釈として「生産婦女不レ見之類」と記している。これは生産婦女が見ること、生産婦女を見ることの、いずれにもとれる曖昧な表現であるが、このような中国医書、本草書にみえる道教系産穢認識の表現と通じる面がある。いずれにしても古記は神祇令祭祀に関与する者は、生産婦女が見る、すなわち生産婦女に見られること、また生産婦女を見ることを禁忌として表現したものといえる。

以上から、合薬しその薬を服するうえで死や出産の穢れを忌むべきことは、遅くとも七世紀末には、医書や本草書からも知られるようになっていたといえる。そして薬を実際に服用する者に対する禁忌は、産科関係の医書よりもさらに広い範囲に影響を与えたと考えられる。

たとえば天皇に供する薬でも、この合薬や服薬の禁忌は重視されたと考えられる。正月元日の供御薬の史料初見は『日本書紀』天武四年（六七五）正月朔条の陰陽寮・外薬寮の献上である[20]。それ以前の六世紀から渡来が確認できる医師、薬師、呪禁師、さらにこの時期のたとえば『日本書紀』持統五年（六九一）十二月己亥（二日）条にみえる医博士徳自珍、呪禁博士木素丁武や沙宅萬首らの影響によって、これらの禁忌が意識されはじめていた可能性は高い。また天武十四年（六八五）十一月丙寅（二十四日）条で白朮を献上した百済僧法蔵が、持統六年（六九二）二月丁未（十一日）には陰陽博士とあり、仏教系でも本草書、医書、陰陽書の知識が伝えられている。そして七世紀末には、この知識が王権を中心とした人間の死や出産に対する認識に影響を与えはじめていた可能性は十分考えられる。

三　七・八世紀成立密教経典の産穢認識

次に仏教系の産穢認識とその影響について考察したい。出産禁忌に言及した仏教経典は、早期に翻訳されたものではなく、唐宋の頃に訳された密教経典であることが特徴である。[21]そしてこの密教経典類には、医書と同じく、易産法、死産処置法を記すとともに、産室進入禁止、産婦不見などの禁忌がみえる。その確実な初見例は、『千金方』とほぼ同時代の七世紀半ば訳の『陀羅尼集経』や『千手千眼観世音菩薩広大円満無礙大悲心陀羅尼経』である。さらに『竜樹五明論』の例は、編纂は八世紀以降と推定されているが、その原型が六世紀に遡る可能性もある。ただしこれらの密教経典は、インドや中央アジアにおける産穢認識との関係も否定できないが、経典そのものは道教との関係も濃厚で中国撰述の可能性が高い。

まず『陀羅尼集経』十二巻は、この経典の序によれば阿地瞿多（生没年不詳）訳とされ、永徽四年（六五三）三月十四日より翌年（六五四）四月十五日まで慧日寺で金剛大道場経の要を抄訳したとする。[22]しかし『開元釈教録』でもインド由来の正典ではなく、中国撰述の可能性が指摘されている。[23]この中の『陀羅尼集経』第九巻は烏枢沙摩明王信仰に関する巻である。烏枢沙摩はサンスクリットの音訳で烏枢瑟摩、烏瑟沙摩とも表記し、正訳は混雑・錯乱の義で、意訳は穢跡、穢積、不浄潔、火頭金剛、穢跡金剛などがあり、この明王はすべての穢悪を浄めて、浄穢を差別しないとされた。そして烏枢沙摩法は疾病、毒蛇、怨家、智恵、富貴などにも修するが、多くは安産、解穢に修された。[24]

烏枢沙摩法の中でも「烏枢沙摩解穢法印」では、呪法を行う人が、もし死尸、婦人産処、六畜産生、血光流処などの種々の穢れを見た時、印を作り、解穢呪を誦すようにとある。[25]

『陀羅尼集経』第九巻「烏枢沙摩解穢法印」

是法印呪、印中著レ水、呪七遍已洒レ面、然後誦二持諸余呪法一。行二呪法一人、若見二死尸婦人産処六畜産生血光流処一、見二如レ是等種種穢一時、即作二此印一誦二解穢呪一。即得二清浄一所レ行呪法、悉有二効験一。若不レ爾者、令二人失レ験、及被二殃害一面上生レ瘡。解穢神呪必不レ得レ忘。

この他に「烏枢沙摩口法印」は、死産胎児を速やかに出す時に用いるとしている(26)。

また現存する『龍樹五明論』巻下、五明論決、「論曰」の中にみえる「服香方法」にも類似の記述がある(27)。服香は本草書の服薬に通じる点があり、両者とも死尸、産穢を見ることを忌むことは興味深い。

『龍樹五明論』巻下、五明論決

論曰、諸服香者、呪之根元、便二鬼神一之本。修行者慎下見二死尸及産乳六畜産生乳血光一、及婦女小児、及鶏犬之声上。常浄レ身澡レ口、見二汚穢一之時、必須三呪解二穢之一。呪レ水三返、以洗二面目一、然後入レ室。不レ爾者法不レ成、及被二殃害一、体面生レ瘡。諸行房室、不レ得三誦レ呪、及入二浄室一。非二其人一、勿レ言二伝之一。傷レ人慎勿レ流二伝於世一。

また「龍樹菩薩出二十法」の「論曰」の中に、この法を行う者が酒・肉・五辛を食し、産婦を見ることを禁じている(28)。

『龍樹五明論』巻下、「龍樹菩薩出二十法」

論曰、(中略)不レ得レ食二芸薹一。酒肉五辛皆不レ得レ食レ之。婦女産生皆不レ得レ見。

この「婦女産生皆不レ得レ見」は、古記の「生産婦女不見之類」とやや語形が類似している点には注目しておきたい。

さらにこの他、「仏地印」を用いる者は「不レ得レ食二牛肉芸薹一。産生之処勿レ往二其所一」、「勿レ往二産生之処一。第一莫レ往二不浄処一。好二清浄処一」と、肉食等の禁忌や産室侵入の禁忌がみえる。[29] その一方でこの経典にも、易産法としての「仏頂印」もみえる。[30]

この『龍樹五明論』は訳出時期不明の経典で、急々如律令、仏頂印、菩薩乗空印等がみえることから道教の要素を持つ中国撰述の偽経かとされている。[31]

ただし寛平三年（八九一）頃成立の『日本国見在書目録』卌六、五行家の中に、「五明論一「巻」」「五明論五「巻」」「五明論術一「巻」」「五明論宝剣鏡印法一「巻」」「龍樹菩薩五明論私要隠法一「巻」」とあることが注目される。[32] この『五明論』は現存していないが、『歴代三宝紀』『衆経目録』『大周刊定衆経目録』『開元釈教録』『貞元新定釈教目録』などにみえ、六世紀半ばの北周の頃、天竺沙門の攘那跋陀羅が訳したとされる。ただし五明論を声論・医方論・工巧論・呪術論・符印論とし、仏教本来の因明・内明の代わりに呪術・符印がみえ、[33] 疑偽経と考えられる。[34] 現存『龍樹五明論』が『五明論』と関係があるとすれば、この原型は六世紀後半までには成立していた可能性もあるが、これも道教と関係のある疑偽経であろう。

また唐西天竺沙門の伽梵達摩（唐名釈尊法）が永徽年間（六五〇〜六五五）に訳出したとされる『千手千眼観世音菩薩広大円満無礙大悲心陀羅尼経』にも、難産の時、死産の時に大悲呪を誦せば安産になると記す。[35] その一方で次のように訶梨勒などの薬剤を調合する時には、新産婦人と猪狗に見せてはならないとする。[36]

『千手千眼観世音菩薩広大円満無礙大悲心陀羅尼経』

取二訶梨勒果、菴摩勒果、鞞醯勒果、三種各一顆一、擣破細研。当二研時一唯須二護浄一。莫レ使二新産婦人及猪狗見一。

（後略）

同じ伽梵達摩訳とされる『千手千眼観世音菩薩治病合薬経』にも「時唯須二浄護一。莫レ令二新産婦人及狗見一。（中略）其薬莫レ令二婦人煮一。須二浄護造一也。夫諸薬造不レ須二人無レ験」とあるが、ここでは猪がない。合薬を産婦や動物が見ることを忌むのは前述したように道教の影響を受けた医書に散見する。千手観音関係の陀羅尼経類は現存の大蔵経には十種あるが、このような記述はこの経典以外のものにはみられない(37)。

参考として仏教医学に関連する経典で七世紀の佛陀波利の訳と仮託されている『仏説長寿滅罪護諸童子陀羅尼経』には、医王菩薩耆婆が童子の短命となる病の原因を九つあげる中に、産の血穢、また出産の処を不浄・不祥の眼で見られることを禁忌としている例もあり、医書とも共通する点が注目される。ただしこれは中晩唐以降の時期に成立した偽経とされている(38)。

以上の七世紀までの訳出とされる密教経典の他に、以下の八世紀に漢訳された密教経典にも、死喪の家、初産生の家、不浄人の家に行くことやその家の食物を食べることを禁じるものがある。

南天竺出身の菩提流志（?～七二七）が景龍二年（七〇八）に訳出したとされる『一字仏頂輪王経』では「是知レ呪者、亦不レ応レ向二死喪家、初産生家、不浄人家、旃陀羅家、田猟人家、売凶具家、売経像家、外道人家、沽酒家一（後略）」とあり(39)、同系統の経典では不空（七〇五～七七四）訳の『菩提場所説一字頂輪王経』は「新産及死家、残食及祭食、月経女作食、及以二彼家食一（後略）」と、行者が新産や死家だけでなく月経女性の作った食物を食べることを禁じている。[40]

また輪波迦羅（六三七～七三五）、すなわち善無畏が開元十二年（七二四）以降に訳したとされる[41]『蘇婆呼童子請問経』にも、密教行者の乞食法の中で「又不レ応レ入二新産婦家一。牛馬驢駝猪犬羊産皆不レ応レ往」と新産婦の家に入ること、牛・馬・驢・駝・猪・犬・羊という七種類の動物の産処にも行くことを禁じている。[42] ここではいわゆる「六畜」と動物の種類や数が同じでないことが注目される。また出産禁忌との関係がない箇所で、烏枢沙摩明王の真言である不浄忿怒金剛真言を誦す例がみえる。[43] そして同じ輪波迦羅訳の『蘇悉地羯羅経』には産室侵入禁忌の記述はないが、穢処や不浄処に行った時にまず烏枢澀摩真言を誦し作印せよとする写本がある。[44]

なお北天竺出身の阿質達霰（唐名、無能勝将）が安西で訳し、開元二十年（七三二）に法月三蔵が入朝して献じたとされている『穢跡金剛禁百変法経』『大威力烏枢瑟摩明王経』『穢跡金剛説神通大満陀羅尼法術霊要門』の三つは、いずれも烏枢沙摩信仰を基礎としたものである。[45] しかし『穢跡金剛禁百変法経』には道教的護符ともいうべき「印法」や「急急如律令」がみえ、また『穢跡金剛説神通大満陀羅尼法術霊要門』の穢跡真言は純然たる梵語でなく、道教に通じた仏教徒が、仏教と道教とを和融するために、故意に作製したものとされ、またいずれも道教との関係が深く、訳者の実在性を疑問視する見解もある。[46] ただし日本古写経本（十二世紀中期の興聖寺一切経）の『穢跡金剛説神通大満陀羅尼法術霊要門』に印呪が含まれておらず、これが敦煌本と類似することから、経典の「原型」には印呪がなかったが、中国において刻印呪符の増補を終着点とした改訂が歴代着実に進められていったとする指摘もある。[47]

なお『穢跡金剛禁百変法経』に「惟須二厳浄一、勿レ令二汚染之物入一レ房。切須レ慎レ之」[48] など、穢れを忌む記載はあるが、直接出産禁忌の記述や易産の内容はみえない。また『大威力烏枢瑟摩明王経』も同じく道教の関係が深いが、下巻に「若孕過レ月、加二持水一一百八遍、令レ服産矣」と成過月産法に関する易産がみえるだけである(49)。

以上、出産禁忌の記述は早期翻訳経ではみえず、唐宋代に翻訳された密教経典にみえることが特徴であり、七・八世紀成立の密教経典の中でも、『陀羅尼集経』『千手千眼観世音菩薩広大円満無礙大悲心陀羅尼経』『千手千眼観世音菩薩治病合薬経』『龍樹五明論』『一字仏頂輪王経』『菩提場所説一字頂輪王経』『蘇婆呼童子請問経』に、道教経典や医書、本草書と類似する、死喪家や産室進入と飲食の禁止、産婦を見ること、逆に産婦が見ること、さらに中には六畜や牛・馬・驢・駝・猪・犬・羊など特定動物の出産禁忌が含まれるものもあった。

インド社会では、たとえば『マヌ法典』に死と出産を不浄とし、死の禁忌とともに、月経の女性、出産後十日未満の女性と接触することの禁忌がある。また豚・鶏・犬、月経中の女性などが、ブラーフマナ（司祭階級のバラモン）が食事をするのを見てはならないとする例などもある。六畜出産禁忌はないが、牛・駱駝などの出産直後の乳を飲むことは忌避している(50)。密教経典の出産禁忌は、このようなインド社会の禁忌を原型としている可能性もある。この点から道教が仏教の影響を受けている可能性も考慮しなければならないが、他の密教経典では同じ経典でも訳の違いで産婦禁忌を含むものと含まないものもあることは、密教経典の中には道教の影響を受けた可能性が高い部分もあったと考えられる。

四　八世紀日本の出産禁忌関係密教経典の受容

次に八世紀の日本におけるこれらの密教経典類の受容状況について検討したい。この中で八世紀に将来されていることが正倉院文書から確認できるものは、『陀羅尼集経』『千手千眼観世音菩薩広大円満無礙大悲心陀羅尼経(51)』

『五明論』[52]『一字仏頂輪王経』[53]『蘇婆呼童子請問経』[54]で、ほぼ天平期前半までに将来されていたと考えられる。

　この中でもたとえば『陀羅尼集経』の正倉院文書の初見史料は、天平九年（七三七）三月三十日に西宅写経所から和上所へ請求したものであり、これから天平七年（七三五）に帰国した玄昉の請来本の存在が知られる。[55]ただしこれはあくまでも正倉院文書からの情報であり、それ以前から日本に将来されていた可能性も残されている。なお「陀羅尼集経五巻十二欠第一四五六十」とあり、この史料からは第九巻の有無は不明である。この初見史料以降にも写経・請求例は多いが、たとえば天平二十年（七四八）九月二十二日には内裏経本である「宝星陀羅尼経一部十巻、仏頂陀羅尼経四部四巻、虚空蔵経四部五巻」とともに「陀羅尼集経二部廿四巻」の請求の例がある。[56]そして注目されるのが、「奉写四十巻経料雑物納帳」にみえる天平宝字七年（七六三）六月三十日の道鏡宣の例である。[57]

（題箋）（表）雑物納帳　（裏）七年七月卅巻経

（前略）

右、依二弓削禅師去六月卅日宣一、可下奉写上大金色孔雀王呪経一巻、仏説大金色孔雀王呪経一巻、孔雀王呪経二巻、大孔雀王呪経三巻、十一面観音世神呪経一巻、十一面神呪心経卅巻、陀羅尼集経第四第九巻、并卅巻経、々師等浄衣并紙筆墨直、検納如レ件。

七年七月二日上馬養

（後略）

ここでは特に『陀羅尼集経』の第四巻と第九巻を明記しているが、第四巻は観世音部で十一面観音神呪経との関係があり、そして第九巻は金剛部の烏枢沙明王信仰の部分である。

吉田靖雄氏は宝亀十一年（七八〇）作成の『西大寺資財流記帳』で、西大寺四王堂に「火頭菩薩像二躯各高一丈一尺一寸、在挙身光壊」とあり、この火頭菩薩が烏枢沙摩明王の別名であることから、本尊七尺の金銅四天王像を凌ぐ高さの火頭菩薩像は、道鏡が『陀羅尼集経』第九巻をもとに作成させたとする。そして烏枢沙摩真言の解穢呪が死人や出産の流血の不浄を払うに効果があり、また『阿娑縛抄』『覚禅鈔』の説く功徳を参考に、「道鏡の烏枢沙摩法実修は、死人の出るような流血沙汰を想定しその罪を滅し清浄なる身を確保すると同時に、怨敵降伏を期待したものであったといえよう」と、指摘している(58)。

また新谷尚紀氏は称徳天皇期に穢れの語が頻出する背景として、『陀羅尼集経』の烏枢沙摩解穢法印など密教の存在を予想し、特に僧道鏡の受容による影響の可能性を指摘している(59)。

そして大本敬久氏は仏教の斎戒が心身の清浄を目的とするもので、日本の清浄観と共通する部分があるように、穢概念形成に仏教思想の影響があったとしている。そして平安貴族による『陀羅尼集経』の受容が関係しているとしている。ただしその形成を『弘仁式』成立の時期と考えているようである(60)。

なお時代は下るが、藤原実資は『小右記』万寿四年（一〇二七）八月二十五日条では、関白頼通の「天竺不レ忌二触穢一」の発言に対し、「穢者日本事、大唐已不レ忌レ穢」と答えているが、『小野宮年中行事』雑穢事では、本章第三節であげた烏枢沙摩解穢法印の部分を引用し、「或僧侶云、忌レ穢之文、不レ見二内典一者。解穢之法已見二真言一。仍為レ披二疑蒙人一、載二此文一」と記し、さらにイザナギが黄泉から戻って身を滌ぐことは、面を洗うことと似ているとして神仏の道は相通じるというべきとしている(61)。摂関期・院政期には、解穢法の他に、出産に関して胎児の性別を変換させる「変成男子法」や成過月産法・死児易産法などでも使用された。そして解穢法印の「死尸婦人産処六畜産生血光流処」を見ることの禁忌は、一九八〇年代まで高野山浄光院で配布されていた解穢呪の文言に引き継がれていった[62]。

この『陀羅尼集経』以外で、九世紀以降の烏枢沙摩明王信仰の受容に結びつく阿質達霰訳の三経典は、『開元釈教録』では未載であり、八世紀の日本には将来されておらず、大同元年（八〇六）の空海の請来目録が史料上の初見である[63]。また天台系で最澄は将来せず、弘仁三年（八一二）に空海へ『烏枢瑟摩経』の借用願を出しており[64]、その後に円仁・円珍らが将来している[65]。しかし前述したように、これら三経典には特に産穢の明記はない。穢れや烏枢沙摩明王信仰の関心を持ったとしても、彼らの将来した経典からは、人の出産・六畜の出産の穢れに関する記事はなく、新しい情報はないといえる。

この点から『弘仁式』の死穢・産穢の枠組みとその原型の成立に、道教との関係が濃厚である密教経典が影響を与えた可能性も考えられる。ただし最も影響が強い可能性がある『陀羅尼集経』だけでなく、類似する内容を持つ『五明論』以下、前述の八世紀前半までに将来されていた経典類によって認識されはじめていたといえる。また烏枢沙摩明王信仰と穢れの受容を八世紀後半の僧道鏡という特定個人の影響に限定させて、これによって受容されはじめられたとみるのではなく、八世紀前半までの王権周辺や畿内における密教受容全体の流れの中で受容され、その一つの事例が道鏡によるものであったと捉える必要がある。

五　『弘仁式』産穢規定と外来信仰系産穢認識

前述したように九世紀前半の『弘仁式』触穢規定は、七世紀末から八世紀初頭段階に、唐祠令の散斎・致斎の穢悪禁忌規定を継受し、さらに肉食禁忌を加えて作成された神祇令散斎条の細則である。そして『弘仁式』規定には人間だけでなく「六畜」の死・産穢の規定があることが特徴である。「六畜」とは一般には牛・馬・羊・豚（猪）・狗（犬）・鶏をさし、たとえば『周礼』など中国文献には散見する用語である。

すなわち道教経典には「六畜」の産穢禁忌が多くみえる。たとえば六世紀に北周武帝の意向で編纂された『無上秘要』巻九十九が引用する「洞元五符経」には、肉食等の禁忌とともに「禁レ見ニ喪尸猪犬産汙一」とあり[66]、隋末に成立した、隋唐期の道教科戒威儀書である『洞玄霊宝三洞奉道科戒営始』巻三居処品にも「勿レ使ニ穢雑及六畜屍産穢一」とある[67]。

一方、前述の医書、本草書では人間の死や産の禁忌が示されている例が多いが、前述したように合薬の時、六畜または鶏犬に見られることを忌避するものが散見する。さらに人間だけではなく「六畜」の出産禁忌に言及する医書類の例もある[68]。

また仏教経典にも「六畜」の語は散見する。ただし管見では「六畜」の産穢に言及する例は、前述した『龍樹五明論』と『陀羅尼集経』のみであり、他の密教経典に動物の出産禁忌例はあるが、これを「六畜」とは表記していない。

日本における「六畜」の用例では、六国史では『日本書紀』だけにみえることが特徴である。それも皇極三年（六四四）秋七月条では、東国不尽河辺の人大生部多の言説に惑わされた巫覡らの勧めによって、人々が財宝を喜捨し、酒や「菜・六畜」を路の辺に陳ねて常世神に祈ったとあり、道教の影響が窺える常世神信仰に関係した記事である。また天武十三年（六八四）十月壬辰（十四日）条では、大地震で諸国の郡官舎及び百姓倉屋、寺塔、神社の破壊状況が数えられないほどであるとした記事に続き、「人民及六畜、多死傷之」と人と動物の死や負傷を表現する時のものである。人間と「六畜」の死尸を想定し得る記事といえる。この点から七世紀後半、または遅くとも『日本書紀』編纂時の八世紀前半に、道教系信仰と結びついた「六畜」の用例が存在したといえる。

九世紀の例は、管見の限りでは弘仁年間の編纂部分の『日本霊異記』下巻三十三縁で引用された『像法決疑経』に「不ㇾ得㆔撾㆓打三宝奴婢及以六畜㆒」とある例だけである。『像法決疑経』は中国撰述の偽疑経であるが、現存経典には「六畜」の語はなく「畜生」とある。そしてそれ以降の「六畜」は、摂関期の陰陽道や具注暦の用語の例が主である。いずれにしても『弘仁式』の「六畜」規定の文言そのものが、外来信仰の影響を受けていることを示している。

なお日本の動物の死穢は、九世紀の『日本三代実録』では馬・犬・牛の例と、この他に本来の六畜ではない狐の例がみえるが、数量的には十七例中十四例と犬死穢が圧倒的に多い。一方、動物の産穢は九世紀の『日本三代実録』では十例すべて犬産穢のみであり、馬の産あるいは傷胎の例は『太神宮諸雑事記』第一にみえる承平五年（九三五）が初見とされ、牛の例は『太神宮諸雑事記』では十一世紀中頃までみえない[69]。

ただしすべて外来信仰の影響によっているわけではなく、受け皿になった日本の禁忌の特質を引き継いだ点、また新しく変容させた点など、相違する特色もあったと考えられる。

たとえば『弘仁式』規定のもう一つの特徴である、「穢」を一定日数で区切ることに着目すると、類似点と相違点がある。すなわち日本における人間の産穢は七日、六畜の産穢は三日であるが、人間の産穢の七日は、『延喜式』鎮火祭の祝詞に伊佐奈美命が火結神出産後に「夜七日（夜）、昼七日、吾乎奈見給比曾」とみえる七日を原型としている可能性が高い。なお仏教では斎戒や修法の日程などで「七日七夜」は多くみられる日数区分でもある。ただし前述した密教経典では出産禁忌には日数による期間の設定をしていないことが特徴である。つまり密教経典だけからでは、『弘仁式』の人間と六畜の死穢や産穢を日数で区切るという内容は成立しない。

穢れの期間を日数で区分し、その期間だけを問題とする点は儒教や道教にも類似する要素がある。日本の場合は、神祇令の斎戒規定では斎一月、致斎三日を基準としており、一定の斎戒日数に由来すると考えられる。一方、儒教の礼の斎戒は『礼記』祭統第二十五の「散齊七日以定レ之、致齊三日以齊レ之」など日数を七・三で区切ることが特徴である。道教でも斎戒の日数に七日を単位とする例もある。ただし道教経典類は人間の産穢は百日、六畜の産穢は七日の例が多い。たとえば六朝末から唐の著述とされている、前掲した『赤松子章暦』巻二「殗穢」では、殗穢を日数で区別し、人間の産穢の場合は百日である(70)。また同じ巻二「禁戒」には、儀礼祭祀空間である「治」に入ってはならない日数が示されている(71)。

『赤松子章暦』巻二「禁戒」

禁曰、上章宮曹請官、不レ得二越錯一。犯レ穢、不レ得レ入レ治。見レ殗、不レ得レ入二江河山林藪沢一。六畜生産未レ満二七日一、不レ得レ入レ治。小児未レ満二百日一、不レ得レ入レ治。六畜生子未レ満レ月、不レ得レ入レ治。(後略)

これによれば六畜の生産七日未満は入ってはならないことになる。またここでは出産によって誕生した小児の場合は百日、六畜の子は満月未満には入ってはならないとしている。なお前述したように『小品方』の産婦が神祇を拝することを禁じる時期を血露の時期を目安とする例や、また産後の「満月」を基準とする例もある(72)。

日本の人間の産穢は七日、六畜の産穢は三日と短いことが特徴であり、日本では刑罰などを全体に数量を少なくして継受する特徴と類似するとも考えられる。

おわりに

以上から日本の律令神祇祭祀の斎戒における出産禁忌は、日本のそれ以前の出産習俗禁忌を受け皿にしつつも、医書、本草書、陰陽書、暦、密教経典などを媒介として、儒教、道教、仏教系の外来信仰の影響を色濃く受けていることを具体的に指摘した。

すなわち六世紀代から朝鮮半島経由の五経博士や渡来系医師、薬師、呪禁師、陰陽関係者、僧尼などを媒介とした、儒教、道教、陰陽五行、密教などの外来信仰に付随した産穢認識が、日本の出産禁忌に影響を与えた可能性は高い。また朝鮮半島、及び中国から将来された陰陽書の血忌・日遊神の産婦忌避、道教経典、医書、本草書の産婦穢悪認識とともに、中国撰述の可能性のある密教経典の産婦禁忌によっても、出産禁忌・産婦穢悪観の知識を得ることが可能であった。そしてたとえば『本草集注』の「服薬、通忌㆑見㆓死尸及産婦淹穢事㆒」、『龍樹五明論』の「婦女産生皆不㆑得㆑見」など、これら外来信仰の中に存在する産穢認識の影響のもとに、神祇令の穢悪禁忌規定に対する八世紀前半の古記「生産婦女不㆑見之類」の解釈がなされていることは確かであるといえよう。

そして八世紀後半には神祇と仏教の習合が進行していく中、その逆に神仏の隔離も問題となっていくが、宝亀・延暦期の神祇儀式整備の時期に、雑多で未整理な産穢認識が整理されていくようになり、これが九世紀初頭の延暦二十年代前半に編纂が開始された細則規定の「式」として整備され、最終的には弘仁十一年（八二〇）成立、天長七年（八三〇）施行の『弘仁式』に成文化されたと考えられる。

いずれにしても、日本古代にこれらの外来信仰系産穢認識が影響を与えるうえでは、中国における産穢が死穢とともに重要視されており、かつこれが道教のみに固有のものとしてではなく、日本が道教とは違い積極的に受容した儒教、陰陽五行思想、仏教（密教）など中国文化の諸信仰全体に存在したことの意味は大きいと考えられる。またそれが宗教書だけではなく、医書、本草書、暦などの中にも組み込まれていたことの意味も大きかったといえる。

またよく知られている『権記』長徳四年（九九八）十二月三日条の「雖レ遂二産事一、今一事未レ遂、邪気所為歟。僧都雖二来臨一、忌二触穢一不二著座一、早退出云々」のように、出産後まだ胞衣が出ない時に僧都が穢れを忌避して着座せずに退出し、『玉葉』承安三年（一一七三）九月二十三日条の「日来験者等、依レ忌レ産、各逐電退出」と、日ごろ安産の修法を行っていた験者が逃げ出たように、摂関期や院政期の事例において密教僧、験者が産穢を忌避することの淵源は、密教経典の産穢忌避と密接な関係にあるといえる。

ただし最後に若干触れたように、すべて外来信仰の影響によっているわけではなく、受け皿になった日本の禁忌の特質を引き継いだ点、また新しく変容させた点など、相違する特色もあったと考えられる。穢れた空間に入り、そこに存在する穢れを見ること、また産穢に関わる家の食事をとることによる伝染観と、『延喜式』巻第三、臨時祭55甲乙触穢条にみえる穢れた空間に入り、その場に「著座」すること、『北山抄』巻第四（雑穢事）にみえる「飲食」すること、また見ること、香ぐことによる伝染観などの類似性や質的な差など、すなわち穢れを可視的・即物的に認識することや、必ずしも可視的なものに限定されない認識の差など、今後検討すべき課題も多い。また日本の産穢の発生源に対する認識を、血露など血忌と捉えるか、最近の片岡耕平説のように新生児と捉えるかなど[73]、女性と穢れの観点からも再検討すべき問題もあるが、この点についても他日を期したい[74]。

注

（1）虎尾俊哉編『弘仁式貞観式逸文集成』国書刊行会、一九九一年。
（2）『令集解』、神祇令散斎条（新訂増補国史大系）。
（3）代表的なものは岡田重精『古代の斎忌―日本人の基層信仰―』国書刊行会、一九八二年、西山良平「王朝都市と《女性の穢れ》」（『日本女性生活史』第一巻、原始・古代、東京大学出版会、一九九〇年）、三橋正「『延喜式』穢規定と穢意識」（『延喜式研究』二、一九八九年、のち『日本古代神祇制度の形成と展開』法藏館、二〇一〇年、第二章「穢」第一節「穢規定の成立」に改題して所収）。同「神道と穢」（『神葬祭総合事典』雄山閣出版　二〇〇〇年）。成清弘和『女性と穢れの歴史』塙書房、二〇〇三年などがある。
（4）拙稿「七・八世紀将来中国医書の道教系産穢認識とその影響―神祇令散斎条古記「生産婦女不見之類」の再検討―」（本書第一章、初出は二〇〇六年）。
（5）都築晶子「六朝後半期における科戒の成立―上清経を中心に―」（麥谷邦夫編『三教交渉論叢』、京都大学人文科学研究所、二〇〇五年）。
（6）テキスト及び訓読などは山田勝美『論衡　下』新釈漢文大系94、明治書院、一九八四年を参考にした。
（7）前掲拙稿注（4）に同じ。
（8）『赤松子章暦』巻二第二十三「殗穢」（SN六一五。SNは、クリストファー・シュペール編『道蔵通検』に付された経典番号であるシュペール・ナンバー。以下同じ）、『正統道蔵』（精装版、芸文印書館、一九七七年〈以下『正統道蔵』はこれによる〉第18冊一四四八三頁）。『中華道蔵』（華夏出版社本、二〇〇四年〈以下『中華道蔵』はこれによる〉第8冊六三八頁）。
（9）『国宝半井家本医心方』五、オリエント出版社、一九九一年、産婦部巻第二十三、産婦用意法、第三（一九八二頁）。
（10）前掲書注（9）に同じ、一九八一頁。
（11）前掲書注（9）に同じ、一九八一頁。

(12) 前掲書注(9)に同じ、一九八一頁。
(13) 龍谷大学佛教文化研究所編『敦煌写本本草集注序録・比丘尼注戒本』龍谷大学図書館善本叢書16、法藏館、一九九七年。六〇五行目。
(14) 赤堀昭「敦煌本『本草集注』解説」(前掲書注(13)に同じ)を参照。
(15) 『経史證類備急本草(一)』東洋医学善本叢書、第30冊、オリエント出版社、一九九二年、二七三頁。なお『備急千金要方』すなわち『千金方』にも「凡服薬、忌㆘見㆓死屍及産婦穢汚㆒触㆖之、」と、同様の禁忌がみえる(東洋医学善本叢書、第9冊、オリエント出版社、一九八九年、九三頁)。ただしこれは宋改版であり、それ以前の写本である宮内庁書陵部所蔵の古鈔本『真本千金方』、静嘉堂文庫所蔵の南宋刊本『新雕孫真人千金方』にはないので、七、八世紀の日本への将来本の『千金方』にはなかった可能性がある。
(16) 『国宝半井家本医心方』一、オリエント出版社、一九九一年。
(17) 『木簡研究』5―84頁―(44)。この他にも本草集注と記した習書木簡がみえる(『木簡研究』5―83頁―(43))。なお和田萃「薬猟と本草集注」(『日本古代の儀礼と祭祀・信仰』中、塙書房、一九九五年)はその伝来が推古期まで遡る可能性があると指摘している。
(18) 『抱朴子』内篇巻四、金丹(SN一一八五。『正統道蔵』第46冊三七七二一頁)。『中華道蔵』第25冊一九頁。
(19) 『千金方』巻一、合和第七(『新雕孫真人千金方』)「凡合㆓腎気署預、及諸大補、五石、大麝香丸、金牙散、大酒煎膏等㆒、合時煎時、並勿ㇾ令㆓婦人、小児、産母、喪孝、固(痼)疾、六根不具足人、及雞犬六畜等見ㇾ之。凶。其続命湯、麻黄等諸小湯、不ㇾ在㆓禁限㆒」(東洋医学善本叢書、第12冊、オリエント社、一九九一年、四九頁)。この点は前掲拙稿注(4)に同じで指摘した。なお医書における女性の問題については、李貞徳「漢唐之間醫方中的忌見婦人與女體為藥」(『新史學』一三―四、二〇〇二年)の研究がある。
(20) 天皇の薬については丸山裕美子『日本古代の医療制度』名著刊行会、一九九八年参照。
(21) 蕭登福『道教與密宗』新文豐出版公司、一九九三年、第十三章弐「密典所見之道教習俗與禁忌」二、禁忌及伝法科儀では「這些三禁忌與伝法科儀、早期翻訳的仏経中並不出現、而卻常出現於唐宋所訳的密教典籍中」とする。

(22)『陀羅尼集経』翻訳序（『大正新脩大蔵経』第一八巻七八五頁）。

(23)『開元釈教録』（『大正新脩大蔵経』第五五巻五九九頁）。

なお佐々木大樹「『陀羅尼集経』に関する諸文献の考察」（『大正大学大学院研究論集』二九、二〇〇五年）はインド的要素も多いとし、インドの経軌の請来だけでなく、既存漢訳経軌を取り込む形で編集翻訳したものかとして諸異訳と対照している。ただし佐々木論文ではまだ第九巻の詳しい研究はされていない。烏枢沙摩解穢法印呪のもととなるサンスクリット原本は不明である。

(24)『密教大辞典』改訂増補、法藏館、一九八三年、一一七～一一九頁。

(25)『陀羅尼集経』第九巻「烏枢沙摩解穢法印第十七」（『大正新脩大蔵経』第一八巻八六三頁）。

(26)『陀羅尼集経』第九巻「烏枢沙摩口法印第十五」（『大正新脩大蔵経』第一八巻八六三頁）。「是法印呪、若婦人産、腹中児死不レ得レ出者、手掬二取少水一、和二少許阿魏薬一。誦二前供養呪一百八遍一。与レ其令レ服、死児即出」。

(27)『龍樹五明論』巻下、五明論決（『大正新脩大蔵経』第二一巻九六八頁）。

(28)『龍樹五明論』巻下、呪事第一、龍樹菩薩出二十法（『大正新脩大蔵経』第二一巻九六二頁）。

(29)『龍樹五明論』巻下、五明論事印法、「論曰」、仏地印（『大正新脩大蔵経』第二一巻九六六頁）。

(30)『龍樹五明論』巻下、五明論事印法、「論曰」、仏頂印「若有二婦女産生難者一、以二其朱沙一用三塗印面一、捉レ印印二浄紙一、与二其婦女一令レ呑、児則易レ生」（『大正新脩大蔵経』第二一巻九六四頁）。

(31)『仏書解説大辞典』（大東出版社）神林隆浄氏解説参照。

なお長部和雄「竜樹五明論小考」（『唐宋密教史論考』神戸女子大学東西研究所叢書、第一冊、一九八二年）によれば、六朝以来の道・密混淆経文が上積に上積をかさねてできたものではなく、恐らく道・密混淆の六朝経文による編集で、道教臭味の濃厚なものとなったとしている。そして早ければ盛唐玄宗時代、遅ければ代宗・徳宗以降、中・晩唐純密・雑密併行時代の編集と推定している。『大正新脩大蔵経』は、平安時代写本、蔵外の稀覯本を幾多収蔵する石山寺の蔵本を原本とする。

(32) 矢島玄亮『日本国見在書目録―集証と研究―』汲古書院、一九八四年。

(33)『開元釈教録』(『大正新脩大蔵経』第五五巻六三七頁)。

(34)『衆経目録』四(『大正新脩大蔵経』第五五巻一七五頁)。『貞元新定釈教目録』(『大正新脩大蔵経』第五五巻八四三頁)。

(35)『千手千眼観世音菩薩広大円満無礙大悲心陀羅尼経』(『大正新脩大蔵経』第二〇巻一〇八頁)。

(36) 前掲書注(35)に同じ、一一〇頁。

(37)『千手千眼観世音菩薩治病合薬経』(『大正新脩大蔵経』第五九巻一〇四頁)。この他は菩提流志(?～七二七)訳『千手千眼観世音菩薩姥陀羅尼身経』(『大正新脩大蔵経』第二〇巻一〇一頁)の難産時の易産法のみ。

(38)『仏説長寿滅罪護諸童子陀羅尼経』(卍新纂大日本続蔵経第一巻三九七頁)。「二者、初産令二血穢一レ地、地神不レ居、悪鬼得レ便」、「八者、初産子母未レ分、令二諸不祥、見二産生処一。未二分解一者、能令二母死一。已分解者、令二童子死一。何謂二不祥一。若有レ人眼見二一切死屍、及諸変怪一、眼不浄故、名曰二不祥一。若以二牛黄真珠光明砂蜜末微塵一、定二童子心一、能免二不祥一」をあげている。

なお範駿「『仏説長寿滅罪護諸童子陀羅尼経』の真偽・成立・流布」(『密教学研究』五四、二〇二二年)は、現存テキストの東アジアにおける流布状況を調査し、従来の印度撰述説、日本撰述説、中国撰述説に対し、十一世紀(一〇三五～一〇八一)の朝鮮撰述説を提示している。

(39)『一字仏頂輪王経』巻第二成像法品第六(『大正新脩大蔵経』第一九巻二三九頁)。

(40)『菩提場所説一字頂輪王経』第三巻(『大正新脩大蔵経』第一九巻二〇八頁)。

(41)『玄宗朝翻経三蔵善無畏贈鴻臚卿行状』(『大正新脩大蔵経』第五〇巻二九〇頁)。

(42)『蘇婆呼童子請問経』No.八九五a巻上、律分品第一(『大正新脩大蔵経』第一八巻七二一頁)。ただし別本『蘇婆呼童子請問経』No.八九五b巻上、蘇磨呼請問法相分第三(『大正新脩大蔵経』第一八巻七三七頁)には、牛馬以下の七種類の動物の産に対する禁忌はない。

(43)『蘇婆呼童子請問経』No.八九五b巻下、鉢私那分第八(『大正新脩大蔵経』第一八巻七四二頁)。
(44)『蘇悉地羯羅経』』No.八九三a巻中、供養次第法品第十八(亦名念誦法)(『大正新脩大蔵経』第一八巻六一七頁)。梵本は現存せず現存漢訳の三本異同が甚だしい。三﨑良周、林慶仁校註『蘇悉地経・蘇婆呼童子経・十一面神呪心経』新国訳大蔵経、大蔵出版、二〇〇二年、解説参照。
(45)『貞元新定釈教目録』第十四(『大正新脩大蔵経』第五五巻八七八頁)。
(46)『仏書解説大辞典』神林隆浄氏解説。永井政之「烏琵沙摩明王信仰研究試論―中国民衆のとらえた仏教―」(鈴木哲雄編『宋代禅宗の社会的影響』山喜房佛書林、二〇〇二年)。
(47)池麗梅「『穢積金剛説神通大満陀羅尼法術霊要門』の受容と変容―日本古写経本の発見とその意義」(『鶴見大学仏教文化研究所紀要』一六、二〇一一年)。また『穢跡金剛禁百変法経』は高麗本や明北蔵本『大正新脩大蔵経』のような独立した経典としてではなく、『穢積金剛説神通大満陀羅尼法術霊要門』の一部として流布していたことを指摘している。
(48)『穢跡金剛禁百変法経』(『大正新脩大蔵経』第二一巻一六〇頁)。
(49)『仏書解説大辞典』坪井徳光氏解説。『大威力烏枢琵摩明王経』下巻(『大正新脩大蔵経』第二一巻一五六頁)。
(50)渡瀬信之訳『マヌ法典』中央公論社、一九九一年。『マヌ法典』渡瀬信之訳注、平凡社、二〇一三年。
(51)「写経請本帳」(『正倉院文書』続々修十六ノ八、『大日本古文書』七ノ八五頁)。
(52)「経巻納櫃帳」(『正倉院文書』続修後集廿三、『大日本古文書』七ノ二一四頁)。「五明論一巻　白紙及表　朱頂軸」。散経ではないが散経部分には天平十年から十五年頃までの年紀の借請書込みがある文書にみえる。
(53)「経律奉請帳」(『正倉院文書』続々修十四ノ五、『大日本古文書』十ノ三二五・三二六頁)では、天平二十年頃には内裏で読経の対象となっていた。「御執経所請経文」(続々修四十一ノ七裏、『大日本古文書』十六ノ一七〇～一七一頁)では、天平宝字六年に勝延尼師宣で奉請されている。
(54)「写経請本帳」(「正倉院文書」続々修十六ノ八、『大日本古文書』七ノ六〇頁)。「蘇磨呼童子経」とあり、玄昉請来本に存在していた。天平八年十一月廿四日から天平九年二月廿八日までの記事にみえる。

(55)「写経請本帳」(『正倉院文書』続々修十六ノ八、『大日本古文書』七ノ七五頁)。
(56)「経疏奉請帳」(『正倉院文書』続々修十五ノ五、『大日本古文書』十ノ二七六頁)。
(57)「奉写四十巻経料雑物納帳」(『正倉院文書』続々修十ノ二十八、『大日本古文書』十六ノ四一二〜四一四頁)。
(58)吉田靖雄「道鏡の学問について」(阿部猛編『日本社会における王権と封建』東京堂出版、一九九七年)。なお近藤有宜「四天王堂の火頭菩薩像」(『西大寺の創建と称徳天皇』勉誠出版、二〇一三年)によれば、この火頭菩薩像の方量が他に比べ大きいのは、本来十一面堂のものであったが、光仁期に四王堂に移し入れたためと推定している。
(59)新谷尚紀「死とケガレ」(宮田登・新谷尚紀編『往生考—日本人の生・老・死』小学館、二〇〇〇年)。
(60)大本敬久「古代の穢について—穢概念の形成—」(平成10(一九八八)年度国立博物館国際シンポジウム「生・老・死‥日本人の人生観—内からの眼・外からの眼」ポスターセッション要旨)。のち大本敬久氏の論の詳細は『触穢の成立—日本古代における「穢」観念の変遷—』創風社出版、二〇一三年として出版された。
(61)『小野宮年中行事』雑穢事(『群書類従』第六輯　公事部)。
(62)この解穢呪については、荒井貢次郎「明王解穢呪の宗教民俗性—ウスサマ信仰の人間差別解放への道筋—」(斎藤昭俊教授還暦記念論文集刊行会編『宗教と文化』こぴあん書房、一九九〇年)。門馬幸夫「聖俗論と「穢れ」・共同体・カリスマ」(『差別と穢れの宗教研究』岩田書院、一九九七年)。
(63)「僧空海請来目録」大同元年(八〇六)十月二十二日(『平安遺文』四三二七号文書、第八巻三二四三頁)。
(64)「僧最澄書状」弘仁三年(八一二)十二月十八日(『伝教大師消息』)(『平安遺文』四三六六号文書、第八巻三二七二頁)。
(65)「僧円仁請来目録」承和十四年(八四七)(『入唐新求聖教目録』)(『平安遺文』四四五五号文書、第八巻三三五二頁)・「僧円珍求法目録」斉衡二年(八五五)十一月十五日(『青龍寺求法目録』)(『平安遺文』四四六七文書、第九巻三三七六頁)。
(66)『無上秘要』巻九十九第九(SN一一三八。『正統道蔵』第42冊三三七九六頁)。『中華道蔵』第28冊三〇三頁。

(67)『洞玄霊宝三洞奉道科戒営始』（ＳＮ一一二五。『正統道蔵』第41冊三三〇八三頁）。『中華道蔵』第42冊一七頁。

(68)『千金翼方』巻二十九　禁経上　持禁斎戒法第一（東洋医書善本叢書、第14冊、オリエント社、一九八九年、六五二〜六五三頁）。

神仙経曰、凡欲レ学レ禁先持二知五戒十善八忌四帰一。皆能脩二治此一者、万神扶二助禁法乃行一。（中略）八忌者、一忌レ見二死屍一、二忌レ見二斬血一、三忌レ見二産乳一、四忌レ見二六畜産一、五忌レ見二喪孝哭泣一、六忌レ抱二小児一、七忌下共二女人一同牀上、八忌下与二雑人一論法上。

(69)獣死穢の具体例については、小堀邦夫「触穢制度史稿（その五）」（『神道学』一四三、一九八九年）。また獣産穢の具体例については、小堀邦夫「触穢制度史稿（最終回）」（『神道学』一四六・一四七合併号、一九九〇年）参照。

(70)なお都築晶子前掲論文注(5)に同じでは、道教ではこれをさらに日常化していく傾向があるとしている。

(71)『赤松子章暦』巻二第二十三「禁戒」（ＳＮ六一五。『正統道蔵』第18冊一四四八五頁）。『中華道蔵』第8冊六三九頁。なお『赤松子章暦』は『日本国見在書目録』卅六の「五行家」や正倉院文書の「玉歴《（暦カ）》一巻」から八世紀に日本に将来されていた可能性の高い道教経典である。

(72)満月となると忌明けして、出産祝いを行う場合もあったが、前掲した『赤松子章暦』巻二「殗穢」では産後三日と満月の食を食べることを禁忌としている。また半井家本『医心方』巻第二十三、婦人産後禁忌、第十九（二〇一六〜二〇一七頁）にみえる『千金方』には産後百日の閨房禁忌がある。

(73)片岡耕平「「従産穢内迎取養育」考―中世の穢観の一側面」（『年報中世史研究』三〇、二〇〇五年、のち『日本中世の穢と秩序意識』吉川弘文館、二〇一四年、「「従産穢内迎取養育」考」に改稿・改題して所収）。片岡説については拙稿「産穢―産婦と新生児―」（本書第五章）で検討した。

(74)なお古代・中世前期における出産において、医師が道教や陰陽五行系の産穢認識に基づく反支・日遊に配慮して行っていた借地文等の儀礼については、拙稿「古代・中世前期出産儀礼における医師・医書の役割」（本書第四章、初出は二〇〇八年）で検討した。

第三章　女性と穢れ観

はじめに

女性と宗教、女性と仏教を考察するうえで、女性と穢れ観の関係は避けて通ることができない課題である。多くの宗教の中には、死の穢れとは別に、女性と密接な関係にある出産や月経を穢れとする観念が存在する場合が多い。また女性の身体や女性の存在そのものを穢れており、厭うべきものとする場合もある。これらは女性を宗教的に男性よりも低い地位に置く原因の一つとなっている。そして清浄性を重視する男性修行者が女性を忌避したり、嫌悪したりすることに深く結びついている。またこれが、神仏の降臨する聖域や浄土、そしてそれを象徴させている空間に女身が存在することを否定したり、その聖域から排除したりすることに繋がっていた。さらに変成男子、女性の罪業観、血盆池地獄などの問題とも深く結びついて、女性たちの心性にも影響を与えていた。

穢れについては、今までにも多くの研究が蓄積されている[1]。その中でも日本の女性と穢れの関係を中心に研究したものも少なくはない[2]。これらの研究の中に、たとえば神祇信仰の穢れ観に対する仏教の影響関係に言及するものもあるが、実際には初期仏教経典、大乗仏教経典、密教経典などにおける差異、また儒教、道教など中国の宗教との関係を十分考慮した研究とは必ずしも言いがたい。そこで本章では、アジアの諸宗教における女性と穢れ観の関係を検討し、この認識がどのように日本に影響を与えていったのかを検討したい。すなわち主に日本にとっては外来信仰である仏教、儒教、道教における穢れ認識と日本の神祇信仰の関係、また日本における仏教の女性忌避受容の関係を再検討したい。

ただしここで考察するうえでの視点について若干言及しておきたい。すなわち経典などにみえる教義及び修法の影響や流布の問題を考える時、常に留意しておかなければならないことは、これをどのように分析するかである。たとえばこの問題は「浄行を基本とする修行者の受容」「修行者側の布教」と、「被布教者の受容」「排除される側への流布」などきめ細かく分析する必要がある。受容に関しては　恐らく修行者側が、時間的には先行し、被布教者、排除される側の方はそれよりも遅れ、またこの認識が地域的にも、階層的にも広範に流布するうえでは時間差があったと考えられる。どこを中心に論じるかで議論が分かれるが、本章では紙幅の都合及び史料残存上の限界もあり、時期的には日本古代を中心に、先行する男性修行者側の受容に焦点を当てて検討したい。そして可能な限り男性修行者による穢悪忌避によって排除された女性たちの側の受容過程を概観したい。

一　アジアの諸宗教における女性と穢れ観

1　『マヌ法典』及び漢訳仏教経典における女性穢悪・不浄観

古代インドの宗教聖典である『マヌ法典』は、紀元前二〇〇年〜後二〇〇年頃に原型ができあがったとされている。そこには死と出産を不浄とし、死の禁忌とともに、月経の女性・出産後十日未満の女性と接触することの禁忌がみえる。また豚・鶏・犬、月経中の女性は、ブラーフマナ（司祭階級のバラモン）が食事をするのを見ては

ならないとする例などもある。(3)

これらは赤の他人には伝染する実体的な穢れと考えられていた。そして小谷汪之氏によれば「賤民差別の文化的明脈をなしていた穢れは、親族でないものにとっての「死体、産婦、月経中の女」の穢れであった」という。(4)またインドにおける女性に対する穢れ観は、初期仏教経典の中にもみえる。ここでは東アジアにおける受容過程を検討するため、漢訳経典を使って分析したい。

たとえば『増一阿含経』では女性に五つまたは九つの悪があると記している。この経典は四世紀の中国東晋に罽賓出身の瞿曇僧伽提婆が漢訳したとされたものが現存する。この中の邪聚品には、女人の五種の悪として、その一番目に「穢悪」をあげている。(5)また馬王品にも女人の九悪法として、やはり一番目に「女人臭穢不浄（女人は臭く穢れており不浄である）」をあげている。(6)その他の悪は、悪口・両舌・妄語・嫉妬・瞋恚・無反復・喜遊行・所言軽挙など行動に関することであり、慎むことも可能なものである。

また大乗仏教経典では、『法華経』の中でも五世紀初頭に鳩摩羅什が漢訳したとされた『妙法蓮華経』の提婆達多品では、龍女に対する舎利弗の発言に、サンスクリット原典にはない「女身垢穢、非㆓是法器㆒（女性の身体は穢れていて、仏法を受け入れる器ではない）」の語が挿入されている。(7)

そして五世紀の元嘉元年（四二四）以降に曇摩蜜多が漢訳した『仏説転女身経』では、女身の中には、百匹の虫がおり、恒に苦患と愁悩とのもとになるという記述がある。そしてこの女身は「不浄之器、臭穢充満（不浄の器であり、臭い穢れが充満している）」とし、枯れた井戸、空き城、廃村のようなもので、愛着すべきものではなく、厭い棄て去るべきものとしている。(8)

いずれにしてもこれらの経典類の穢れ観は、後述する密教系経典とは違い、出産や月経に限定されない恒常的な穢れ観になっているものが多いことに注目しておきたい。

このような初期仏教経典や大乗仏教経典にみえる様々な女性観については、古くは岩本裕氏の研究がある[9]。また近年では田上太秀氏も変成男子説など諸経典にみえる女性差別観を詳細に分析し、仏教が女性を穢れた存在と位置づけていたことを指摘している[10]。一方、植木雅俊氏は大乗仏教経典の中にみえる女性差別観は、大乗仏教が非男非女の論理をもって克服すべき小乗的な女性観としてあげられているものであるとする。すなわち部派仏教（小乗仏教）は女性差別思想の影響を受けたが、大乗仏教は原点回帰して女性の地位を回復し男女の差を克服したとする説である[11]。

確かにこれらの大乗仏教がこの差別観を前提とする小乗的な女性観を乗り越えて、男女の差を克服し非男非女の論理を生み出し、即身成仏を説こうとするものであったことに注目しなければならない。しかしこれは教義上の理想論であり、現実社会における女性観を完全に克服できていたわけではない。女身が肯定されているわけではなく、否定すべき女身を前提とし、そのような女身であっても、大乗仏教によって男女の別なく救済されることを強調するものであった。一方でその過渡的な形態として、変成男子などを前提とする教義も存在していた。そして受容過程を検討する観点からは、穢れ観は、後述するように実際の東アジアにおける基層信仰の穢れ観と融合して受容されていく傾向もあったこと、すなわち現実には女性不浄観が克服されていたわけではないことに注意する必要がある。

2　中国における仏教系穢悪・不浄観の受容

次にこのような初期仏教経典や大乗仏教経典、そしてこれを漢訳したインド・中央アジア出身僧たちが持っていた女性に対する穢れ観は、どのように東アジアで受容されていったのかを考えたい。

そこで注目しておきたいのが、女性を穢れたものと認識する観念が、六世紀には比丘尼たちの一部に影響を与えていたことである。すなわち経典題跋の中に、比丘尼たちが自らの身体を穢れたものであると否定的に認識している例がある。

たとえば敦煌出土で大統十六年（五五〇）の西魏年紀がある『大般涅槃経』の題跋では、比丘尼道容が「往行不レ修、生処女穢（過去の行を修さめず、生まれた処は穢れた女であった）」と記している[12]。また吐魯番出土で延昌十七年（五七七）の高昌年紀がある題跋の中に、比丘尼僧願が「先因二不幸一、生稟二女穢一（前世の不幸に因り、穢れた女に生をうけた）」と記している[13]。また年次は不明であるが六世紀頃と推定される題跋でも、尼道明勝が「受二穢女身一（穢れた女身を受けた）」と記している[14]。さらに敦煌出土の大統二年（五三六）のものでは女身ではあるが、のちに男子となること、すなわち「変成男子」を願っている例がみえる[15]。いずれも敦煌や吐魯番など西域の例ではあるが、女性が前世の業により穢れた女身に生まれたことを前提としつつ、それからの脱却を願って仏教への帰依を表明している。

一方、七世紀の中国僧が、独自に女人の悪に言及した例がある。南山律宗の祖で、律五大部を含む多くの著述を残した道宣は、貞観十四年（六四〇）か早くとも貞観十三年（六三九）夏に、弟子僧慈忍のために『浄心誡観法』を撰述している。その中の「誡めて女人の十悪実の如く厭離し解脱することを観ぜしむる法」では、「女人十悪」を数えあげ、その最後に、女身は「臭悪不浄常流（臭悪な不浄が常に流れている）」とし、春夏の熱い時に虫や血などが下るとしている。そして「経云」として、女根の中に二万の姪虫が存在し生臭く穢れており、密かに胎孕を堕し懐姙産生すると汚穢狼藉であるとし、善神は見聞して悉く皆捨て去り、悪鬼魍魎は数々来て侵擾すると記している[16]。これは、男性僧が自らの清浄性を確保するため、そして解脱のために、このような恒常的に穢れた存在として女性を観想し、煩悩を克服する目的で記されており、女性の死体が崩壊していく様子を観想する九想（九相）に通じるものである。ただし現存する経典の中には、前述の『仏説転女身経』と類似する点はあるが、同一の言説を示すものはなく、むしろ後述する道教やそれと密接な医書、さらにのちの『血盆経』に通じる認識が含まれていることが注目される。

いずれにしてもこれらの女身の穢れも、出産や月経など特定の状況と全く無関係ではないが、それだけに限定されない恒常的な穢れとなっている。女性たちが前世の罪業によって穢れ多い女身に生まれたことを女性たち自らが受け入れて忌避する観念、また男性が穢れをはじめとする諸悪を恒常的に持っている女身と接触することによって清浄性を喪失することを忌避する観念となっている。すなわち血穢を含みつつさらに拡大解釈された女性の穢れ観となっていることが特徴である。

このような女性との接触を男性修行者が忌避する場合、また中国仏教において、女人を結界で防いでいた可能性を示唆する例がある。たとえば『南海寄帰内法伝』第十三の結浄地法において、義浄が七世紀のインドの結界法を紹介しているが、その中で界分を護るとは、女を防ぐということではないとし、浄人の女性は厨内に入っており、村で収めるところであり得るのかと指摘している[17]。宮林昭彦氏は、これを浄域空間の接触と女人による性的接触による不浄感染とは別の範疇に存在するのであるから、中国仏教が結界によって女性との接触を禁忌しても意味がないと義浄が批判していると解釈している[18]。

なお男性修行者の生活空間である僧房への女性入室禁止は、後述する唐代長安の青龍寺の例など、恐らく一般的であったと予想されるが、中国における女性入山禁止は、事例に乏しい。ただし開始時期は不明であるが、宋代の金山寺の例がある。成尋の『参天台五臺山記』熙寧五年（一〇七二）九月十日条に、金山寺は「一名浮玉島。江中孤絶山也。不レ令二女人入山一」、すなわち揚子江中の浮玉島にあり、江中孤絶山であったが、女人は入山できないとある。残念ながら成尋はその理由を記していない。鎮江の金山寺は四世紀前半の東晋時代に開かれ、五世紀の梁の武帝が水陸斎を行ったことでも著名であり、唐代に金が産出されたため金山寺と称され、多くの堂塔が造営されていた。宋代には蘇軾、王安石など男性が作った登山詩が残されている。ただし女性入山禁止を積極的に示す当時の中国側史料は未詳である[19]。

3　中国における密教系及び儒教・道教系の出産・月経穢れ認識

一方、修行者が女性の出産や月経を穢れとして忌避する認識は、密教経典に多く散見する。ただし出産禁忌の記述は早期翻訳の密教経典ではみえず、唐宋代に訳されたものにみえることが特徴である[20]。

たとえば『陀羅尼集経』第九巻の「烏枢沙摩解穢法印」では、呪法を行う人が、もし死尸、婦人産処、六畜産生、血光流処などの種々の穢れを見た時は、印を作り、解穢呪を誦すようにとある[21]。この経典は阿地瞿多が永徽四年（六五三）三月より翌年四月まで漢訳したとするが、中国撰述の可能性が高い。烏枢沙摩明王はすべての穢悪を浄めて、浄穢を差別しない明王とされ、烏枢沙摩法は多くは安産・解穢に修された[22]。また不空（七〇五〜七七四）訳の『菩提場所説一字頂輪王経』は新産や死家の食物だけでなく月経女性の作った食物を食べることを禁じている[23]。

この出産もしくは産婦、また月経女性を穢れとして、修行者が忌避することは道教経典にも存在する。道教でも人の死喪、出産、月経、ある種の病を穢れとし、道教の「斎」において忌む認識が存在した。たとえば『斎戒籙』の「説雑斎法」の中には、斎を行う人は、父の喪に服している孝子、新産の婦人、月水の未終了の人、及び痎瘧、瘡疥、癡疾などの病の人を忌むとする。そしてこれらの人を斎堂庭壇に昇らせ、そこで使役して願いをかなえたりすることを禁じ、その理由は穢れが真霊に触れ、賢聖が降臨せず、斎を修するのに功がないとしている。(24)

これは神々の降臨する空間を清浄に保ち、神々に接する作法として、古く儒教の礼の殗穢から継承されてきたもので、この礼の殗穢は国家祭祀の次元、さらに社会全体に根強く存在していた。また一世紀の後漢の江南では出産を不吉とし、産家への交通を禁忌し、出産後の時期に産婦を別小屋に隔離し、また出産を見聞することを禁忌とする習俗がみえる。その根底には血の腐臭を汚れとする産婦汚辱観があり、これが伝染すると捉え、これを斎戒の人が忌避していた。(25)

そして儒教、道教としてだけではなく、たとえば『小品方』『千金方』などの医書や『本草集注』などの本草書にも、道教系の産穢認識や産室進入禁止・産婦不見の禁忌が取り入れられていた。ただし、この場合もまた、出産や月経など特定の状況の女性だけでなく、単に女性に見られることを忌避するという女性一般に拡大した表現の例もある。(26)

このように中国では、儒教、道教、密教に共通する出産や月経など特定の状況の穢れ観と、初期仏教経典や大乗仏教経典の影響を受けた恒常的な女身の穢れ観が互いに影響を与えていったと考えられる。

二　日本における女性と穢れ観の特質

1　日本古代における密教系及び儒教・道教系の出産・月経穢れ認識の受容

次にこのような認識が日本においてどのように影響していったかを検討したい。まず神仏を主体とした穢れの排除がどのようになったかを考えておきたい。

日本では、『古事記』のミヤズヒメとヤマトタケルの通婚伝承を根拠に月経に対する穢れ観は希薄であったとされている(27)。また先行研究の多くは、出産禁忌もトヨタマヒメ伝承など記紀にみえる瞥見禁忌であり、産穢観は九世紀前半の『弘仁式』まで存在しなかったとする説が多い。

しかしこの説を詳細に再検討したところ、実際にはたとえば産穢の場合は、日本でも『弘仁式』以前から、何らかの出産習俗を受け皿にしつつ、次第に医書、本草書、陰陽書、密教経典を媒介として、儒教、道教、密教系の外来信仰の影響を色濃く受けていったことが明らかになった。たとえば六世紀以降には朝鮮半島経由の五経博士や渡来系医師、薬師、呪禁師、陰陽関係者、僧尼などを媒介として、儒教、道教、陰陽五行、密教などの外来信仰に付随した産穢認識が、次第に日本の出産禁忌に影響を与えた可能性は高い。特に七世紀から八世紀には、朝鮮半島及び中国から将来された陰陽書の血忌・日遊神の産婦忌避、道教経典また医書、本草書の産婦穢悪認識とともに、中国撰述の可能性のある密教経典の産婦禁忌によっても、出産禁忌・産婦穢悪観の知識を得ることが可能であった。たとえば『本草集注』に「服薬、通忌レ見二死尸及産婦淹穢事一（薬を飲む時は、通じて死尸および産婦淹穢の事を見るを忌む）」とあり(28)、『龍樹五明論』も「婦女産生皆不レ得レ見（産婦を皆見てはならない）」とする(29)。また前述した『陀羅尼集経』の第九巻の烏枢沙摩明王信仰にみえるものなどがその代表である。

七世紀末から八世紀初頭にかけて、儒教祭祀を基本とする唐祠令の散斎・致斎を手本に継受した神祇令散斎条では、神祇の斎戒に対して死・病・肉食などを禁忌し、また「不レ預二穢悪之事一」という規定を作成した(30)。この「穢悪」を八世紀前半の大宝令注釈書の古記が「生産婦女不レ見之類」と解釈したことは(31)、従来通説化していたメルシナ型の瞥見禁忌を示しているのではなく、道教や密教などの外来信仰の中に存在する産穢認識が影響していることは確かである。すなわち従来の説よりも、その影響の時期は早いといえる。そして産穢はこの散斎条の細則規定の一つとして九世紀前半の『弘仁式』段階で明文化された[32]。そして月経禁忌についても九世紀後半の『貞観式』で明文化された[33]。

2　八世紀における穢悪・不浄忌避

前述したように七世紀末から八世紀前半には、外来信仰系の産穢認識などが経典、医書、本草書及びそれを伝えた人々などを通じて、王権を中心とした人間の死や出産に対する認識に影響を与えはじめていた可能性は十分考えられる。そして神祇信仰の斎戒、また仏教の戒律において、穢れを神仏が悪むとして神仏の降臨する空間を清浄にすること、及び浄行の修行者は清浄であること、不浄を排除することが原則とされた。

八世紀後半では、たとえば密教修法に精通していた僧道鏡が天平宝字七年（七六三）に『陀羅尼集経』第九巻を請求しており[34]、また道鏡の影響が強い西大寺四王堂に本尊七尺の金銅四天王像を凌ぐ高一丈一尺一寸の「火頭菩薩像二躯」が造られた[35]。この火頭菩薩は烏枢沙摩明王の別名であり、密教修法の受容の中で清浄の重視、逆にいえば、死尸、婦人産処、六畜産生、血光流処などの種々の穢れを排除する認識が、八世紀後半には明確に意識化されていったことがわかる。

なお道鏡が重視していた形跡のある鳩摩羅什訳『孔雀王呪経』には、東西南北の一定の空間を結界とする「七里結界」が記されているが[36]、このような七里結界は『安宅神呪経』にもあり[37]、この経典は『日本書紀』白雉二年（六五一）十二月晦条にみえ、七世紀半ばの孝徳天皇期に受容されていた。この「七里結界」の文言を受容している実例は、すでに藤原京出土の七世紀末から八世紀初めの木簡にもみえる[38]。

また仏教法会の場で動物の血の穢れを忌避する例は、『日本霊異記』中巻第廿九縁「行基大徳天眼を放ち女人の頭に猪の油を塗れるを視て呵嘖む縁」にみえる。行基が飛鳥の元興寺の村で法会を行った時、参加女性の髪油に六畜の一つである猪の血が混じっていることを天眼で見抜き、「我、甚だ臭きかな。彼の頭に血を蒙れり。女を遠く引き棄てよ」としたとある[39]。行基の活動した八世紀前半か遅くとも『日本霊異記』成立時の九世紀初頭以前までに、仏教が法会の場、すなわち清浄空間で動物の血の穢れを忌避していることが予想され、これに各種の血の穢れも含まれていく可能性を示唆している。

また『日本感霊録』「不浄の身を以て元興寺の四天王の住る処に入り、異相を蒙りし縁」に、延暦二十二年（八〇三）の話として、瘧を患う女性が治癒祈願のために、飛鳥の元興寺四天王の霊験を期待して参詣し、四天王の立所の連子内に迷い込んだが、薬叉神王に連子の外に放り出されたとある[40]。この不浄は「清浄、然る後に進べし。願ふ処虚しからず」とあり、もし不浄の原因が病であれば、病を治したいという願望と矛盾することになるから、これは病そのものではなく、何らかの一時的な不浄であると考えられる。この点から、女性と一時的不浄との関係を重視すれば、清浄空間からの月経不浄排除の可能性も考えられる例である。

以上のように、仏教においても、一定の結界を設けて、そこから各種の血を穢れとして排除することが、八世紀末から九世紀初頭には存在したといえよう。これは堂舎などの空間を仏菩薩や諸天のために清浄に保つ必要があったことによると考えられる。

なお仏教や道教では本来は男性の夢精も穢れの中に含まれていた。たとえば後漢の支婁迦讖訳『阿閦仏国経』では、出家して道を為す者は夢精が無くなること、世間の母人は悪露が無くなることを、阿閦如来が菩薩の時に一緒に誓願している[41]。道教でもたとえば太真科の中で解穢の対象とされている[42]。しかし日本の神祇信仰では、精液を穢れの中に体系化せず、また仏教でも夢洩を不浄としつつも、それを必ずしも否定的には捉えなかった[43]。

3　九世紀以降の女人結界と女性排除

九世紀前半には、山林修行などで、一定の領域から女性を恒常的に排除する結界を設けるようになった。この女人結界に関する近年の代表的な研究[44]としては、牛山佳幸氏による戒律説[45]と、平雅行氏による戒律を問題にした女人夜宿の禁止と、女性が侵犯すれば神が怒る女人結界とは性格が異なるとして、戒律説ともまた神祇信仰の触穢とも異質な祓うことができない存在としての女性のケガレとする説[46]などがある。

しかし女性を聖域から排除する問題は、主体の設定の仕方で多義的な性格を持つと考えられ、仏教や神祇信仰、そしてその中に含まれる複合的な諸宗教の事象として捉える必要があると考える。つまり起源を単一に固定して理解し、また男性修行者を主体とした戒律説と神仏を主体とした穢れ説を対立的に捉えないで考えることが大切である。その点で寺院が戒律に基づいて女性を排除したとする説を否定するものではない。しかし寺院が建前上の理由を戒律としていても、実態として穢れの問題を含めもっと複雑で多様な問題として捉えないと、本質を見失うのではないかと考える。特に女性にとって女人結界とは何であったかを考えるうえでは重要である。

まず明確にしておくべきことは、ある領域を結界して清浄な空間（聖域）とする場合、主体の違いによって多義的であることである。すなわちその空間に降臨する神仏を主体とした場合は、そこから排除されるべき存在は、神仏が穢れとする存在である。そしてこの場合は、一定領域を結界した空間として認識する必要度は高い。その領域は堂舎から山林まで多様な空間が設定され得る。

男性修行者を主体とした場合、不邪淫戒厳守という理由づけで正当化して語られる場合が多い。ただし不邪淫戒は心身における行動の問題であり、前述した義浄の例にみられるように、本来は領域的な空間の問題ではないことである。領域を設定したとしても最低限の空間、また時間を設定すれば可能である。

しかしこれをさらに神仏を主体とした清浄空間で捉え直してみると、神仏が穢れとするものは、死や血の穢れなどを含むが、その領域内に男性修行者の持ち込む穢れも対象となる。しかもこの穢れは接触による伝染として忌避される。すなわち男性修行者自らが犯す破戒行為も、修行者が穢れた女性と接触することで伝染する不浄の一種として忌避される場合が多い。

このように清浄空間は複雑な性格を持っている。そして、いずれにしても排除される女性の側からこの問題を捉えると、仏教で想定された浄土では、一部の特殊な例を除き、多くの場合は穢れた女性の存在そのものが否定されており、神仏の聖域における清浄厳守のためにも女性の侵入は禁止される。そして神事への参加、土俵などの聖域立ち入りが、一時的な穢れだけでなく、恒常的に女性が排除されていくように、女性が一時的だけでなく恒常的な穢れを内在するものとして語られていく。このように多義的な問題として分析を試みたい。

たとえば最澄は『山家学生式』のうち弘仁九年（八一八）の「八条式（勧奨天台宗年分学生式）」で、天台宗院に俗別当二人を置き、彼らに盗賊・酒・女を禁止することを監督させた[47]。これは道俗ともに守るべき五戒（不殺生・不偸盗・不邪淫・不妄語・不酤酒）に関連し、これらを禁止させた表現である。しかし一方で弘仁十三年（八二二）の「遺言（根本大師臨終遺言）」は、女性が寺側や院内に近づいてはならない理由としてこれらが清浄の地であることを強調している[48]。仏法を保ち、神仏の降臨する清浄な地を確保するためと考えられる。修行者の戒律遵守と神仏の降臨する清浄空間確保と、両方ともに必要ではあるが、この「遺言」では清浄に重きが置かれていた可能性が高い。女人入山の禁止が「八条式」ではなく、「先師遺誡」によるものであったとの認識は、円仁が承和三年（八三六）四月に制定した「首楞厳院式合九条」からも知られる。[49] なお最澄が空海の将来した『烏枢瑟摩経』の貸与を空海に願い出たように、烏枢沙摩明王信仰や穢れ全体に関心を持っていたと考えられる。[50]

一方、空海の『御遺告』とされる「不可入東寺僧房女人縁起第十八」では、長安の青龍寺の例にならって東寺僧房に女性を入れないとしている。女性は子孫繁栄には不可欠な存在ではあるとして、母性を尊重する一方で、僧房に入れない理由を女性が仏弟子にとって諸悪の根源であるためとしている。そして『大乗理趣六波羅蜜多経』巻第五、浄戒波羅蜜多品第六を引用して、女性が近づくと善法が滅すためとしている。[51] この『御遺告』は偽作の可能性は高いが、東寺側の論理を反映していると考えられる。もちろんこれは不邪淫戒と無関係ではないが、この場合も女性そのものが清浄な場に入ること、また女性が近づくことが法を滅すものとしている。

このように神仏の降臨する清浄空間と男性修行者の浄行を両立して確保する論理として、穢れ排除と戒律遵守が共存し、最澄の例にみえるように、戒律だけでなくかなり早い時期から穢れ排除も重視されていたと考えられる。戒律との関係からいえば、修行者が不浄な身では神仏から忌避される存在になり、修行が無効になる。性行為による身の不浄は、前述した道宣の『浄心誡観法』のように、その教義として不浄な女身と交わることを禁じるという方法で語られる。[52] 前述したように、仏教でも本来は夢精など男性の身体から出る不浄も問題にされたが、日本では男色との関係も含め見逃された。男性修行者の禁欲が主眼であれば、男性に向けて女性との関係だけに限定しない邪淫不浄を忌避するメッセージがあってもよいが、実態として清浄性を女性排除のメッセージで示し、穢れた身体である女性との接触を禁止する形で強調されている。その点でも男性の戒律厳守と女性を穢れた存在として忌避することは不可分であることを示している。

なお牛山説の穢れ説批判の根拠は、神祇信仰の触穢は一定期間のみの排除であるが、女人禁制は恒常的であり、別物とする点である。しかし、個人の女性にとっては一定期間でも、概念としての「産婦」「月経」は恒常的な禁止対象である。実際には個別の女性の出産や月経の穢れを排除するより、女性一般を排除する方がその厳密性はより確保できる。すなわち前述したように神事の場で、特定の穢れ状況の女性だけを排除するのではなく、女性一般を排除するようになる。そして神仏習合した宗教的空間に設けられた女人結界では、神仏から忌避される穢れが恒常的に穢れた存在としての女身の排除へと拡大解釈されやすい傾向にあった。

4　十世紀以降の展開と女性による受容

さらに神仏習合が進行し、密教が盛んになると、穢れ排除が女性たちにも影響を及ぼしていくようになったと考えられる。

たとえば天台行門（修験道）の始祖で比叡山回峰行の発案者とされる相応（八三一～九一八）が「女人裁縫衣」を着用しなかったという伝承がある。[53] また浄蔵（八九一～九六四）が新染袈裟を「不浄人縫」として焼いた、[54] あるいは彼が若い頃横川如法堂の安居を行った時、賀茂明神の化身である貴人が「不浄女人裁縫」を理由に口から出した火で袈裟だけを焼いたという伝承もある。[55]

この点から、修験や密教の修行者たち及び彼らによって想定された神仏が、女性を不邪淫戒の対象としてだけでなく、不浄として忌避していたことも予想される。彼らの伝記史料を採録した文献の成立は、十一世紀末や十二世紀初頭まで時代が下がるが、いずれも九世紀や十世紀の人物の逸話となっていることに注目しておきたい。少なくとも密教僧や験者の女人不浄観とその禁忌は、相応や浄蔵らの活動した九・十世紀まで遡る可能性が考えられる。この頃はすでに産穢や月水穢観念も定着しており、十世紀の密教僧が産穢を忌避している例もみえる[56]。

この修行者側の受容に対して、この時期の女性たちの受容については史料の限界もあり、不明な点が多い。ただし女人登山を拒否していない寺でも、十世紀半ばに女性自らが一時的とはいえ、月経時に聖域空間からの退去を受け入れている。たとえば十世紀後半成立の『蜻蛉日記』中巻には、天禄二年（九七一）六月頃、鳴滝の般若寺に参籠した作者が、穢れ（月経）時は退出を覚悟しており、実際に不浄（月経）になって下山も考えたが、京に戻ることを躊躇して、堂から離れた屋に入り、月経が清まったのでまた堂に登ったと記している。

そして相応や浄蔵は比叡山だけでなく、金峯山修行の履歴がある。金峯山は神祇信仰だけでなく神仙思想の影響も受け、また九世紀前半には『令義解』に山居する処の例にあげられ[57]、護国豊穣祈願の清浄な七高山の一つともされた。そして九世紀後半以降、弥勒浄土観に基づく密教化は聖宝（八三二〜九〇九）の影響によりさらに顕著になり、十世紀半ばには確実に女人登山を禁止していたことが『義楚六帖』から確認できる[58]。俗人男性も酒肉欲色を三ヶ月断つ浄行を必要としていたことは、この地が神仙のため穢れを排除する斎戒の地と認識されていたためといえる。十一世紀成立の『本朝神仙伝』都藍尼伝承では、弥勒の出世を待つために金剛蔵王が守る地であり、また戒地として女人が上ることができないと記している。この「戒地」も戒律と無関係ではないが、単なる仏教の不邪淫戒に限定されない、神仏の地に入るために肉食など穢れを断ち清浄性を保つ斎戒、不浄禁忌の地としての意味があったと考えられる。そして不浄を象徴した女性の侵害に対する神仏の怒りが、雷電などで示されると考えられていたと思われる。

また十一世紀半ばには、女性自らが弥勒浄土とされた金峯山への参入が女身では不可能であることを受け入れ、変成男子を願っている例がみられるようになる。たとえば永承六年（一〇五一）には、女弟子紀氏が子守三所へ年来参入を願ってきたが、御前への参入はできないので、「転㆓女身㆒而成㆓男子㆒」すなわち女身を転じて男子となって参入し、慈尊出世の時にご恩を蒙りたいと祈願した銘文が残っている[59]。

一時的排除である出産や月経の穢れだけでなく、浄土観に基づいた弥勒浄土に女人は存在しないとする恒常的な女性排除の教義も導入されており、その背後には「不浄」で法器ではないとする女性観の影響もみられるようになっていったと考えられる。

おわりに

以上、外来信仰系の女性に対する穢れ観・不浄観の存在形態と、さらに日本古代においては、これらが七世紀後半から八世紀前半には意識化され出し、その後次第に浄行を行う男性修行者側によって先行して受容され、これによって清浄空間からの女性排除が強制され、さらに遅くとも十世紀から十一世紀前半までには排除された女性たちの側によって、貴族を中心とした階層の一部に内在化されて受容されていった過程を考察した。その後たとえば女人結界の増加や血盆経信仰の流布などに象徴されるように、中世に入ってさらにその影響は地理的範囲が拡大し、また貴族女性たちの階層にとどまらず、多くの庶民の女性にも影響を及ぼしていくことになったと考えられる。今回は男性修行者の神仏観念と戒律観念に基づく女性と穢れとの関係の論理を中心に検討した。いずれにしても史料が乏しく困難を極めるが、今後さらに女性にとって、穢れとは何であったのかを問い続けていく必要がある。

注

（1）最近のケガレ研究史や問題点は北條勝貴「〈ケガレ〉をめぐる理論の展開」（服藤早苗・小嶋菜温子・増尾伸一郎・戸川点編『ケガレの文化史』叢書・文化学の越境⑪、森話社、二〇〇五年）を参照した。

（2）代表的な研究としては次のような研究がある。岡田重精『古代の斎忌―日本人の基層信仰―』国書刊行会、一九八二年。高取正男『神道の成立』平凡社、一九七九年。西山良平「王朝都市と《女性の穢れ》」（『日本女性生活史』第一巻、原始・古代、東京大学出版会、一九九〇年）。成清弘和『女性と穢れの歴史』塙書房、二〇〇三年。長田愛子「古代日本における女性の穢れ観の成立とジェンダー――「記紀」の「穢」に関する記述の分析から――」（『総合女性史研究』二三、二〇〇五年）。松下みどり「〈女性の穢れ〉の成立と仏教」（『相模女子大学紀要』七〇A、二〇〇六年）。

（3）渡瀬信之訳注『マヌ法典』東洋文庫8、平凡社、二〇一三年。なお『マヌ法典』及び『ヤージュニャヴァルキヤ法典』にみえる関連条文は、拙稿「穢れ観の伝播と受容」（本書第六章、初出は二〇二〇年）の注(11)(12)に提示した。

（4）小谷汪之『穢れと規範―賤民差別の歴史的文脈』明石書店、一九九九年、一七頁。

（5）『増一阿含経』巻第二十七、邪聚品第三十五（『大正新脩大蔵経』第二巻七〇〇頁）。

世尊告曰、夫為三女人有二五種悪一。云何為レ五。一者穢悪。二者両舌。三者嫉妬。四者瞋恚。五者無二反復一。

（6）『増一阿含経』巻第四十一、馬王品第四十五（『大正新脩大蔵経』第二巻七六九頁）。

夫為三女人有二九悪法一。云何為レ九。一者女人臭穢不浄。二者女人悪口。三者女人無二反復一。四者女人嫉妬。五者女人慳嫉。六者女人多喜二遊行一。七者女人多二瞋恚一。八者女人多二妄語一。九者女人所レ言軽挙。是諸比丘、女人有二此九法弊悪之行一。

（7）『妙法蓮華経』巻第五、提婆達多品第十二（『大正新脩大蔵経』第九巻三五頁）。

時舎利弗語二龍女一言、汝謂三不レ久得二無上道一、是事難レ信。所以者何。女身垢穢、非二是法器一、云何能得二無上菩提一。仏道懸曠、経二無量劫一、勤苦積レ行、具修二諸度一、然後乃成。又女人身猶有二五障一。一者不レ得レ作二梵天王一、二者帝釈、三者魔王、四者転輪聖王、五者仏身。云何女身速得二成仏一。

ただし当初の鳩摩羅什訳に提婆達多品はなかったとされる。

（8）『仏説転女身経』（『大正新脩大蔵経』第一四巻九一九頁）。

又此身中有二一百戸虫一、恒為二苦患愁悩因縁一。是故女人煩悩偏重。応当二善思観察一。此身便為二不浄之器一、臭穢充満。亦如二枯井空城破村一、難レ可二愛楽一。是故於身応二生厭離一。又観二此身一、猶如二婢使一、不レ得二自在一。恒為二男女衣服飲食一、家業所須之所二苦悩一、必除二糞穢涕唾不浄一。於九月中懐レ子在レ身、衆患非レ一。及二其生時一受二大苦痛一、命不二自保一。是故女人応三生厭二離女人之身一。

（9）岩本裕『仏教と女性』第三文明社、レグルス文庫、一九八〇年。

（10）田上太秀『仏教と女性―インド仏典が語る』東京書籍、二〇〇四年。

（11）植木雅俊『仏教のなかの男女観―原始仏教から法華経に至るジェンダー平等の思想―』岩波書店、二〇〇四年。

（12）池田温編『中国古代写本識語集録』東京大学東洋文化研究所、一九九〇年。

234（S四三六六）「大般涅槃経巻十二比丘尼道容題記」（西魏大統十六年〈五五〇〉四月）。

（前略）是以仏弟子比丘尼道容、往行不レ修、生処女穢。自不レ遵二崇妙旨一、何以応二其将来之果一。（後略）

（13）池田本288（所蔵未詳）「大般涅槃経比丘尼僧願題記」（高昌延昌十七年〈五七七〉二月）。

延昌十七年丁酉歳二月八日、比丘尼僧願稽首帰命常住二三宝。僧願先因二不幸一、生稟二女穢一、父母受レ怜令レ使二入道一。

（後略）

（14）池田本387（S一三二九）「大般涅槃経巻廿尼道明勝題記」（年次未詳、大約六世紀）。

（前略）是以尼道明勝、自惟往殞二不純一、生遭二末代一、沈二羅生死一、難レ染二道化一、受二穢女身一、昏二迷長禍一、莫レ由二能返一。

（後略）

（15）池田本209（書道博物館蔵）「大般涅槃経巻十六尼建暉題記」（西魏大統二年〈五三六〉四月）

（前略）是以比丘尼建暉、（中略）因二此微福一、使レ得下雖二女身一後成中男子上、法界衆生一時成仏。（後略）

（16）『浄心誡観法』（『大正新脩大蔵経』第四五巻八二四頁）。

十者女身臭悪不浄常流。春夏熱時虫血雑下。経云、女根之中二萬蛭虫、形如二臂釧一、細若二秋毫一、腥臊臭穢。私墮二胎孕一、懐妊産生汚穢狼藉。善神見聞悉皆捨去、悪鬼魍魎数来侵擾。如レ是鄙弊愚人猶貪棄二捨念処一、破二仏浄戒一。死入二獄中畜生餓鬼一、長劫受レ苦無二解脱時一。

(17)『南海寄帰内法伝』巻第二、十三、結浄地法（『大正新脩大蔵経』第五四巻二一七頁）。

但護二界分一、意非レ防レ女。浄人来二入厨内一、豈得二即是村収一。仮令身入二村坊一、持衣無二不護女一。維那持衣、検校斯亦漫為二傷急一矣。

(18)宮林昭彦・加藤栄司訳『現代語訳　南海寄帰内法伝』法藏館、二〇〇四年。

(19)盧見曾・楊鴻發『金山志・続金山志』新文豊出版股彬有限公司、一九七三年。

なお成尋の見聞した金山寺、また中国における女人禁制については、拙稿「『参天台五臺山記』にみる「女性と仏教」」（張龍妹・小峯和明編『東アジアの女性と仏教と文学』アジア遊学二〇七、勉誠出版、二〇一七年）で言及した。

(20)産穢ついての再検討は拙稿「七・八世紀将来中国医書の道教系産穢認識とその影響—神祇令散斎条古記「生産婦女不見之類」の再検討—」（本書第一章、初出は二〇〇六年）。及び拙稿「日本古代における外来信仰系産穢認識の影響—本草書と密教経典の検討を中心に—」（本書第二章、初出は二〇〇七年）で詳細に論じた。

(21)『陀羅尼集経』第九巻「烏樞沙摩解穢法印」（『大正新脩大蔵経』第一八巻八六三頁）。

是法印呪、印中著レ水、呪七遍已洒レ面、然後誦二持諸余呪法一。行二呪法一人、若見二死尸婦人産処六畜産生血光流処一、見二如レ是等種種穢時一、即作二此印一誦二解穢呪一。即得二清浄一所レ行呪法、悉有二效験一。若不レ爾者、令二人失一レ験、及被二殃害一面上生レ瘡。解穢神呪必不レ得レ忘。

(22)『密教大辞典』改訂増補、法藏館、一九八三年、一一七～一一九頁。

(23)『菩提場所説一字頂輪王経』（『大正新脩大蔵経』第一九巻二〇八頁）。

新産及死家、残食及祭食、月経女作食、及以二彼家食一、（後略）

(24)『斎戒籙』（『正統道蔵』精装版、芸文印書館、一九七七年〈以下『正統道蔵』はこれによる〉第11冊八九九八頁）。『中華道蔵』第42冊二四八頁。

行レ斎之人、特忌二斬衰孝子、新産婦人、月信未断、及痎瘧、瘡疥、癈疾等一、並不レ得下昇二斎堂庭壇一、駆使如上レ願。苦求レ預レ斎、乞レ解二過咎一者、任レ投レ辞、為二其陳懺悔謝一、不レ得三雑登二堂宇一。応下行二法事等一、仍遷令二別坐一、兼忌中六畜上。蓋此等人穢触二真霊一、賢聖不レ降。乃修斎無レ功也。

(25)『論衡』第六十八、四諱篇「婦人乳子」。

俗有二大諱四一（中略）三曰、諱二婦人乳一レ子、以為二不吉一。将下挙二吉事一、入二山林一、遠行度中川沢上者、皆不二與レ之交通一。乳レ子之家、亦忌悪レ之、丘墓廬二道畔一、踰(行カ)レ月乃入、悪之甚也。暫［聞］(脱カ)卒見、若レ為二不吉一、極二原其事一、何以為レ悪。

(26)『新雕孫真人千金方』（東洋医学善本叢書、第12冊、オリエント出版社、一九八九年、四九頁）。

『千金方』巻一、合和第七

凡合二腎気署預、及諸大補、五石、大麝香丸、金牙散、大酒煎膏等一、合時煎時、並勿レ令二婦人、小児、産母、喪孝、固(痼)疾、六根不具足人、及雞犬六畜等見一レ之。凶。其続命湯、麻黄等諸小湯、不レ在二禁限一。

(27)ただし無邪気な月経中の通婚が、その後のヤマトタケルの伊吹山登山における神罰に結びつくとの解釈も存在する。

(28)『敦煌写本本草集注序録・比丘尼注戒本』龍谷大学図書館善本叢書16、法藏館、一九九七年、六〇五行目。

(29)『龍樹五明論』（『大正新脩大蔵経』第二一巻九六二頁）。

『龍樹五明論』は訳出時期不明の経典で、急々如律令、仏頂印、菩薩乗空印等がみえることから道教の要素を持つ中国撰述の偽経かとされている。長部和雄「竜樹五明論小考」（『唐宋密教史論考』神戸女子大学東西研究所叢書、第一冊、一九八二年）によれば、六朝以来の道・密混淆経文が上積に上積をかさねてできたものではなく、恐らく道・密混淆の六朝経文による編集で、道教臭味の濃厚なものとなったとしている。そして早ければ盛唐玄宗時代、遅ければ代宗・徳宗以降、中・晩唐純密・雑密併行時代の編集と推定している。『大正新脩大蔵経』は、平安時代写本、蔵外の稀覯本を幾多収蔵する石山寺の蔵本を原本とする。

日本への伝来としては、寛平三年（八九一）頃成立の『日本国見在書目録』卅六、五行家の中に、「五明論一「巻」」「五明論五「巻」」「五明論術一「巻」」「五明論宝剣鏡印法一「巻」」「龍樹菩薩五明論私要隠法一「巻」」とあることが注目される。なお単なる『五明論』は現存していないが、『歴代三宝紀』『衆経目録』『大周刊定衆経目録』『開元釈教録』『貞元新定釈教目録』などにみえ、六世紀半ばの北周の頃、天竺沙門の攘那跋陀羅が訳したとされる。ただし五明論を声論・医方論・工巧論・呪術論・符印論とし、仏教本来の因明・内明の代わりに呪術・符印がみえ、疑偽経と考えられる。

(30)『令義解』神祇令散斎条（新訂増補国史大系）。

凡散斎之内、諸司理レ事如レ旧。不レ得二弔レ喪、問レ病、食一レ宍。亦不レ判二刑殺一、不レ決二罰罪人一、不レ作二音楽一、不レ預二穢悪之事一。致斎、唯為二祀事一得レ行。自余悉断。其致斎前後、兼為二散斎一。

(31)『令集解』神祇令散斎条（新訂増補国史大系）。

(32)『弘仁式貞観式逸文集成』国書刊行会、二〇〇二年、一二頁。

弘仁式云、触二穢(悪)忌事一応レ忌者、人死限二卅日一、産七日、六畜死五日、産三日、其喫レ宍、及弔レ喪、問レ疾三日。

(33)前掲書注(32)に同じ、一三頁。

凡宮女懐妊者、散斎之前退出、有二月事一者、祭日之前退二下宿廬一。

(34)「奉写四十巻経料雑物納帳」（『正倉院文書』続々修十ノ二十八、『大日本古文書』十六ノ四一一〜四一四頁）。

(35)『西大寺資財流記帳』（『寧楽遺文』中巻）。松田和晃編著『索引対照古代資財帳集成　奈良期』すずさわ書店、二〇〇一年。

(36)『孔雀王呪経』（『大正新脩大蔵経』第一九巻四八一頁）。

(37)『安宅神呪経』（『大正新脩大蔵経』第二一巻九一一〜九一二頁）。

結界呪文　伽婆致　伽婆致　悉波呵　東方大神龍王　七里結界　金剛宅　南方大神龍王　七里結界　金剛宅　西方大神龍王　七里結界　金剛宅　北方大神龍王　七里結界　金剛宅　如是三説

(38)藤原京跡右京九条四坊出土木簡（『木簡研究』16—42頁—(1)）。

・く
四方卅□大神龍王　　七里□□内□送〻打〻急〻如律令

・く東方木神王
南方火神王　（人物像）　婢麻佐女生年廿九黒色
中央土神王　（人物像）　婢□□女生年□□□（色カ）□

新川登亀男『道教をめぐる攻防』大修館書店、一九九九年はこれを「七里結界内」と解読している。

（39）『日本霊異記』中巻。行基大徳放㆓天眼㆒視㆔女人頭塗㆓猪油㆒而呵嘖縁第廿九（新日本古典文学大系）
故京元興寺之村、厳㆓備法会㆒、奉㆑請㆓行基大徳㆒、七日説㆑法。于㆑是道俗、皆集聞㆑法。聴衆之中、有㆓一女人㆒。髪塗㆓猪油㆒、居㆑中聞㆑法。大徳見之嘖言、「我甚臭哉。彼頭蒙㆑血、女遠引棄」。女大恥出罷。凡夫肉眼、是油色、聖人明眼、見視㆓宍血㆒。於㆓日本国㆒、是化身聖也。隠身之聖矣。

（40）辻英子『日本感霊録の研究』笠間書院、一九八一年。割注は省略した。
「以㆓不浄身㆒入㆔於元興寺四天王之所㆑住処㆒、蒙㆓異［相］㆒（縁）」

延暦廿二年歳次癸未七月廿六日、斎食之後、（専寺）衆僧為㆑拝㆓四王㆒、参㆓於中門㆒。而見㆔一女臥㆓于東方（天）王立所連子之内㆒。所㆑集僧徒拝㆓四王㆒頃、彼女卒爾堕㆓落連子之外砌下㆒、心神迷乱、言語全絶。俄爾蘇息、廻㆑眸傍視。于㆑時、来集道俗男女、共問㆓所由㆒。女便答言、「己是河辺朝臣今子也。患㆑瘧累㆑日、万術無㆑験、集苦既極、唯待㆓命期㆒、［更］無㆑余耳。然有人云『飛鳥寺四天大王、特有㆓奇［験］㆒。（頼）㆓其護念㆒以脱㆓危類（難カ）㆒、其数甚多。汝宜㆓至心帰［憑］㆒、（誓）願遂不㆓唐捐㆒』。今子聞之、乍㆑歓奔波。爾乃⌈　⌊□（連）子之内、㆒ 尫身遠来委頓而臥。⌈　⌊体莫⌊持㆓角弓㆒薬叉神王、来、就㆓偃⌈　⌊外。従㆑然後事、不㆑知㆑所㆑（為。但）⌈　⌊清㆑損」。是則愚女欲㆑病［速］⌈、⌈　⌊□㆑□（所住）処㆒之所㆑致也。徴験非㆑一、（不㆑可）⌈　浄、然後宜㆑進。所願［不］㆑（虚、為）⌈

（41）『阿閦仏国経』発意受慧品第一（『大正新脩大蔵経』第一一巻七五三頁）。

復次天中天、我当修行乃至ㇾ成二無上正真道最正覚一、令二我仏刹中諸菩薩出家為ㇾ道者於夢中不ㇾ失ㇾ精。唯天中天、我発二是薩芸若意一、審如ㇾ是願。為二無上正真道一、世間母人有二諸悪露一、我成二最正覚一時、我仏刹中母人、有二諸悪露一者、我為欺二是諸仏世尊、諸不可計無央数、不可思議無量世界中、諸仏天中天、今現在説法一者。

(42)『雲笈七籤』巻四十一「七籤雑法」の「解穢」(『正統道蔵』精装版、芸文印書館、一九七七年、第37冊二九五六二〜三頁)。『中華道蔵』(華夏出版社、二〇〇四年、第29冊三三五頁)。史料本文は本書第一章、三一頁。

(43)たとえば、『日本霊異記』中巻第十三縁では、淫精染穢とあるが、これを優婆塞の信心に吉祥天が感応した例として叙述している。なお男性の不浄の問題については、野村育世「女の穢と男の不浄」(『仏教と女の精神史』吉川弘文館、二〇〇四年)が興味深い指摘を行っている。

(44)近年の女人禁制の研究史については鈴木正崇『女人禁制』吉川弘文館、二〇〇二年。

(45)牛山佳幸「「女人禁制」再論」(『山岳修験』一七、一九九六年)。同「平安時代の「女人禁制文書」について」(『上田女子短期大学紀要』二五、二〇〇一年)。同『「女人禁制」の成立事情と歴史的意義をめぐる再検討』(科学研究費補助金基盤研究(C)(2)研究成果報告書、平成13〜15年度、信州大学、二〇〇五年)、同「女人禁制の日本的展開」(『日本の宗教とジェンダーに関する国際総合研究―尼寺調査の成果を基礎として―』I本文編、科学研究費補助金(基盤研究(B)研究成果報告、平成18〜20年度、二〇〇九年)。

(46)平雅行「中世仏教と女性」(『日本女性生活史』第二巻、中世、東京大学出版会、一九九〇年)。

(47)『山家学生式』「八条式(勧奨天台宗年分学生式)」(『伝教大師全集』第一巻、世界聖典刊行協会、一九八九年、一五頁)。

凡此天台宗院、差二俗別当両人一、結ㇾ番令ㇾ加二検校一。兼令ㇾ禁二盗賊酒女等一、住二持仏法一、守二護国家一。

(48)『叡山大師伝』(『伝教大師全集』第五巻、附録、世界聖典刊行協会、一九八九年、三九頁)。

又女人輩不ㇾ得ㇾ近二寺側一、何況院内清浄之地哉。

『根本大師臨終遺言』(『伝教大師全集』第一巻、世界聖典刊行協会、一九八九年、二九九頁)。

一　又女人輩、不レ得レ近二寺側一、何況院内清浄之地乎。

(49)『天台霞標』五編巻之一「首楞厳院式合九条」（『大日本仏教全書』第一二六巻五二五頁）。

一　依二先師遺誡一、山門之内、不レ得レ入二女人一。

(50)「僧最澄書状」弘仁三年（八一二）十二月十八日（『平安遺文』四三六六号文書、第八巻三二七二頁）。

(51)『御遺告』（『大正新脩大蔵経』第七七巻四一一〜四一二頁）。

一　不レ可レ入二東寺僧房女人一縁起第十八

夫以女人是万性本弘レ氏継レ門者也。然而於二仏弟子一親厚諸悪根源嗷嗷本也。是以六波羅蜜経曰、不レ可二女人親近一。若猶親近善法皆尽等云云。然則不レ可レ入二居僧房内一。若有二要言一諸家使至者、立二外戸一速返レ報却レ之。不レ得レ廻二時剋一。具准二青龍寺例一云云。

なお六波羅蜜経の本文は『大乗理趣六波羅蜜多経』（『大正新脩大蔵経』第八巻八八七頁）。

(52)なおこの道宣の女人十悪を改変した「女人の七種の科」を、無住が『妻鏡』に引用しており、この部分は「七に者、身常に不浄にして、蟲血数流出。懐妊産生けがらはしく、月水胞胎不浄なる、是を見て悪鬼は競ひ、善神は去り。愚人は愛し、智者は憎」とある（『仮名法語集』〈日本古典文学大系〉）。

(53)『天台南山無動寺建立和尚伝』（『群書類従』第五輯、伝部）。『拾遺往生伝』下巻一（『続群書類従』第八輯上、伝部）。

(54)『扶桑略記』康保元年（九六四）十一月廿一日条（新訂増補国史大系）。

(55)『拾遺往生伝』中巻一（『続群書類従』第八輯上、伝部）。「不浄女人裁縫故」。『元亨釈書』巻十（新訂増補国史大系）で

又或人送二新染袈裟一、浄蔵著レ之。忽以自レ口出レ火、焼二斯袈裟一。他所レ著衣、凡全不レ焼。尋二其由緒一、不浄人縫云々。

は「血穢婦人」とさらに具体化していく。

(56)『権記』長徳四年（九九八）十二月三日条（史料纂集）。十二世紀以降、たとえば法然の「一百四十五箇条問答」や日蓮の「月水御書」は、女性たちが月水の時に念仏や題目を唱えることに問題はないのかと質問をしたことに対し、仏法とは無関係、経典にはないとしている例はある。ただし密教系経典には産穢・月水の禁忌は存在した。

（57）『令義解』僧尼令13禅行条。
謂。仮如、山居在二金嶺一者、判下二吉野郡一之類也。

（58）『義楚六帖』巻二一、国城州市部　四三。（『義楚六帖』第二版、古典叢刊2、朋友書店、一九九一年）。
又云、本国都城南五百余里、有二金峯山一。頂上有二金剛蔵王菩薩一、第一霊異。山有二松檜名花軟草一、大小寺数百、節行高道者居レ之。不三曽有二女人得レ上、至レ今、男子欲レ上、三月断二酒肉欲色一、所レ求皆遂。云菩薩、是弥勒化身、如二五臺文殊一。

（59）「奈良県金峯山出土銅板子守三所像銘」（『平安遺文』金石文編、一〇四。久野健編『造像銘記集成』東京堂出版、一九八五年、三六は、前を体、便を使とする）。
女弟子紀氏敬白、奉レ顕二子守三所御前一。右紀氏年来之間、雖レ為二参入一、御前近不二参入一故、転二女身一而成二男子一、御前近為二参入一便幷慈尊出世者、為二御恩蒙一、顕奉所二供養一也、
永承六年八月五日　女弟子紀氏

第四章　古代・中世前期出産儀礼における医師・医書の役割

はじめに

古代・中世前期の出産やその儀礼については、多くの研究が行われてきた。この中で儀礼に注目した一九六〇年代以降の研究史を概観すると、王朝貴族の通過儀礼の一つとして、出産儀礼全般を扱ったものでは、一九六〇年代の中村義雄氏の『王朝の風俗と文学』が著名である。(1)その後はこれを基礎として、文学研究等に資する目的で皇族・貴族層の通過儀礼の概説が出されてきた。(2)

そして一九八〇年代になると、出産儀礼における仏教修法や医書にみえる儀礼に注目した研究がみられるようになった。たとえば仏教史の分野では、西口順子氏の「王朝仏教における女人救済の論理―出産の修法と後生の教説―」が、僧による出産修法に注目している。(3)また十世紀成立の医書である『医心方』を研究している槇佐知子氏は、「平家物語の変成男子の法及び出産儀礼と『医心方』の比較研究」で、『平家物語』にみえる安徳天皇誕生時の出産儀礼と『医心方』が引用する中国医書の儀礼について比較検討している。(4)

一九九〇年代になると、古代史の分野から出産儀礼を検討する研究が行われるようになった。その先鞭をつけたのが平間充子氏の「平安時代の出産儀礼に関する一考察」である。(5)出産儀礼を検討したうえで、中村義雄説が産養の意義を、①新生児に対する形式的な饗応・誕生の祝宴、②母子の邪気を払い悪魔を退散させる、③新生児に将来の多幸を願う、としたことに対して、儀礼が新生児の性差ではなく、産婦の身分によって位置づけられているが、新生児誕生のための準備は何一つ準備されていないに等しいとし、「出産」のためであり、「誕生」のための儀礼ではないとした。そして産養の儀礼によって祓われる対象を異界から来た新生児とする説を提唱した。

この平間説に対して、二村友佳子氏の「古代の出産儀礼に関する一考察―平安時代の皇族の出産を中心に―」は、医書の影響がある出産直後の儀礼に注目して、新生児を歓待する儀礼とする通説を支持している。[6]

出産空間や儀礼の宗教的背景を問題にする研究としては、たとえば中島和歌子氏の「院政期の出産・通過儀礼と八卦」は、院政期から鎌倉時代の出産・誕生・幼時の諸儀式において、「吉方」として、あるいは「吉方」の一つとして、陰陽道八卦法の「生気」などが用いられていた実態を明らかにしている。[7] そして森本仙介氏の「平安・鎌倉期における産所の設定とその宗教的諸観念」は、産所の宗教儀礼を分析している。[8] たとえば森本仙介氏の「天皇の出産空間―平安末・鎌倉期―」は、天皇の出産空間で行った呪術儀礼をさらに詳しく分析している。[9]

二〇〇〇年代になると、宮廷社会・王権との関係やジェンダーを問題とする視点もみられるようになった。たとえば森本仙介氏の「天皇の出産空間―平安末・鎌倉期―」は、天皇の出産空間で行った呪術儀礼をさらに詳しく分析している。

また服藤早苗氏の「王朝社会の出産とジェンダー」、同「産養と王権―誕生儀礼と皇位継承―」が、歴史学の視点から誕生と産養儀礼を考察している。[10] そして歴史学と文学、美術史など学際的に検討した研究も盛んになり、[11] たとえば美術史では、稲本万里子氏の「描かれた出産―「彦火々出見尊絵巻」の制作意図を読み解く―」が、絵巻の出産を分析している。[12]

文学でも小嶋菜温子氏が精力的にこの問題に取り組み、「宮廷社会と〈産む性〉」で、平安文学にみえる生誕儀礼の歴史と文化を検討し、また「『源氏物語』の産養と人生儀礼」では、語られる産養・語られない産養を『九暦』の産養と比較検討しつつ、「家」と「血」の問題を考察している。[13]

ところで、古代・中世前期の出産、特に皇族層の出産儀礼を分析するうえでは、古記録類や九条家本の『御産部類記』『后宮御著帯部類記』などが主要史料であり、これが図書寮叢刊の中に収められている。[14]また史料纂集の『公衡公記』三の女院御産関係記録もある。[15]また古代から現代までの皇族の誕生儀礼の解説と史料をまとめた、宮内庁書陵部編纂『皇室制度史料　儀制　誕生』の出版は、二〇〇一年から二〇一一年まで、全四冊（第一章総説、第二章着帯の儀、第三章御産以前の諸儀、第四章生誕儀礼、第五章誕生以後の諸儀、第六章生誕祝の諸儀）が公刊されており、史料及び解説が有益である。[16]

これら先行研究を参考にしつつ、本章では古代・中世前期の出産儀礼における医書や医師の役割とその影響について考察したい。

前述したように近年では、出産後の政治的、社会的な儀礼である産養を中心に考察したものが多いが、本章では出産前及び出産当日の出産中・出産直後の宗教的儀礼、特に出産禁忌や産穢認識との関係を中心に検討したい。そして出産儀礼にみえる神仏の加護、穢れを嫌う神への配慮などに関する安産呪術や修法などの宗教的儀礼では、従来は僧侶の祈祷を中心に検討され、また陰陽師の関与も指摘されてきたが、本章では特にこれらとも密接な関係にあった医師の関与に注目したい。

医学的な視点から日本前近代の出産を分析したものとしては、新村拓氏の『出産と生殖観の歴史』がある。ただし古代・中世の時期については簡単な検討を加えているが、叙述の中心は近世である。[17]そして古代・中世における医師の儀礼関与や医書の影響については、前述した槇佐知子氏、二村友佳子氏、中島和歌子氏、森本仙介氏が指摘や分析を行っている。槇佐知子氏は『医心方』の釈読と解説を行っており、特に婦人部の巻第二十二・巻第二十三・

巻第二十四、小児部の巻第二十五はこの問題の研究に有益である。[18] しかし前述した槇佐知子氏の出産儀礼の比較研究は、潤色の可能性が高い『平家物語』との比較であり、『御産部類記』などにみえる古記録類との比較がなされていない点で再検討が必要である。[19] また二村友佳子氏、中島和歌子氏、森本仙介氏の研究は古記録に基づいて分析されているが、若干再検討も必要であり、またそれぞれ特定の儀礼について扱っているため、一貫した関与の流れが摑みにくい。そこでここでは出産前及び出産当日の出産中・出産直後の全体の流れを通じた検討を加えてみたい。

なお医師の関与や医書の影響がみえる儀礼は、政治的、社会的な儀礼ではなく、産婦、新生児と親族を中心とした、安産儀礼、成長祈願儀礼と胞衣（後産・胎盤）などに関する儀礼が中心である。このため医師等が実際に関与していても、一般的には男性貴族の書いた史料には残りにくい場合が多い。ただし治承二年（一一七八）に平徳子がのちの安徳天皇を出産した事例については、『山槐記』の記主である中山忠親が当時中宮権大夫を務めていたことから、極めて詳細に出産儀礼について書き記しており、また医師や中国医書についても関心を持っていたらしく、医師の関与や医書の影響がある儀礼についても、多くの記事を残している。そこで、本章では中世前期のモデルとして、平徳子が安徳天皇を出産する過程における医師の関与を基礎に概観し、出産儀礼における医師の関与や医書の影響を可能な限り古代に遡って検討することにしたい。

一　産前儀礼における医師の役割

1　着帯儀礼時の仙沼子の進上

医師が関与した妊娠の確認、受胎祈願、また男女の産み分けに関する儀礼については、医書などにその方法は散見するが、ほとんど実際の古記録類には記事がない[20]。そこで産前儀礼としては着帯儀礼から検討したい。

「着帯」は本格的な妊娠中の儀礼であり、「しるしの帯」「御帯」などと称する腹帯を初めて着けるものである。平安期では多くは五ヶ月で行われるが、六、七ヶ月の例などもある[21]。十世紀以前の着帯儀礼の例は記録されていないが、古くから腹帯を着すことは行われていたと考えられる[22]。皇室の着帯儀礼の初見史料は万寿三年（一〇二六）七月四日の後一条天皇皇后藤原威子（胎児、のちの章子内親王）の例であるが、この例では五ヶ月を迎えた威子は、上東門院が献じた帯を産婦が自ら結んでいる[23]。

妊娠三ヶ月から五ヶ月の時期は懐妊が公にされ、神事を避けるために内裏等から退出するようになる[24]。たとえば藤原彰子は寛弘五年（一〇〇八）四月十三日に一条院から上東門第（土御門第）に遷御している[25]。彰子の着帯儀礼の記録は残っていないが、恐らく着帯後の退出と考えられる。

着帯儀礼の凡その流れとして、まず吉日の選定が行われる。平安鎌倉期では勘文は進めず、当日陰陽師に吉方・吉時を問う例が多く、また儀式の場は着帯者の御在所、たとえば皇后・女御は内裏、女院は院御所などで行われた。帯の調献は基本的には着帯者の近親にあたる者が行った。この着帯における宗教儀礼の一つが「帯加持」である。着帯に先立ち帯に密教の加持を行う儀礼である。その後、帯が再び着帯者に戻され、医師が「仙沼子」を献じ、これを帯に籠めた。そして籠める前か後に実際の着帯作法が行われた。この作法は着帯者及び配偶者が式場に臨席し、その後陰陽師に吉時・吉方を問い、諸人が退出した後で、配偶者が帯を結ぶ例が多い。その結び方は諸輪奈・片輪奈などがあり、また着帯者とその配偶者の位置関係が、胎児の性別決定にも影響すると考えられていたこともある。平徳子の場合は『山槐記』治承二年（一一七八）六月二十八日条によれば、男子出生を祈願して高倉天皇が徳子の左方に坐し、また先例を考慮して諸輪奈に結んでいる。そして着帯後に宮主・陰陽師による祓禊が行われた。

着帯儀礼の呪術的な安産祈願に関わる人々は多く、特にその中心は僧による「帯加持」であるが、医師も帯に入れる「仙沼子」を献上するなど、腹帯に対する儀礼に深く関わっていた。後述する医師による多くの呪術的儀礼関与を考えるうえでも、まず着帯時の医師の役割を検討しておきたい。

着帯儀礼における医師の役割は仙沼子の調進と出産禁忌の伝達指導である。この仙沼子はゴキツルというウリ科のつる性一年草の薬草で、長楕円形の緑果実がなり、この実は熟すと下半分の果皮と二個の黒色種子が落ちるという。延喜十八年（九一八）頃成立の深根輔仁撰『本草和名』には、仙人の沼池に生じることに由来するとし、別名に「救疾子」「預知子」「神変子」「惣持子」をあげ、和名を「之多都岐」とする。通常「二七丸」すなわち十四粒を薄様に包み帯に籠めたり、縫いつけたりしておくものである。尊経閣文庫本の『医書』が引用する「耆婆長仙宮仙沼子方」には、妊婦が妊娠中に身に帯し、出産時に、研いで服薬すると、母子ともに落ち着いて安産となるという。(26)しかし『医心方』には仙沼子の記載はなく、また『耆婆方』という医書の引用はみえるが、この「耆婆長仙宮仙沼子方」や仙沼子の効能はみえない。(27)

『山槐記』治承二年（一一七八）六月二十八日条によれば、平徳子の着帯作法が終了した後に、典薬頭和気定成が衣冠姿で、息子の主税頭定長を伴い、仙沼子を持って参入している。そしてこれを中将局（左中弁重方の女、未嫁の人）が帯の左方に縫いつけている。(28)

仙沼子を着帯時に帯につけることは、平徳子の例以前から、貴族層の出産でもすでに行われていた。すなわち『山槐記』永暦二年（一一六一）七月十一日条によれば、同日に行われた中山忠親の室の着帯時でも、主税助丹波重成が献じた仙沼子を帯内に籠めている。[29] また出産時に服用させている例では、たとえば『兵範記』保元元年（一一五六）四月二十日条に主水正丹波基康が勧めた種々様々な薬術の中でも、「仙超子」を産婦越後少将女房（藤原成親室）に殊に多く食べさせたとある。[30]

2　「御薬幷禁物禁忌注」の進上

次に注目すべき点として、平徳子の着帯儀礼時に、仮名で書かれた「御薬幷禁物禁忌注」一通が添えられていたこと、そして徳子の母方伯父である中宮権大夫平時忠がこれを御前で談じ申したことがあげられる。[31] この薬や出産に関わる禁物禁忌がどのようなものであったかは不明であるが、恐らく、医師が平徳子やその介添えを行う女房たちのために、医書にみえる薬や出産禁忌を仮名で記したものであったと考えられる。この時期の出産介助は、一般的には専門的な女医ではなく、経験豊かな女性たちによって担われていたが、妊娠の経過を見守り、出産介助する女性たちに対して、医師からの出産禁忌や助産知識が伝えられる場合があったことがわかる。

これに対し八世紀には中国の影響もあり、専門的な教育を受けた女医が存在した。すなわち医疾令の規定では、官戸・婢の年十五歳以上、二十五歳以下で、適性能力のあるものを三十人選び、内薬司の側に造られた別院に安置し、安胎・産難などの出産や、創以下の一般治療の訓練を受けさせた女性である。女医は医書を読まず口頭で授けられて暗記し、毎月医博士が試験し、年度の終わりに内薬司が試験して、学習年限は七年となっていた。[32] そして長屋王家木簡から、八世紀前半にはその存在が確認できるが、[33] 十世紀以降、特に出産の場での女医の史料がみえなくなる。[34] ただし女医を教育する男性の女医博士の存在は中世まで継続している。[35] 典薬頭和気定成は女医博士であったか否かは記録が残っていないが、建春門院の病気治療などを担当したこともあった人物であり、産婦人科系の医療にも通じていたと考えられる。

「御薬幷禁物禁忌注」のうち、薬は前述の仙沼子の服用に関するものであったのかもしれない。一方、禁物禁忌については、『医心方』巻第二十二に散見する、妊娠中に妊婦が気をつけるべき禁忌が参考になる。たとえば胎教に関する「婦人任婦身法、第二」、食事禁忌を記した「婦人任婦禁食法、第三」などがある。

「婦人任婦身法、第二」には『産経』『千金方』『養生要集』『膳夫経』などを引用している。この中では、たとえば、『産経』の胎教では、妊娠中の産婦の精神安定や姿勢、歩き方、寝臥方、言動などを注意すること、また男子を望む場合と、女子を望む場合、それぞれ見るべきもの、身につけるべきもの、食べるべきものを指示している[36]。

天禄～長徳年間（九七〇～九九九）頃成立の『うつほ物語』蔵開、上に、『産経』を所蔵し、胎児の性別を予想して、女子が容貌よく心よくなるものを用い、胎教に心がけていた例があることから、早くからこのような医書の知識に基づく配慮がされていたと考えられる[37]。

また「婦人任婦禁食法、第三」には、当時の日本の食生活では参考にならないものもあるが、たとえば『産経』にある禁忌は十分参考となった可能性がある。すなわち、鹹いものは子宮が閉塞し、苦いものは胎児の動きが不安定となり、甘いものは胎児の骨が接合しにくくなり、すっぱいものは胎児の肌や肉が形成されにくく、辛いものは精魂が守られないなど、これらを多食すると、胎児に障害が起きるとしている[38]。そしてさらにこれには丹波康頼が「今案、任婦不レ可レ服二薬八十二種一、其名同在二産経一」と注記しているように、『産経』には妊娠中に禁じられた薬が八十二種類もあったことがわかる。

そして『医心方』巻第二十三、「治産難方、第九」に引用された『産経』には、産難する者は胞胎の時に諸禁を慎まず、あるいは神霊に触犯し、飲食を節せず、愁思を胸に帯びて、邪を齊（臍）下に結び、陰陽の理を失すると並に難産になるとし、賢母は予めこれを慎めとしている。(39)

この『産経』は後でも言及するが、『隋書』巻三十四、経籍志第二十九、三子五行にみえる産科専門の医書で、暦の吉凶と結びついた出産禁忌認識を強く持つ点に特徴がある。『隋書』では「産経一巻　産図二巻」とだけあり、作者を記さないが、九世紀末成立の藤原佐世撰『日本国見在書目録』に「産経十二巻　徳貞常撰」とみえる。現在では原典は失われているが、『医心方』にも多くの逸文引用がある。すなわち九世紀末以前から日本に伝来しており、この時期には貴族層ではかなり流布していたことが想定されるものである。

3　御薬調進と勘文提出

次に必ずしも儀礼とはいえないが、着帯時以降に、医師が産婦の安産のために薬を調進する例がみえることに注目しておきたい。平徳子の例では、『御産部類記』所収の『平兵記』治承二年（一一七八）七月二十七日条によれば、和気定成が丹参膏を持参し、また勘文も相具したとある。(40)また『山槐記』治承二年（一一七八）七月二十七日条では、妊娠七ヶ月であり、丹参膏の服用を開始したとし、吉時は亥であり、未方に向かって服したと記している。(41)なお和気定成は着帯儀礼当日から陣辺に宿所を占めて、この日から祗候するようになっていた。(42)

丹参膏は『医心方』巻第二十二、「治任婦養胎方、第五」には、『僧深方』と『産経』の処方がみえる。またこの『僧深方』では妊娠七ヶ月に服すると、坐臥の間に、気がつかないうちに生まれるとしている。(43)ただし『医心方』巻第二十三、「産婦易産方、第八」に引用されている『産経』では、妊娠七ヶ月になった場合、常に丹参膏を服用することとしている。また温めた酒で、棗の種程度の大きさを日に三回服するとしている[44]。

徳子の場合は、この日から始めたとあるから、常用を開始したと考えられ、『産経』の方法に即して安産のために服用したと考えられる。ただし酒等で一日三回服したかは不明である。なお『千金方』は臨月に服する丹参膏の処方があり、恐らく臨月まで服用したと考えられる[45]。

また徳子の場合には、吉時・吉方を指定して服薬している。和気定成の勘文にあったものと考えられるが、服薬の吉時・吉方の割り出し方について、医師が何を参考にしていたのかは今後の課題である。

なお服薬とは関係ないが、産婦が坐す吉方については、恐らく『医心方』巻第二十三、「産婦向坐地法、第二」にみえる『産経』の産婦向坐法によったと考えられる。その記述の中には、十二月神図を見て天気を検討し、日虚・月空へ向かうこととされている。ただし丹波康頼の注記と考えられる今案として、十二月図は繁雑なので取らないとし、ただ悪神の在方は避けるようにとある。そして各月ごとの方角が示されている。たとえば、七月は天気が北に行くので、産婦は面を北に向け、左膝をもって壬の地に着座すると大吉とされていた[46]。

康和二年（一一〇〇）頃成立の賀茂家栄編『陰陽雑書』第五、産雑事に、産婦人向吉方がみえ、また承元四年（一二一〇）成立の『陰陽博士安倍孝重勘進記』にも、産婦向方として月ごとの方角が示されている。後者ではこれらの方角がもし大将軍・王相・大将軍遊行・天一・太白などの禁忌方に相当する場合は、着帯に向く方角と同じく、生気・養者・天徳・月徳・月空などの方角で禁忌とならない方角を用いるとしている[47]。ちなみにここでも七月は北に向かうことになっている。

なお妊娠中や産気づいた時に医師が薬を調進している例は、平徳子の例以前では、康治二年（一一四三）六月十七日の三品雅仁親王室藤原懿子（新生児、のちの二条天皇）の例がある。陣痛が起きた当日に、医師散位安倍盛良が、薬名は不明であるが御良薬を進めたとある。そして数か月以来医師がこの役を勤仕しているとあり、薬はその前から調進していた可能性がある。[48] ただしこの産婦は出産七日後に疱瘡により死去している。[49]

4 「御産間用意勘文」の進上

妊娠約八ヶ月になると、医師が「御産間用意勘文」を進めている例がある。平徳子の例では、『御産部類記』所収の『山槐記』治承二年（一一七八）八月十六日条によれば、和気定成が進めている。[50] この日、徳子は出産場所となる父清盛の六波羅泉殿に退出している。「御産間用意勘文」は、妊娠中と出産の心構えに関するものであったと考えられるが、その内容は不明である。

ただし『医心方』巻第二十三の産婦の注意事項を記した「産婦用意法、第三」などが参考になる。ここには五世紀から七世紀に成立した中国医書である『千金方』『産経』『小品方』の出産禁忌がみえる。[51] これは産婦穢悪観を基礎としつつも、出産当日や出産後に産婦も避けなければならない出産禁忌がみえる。

すなわち『千金方』を「論に曰はく、産婦は是れ穢悪と雖ども、然るに痛の将なるの時、及び未産、已産は、並びに死喪に穢れる家の人を来たらしむるを得ざれ。之を視れば則ち生まれ難く、若しくは已産の者は則ち児を傷る」と引用している。これによれば基本として産婦穢悪観がある一方で、産婦も陣痛時や出産前後に死喪穢家の人を見ると難産となり、また出産後ならば子どもに障害が起こるとしており、産婦も死穢を避けるべきとする。

これは中国の道教信仰における産穢認識を踏まえたものである。それはこの「産婦用意法、第三」の最後にあげられている『小品方』の「凡そ婦人は産の闇穢血露の未だ浄からざれば、戸牖を出でて、井竈の所に至るべからざる也、神祇及び祠祀を朝せざる也」にも明確にあらわれている。婦人には出産の闇穢があり、出産後の「血露」が終わらない時は　家から出て井戸や竈の所に行ってはならない、また神祇や祠祀を拝してはならないとしている。闇穢の闇は諒闇の闇とも通じる、盧などに忌み籠る意味と考えられる。産婦の宗教的行動規制は産穢と共通する点で注目される。そのうえでともに、出産中には産婦が見てはならない、産婦に見せてはならない死穢や穢汚も存在したことが注目される。

一方、産婦を多くの人が見てはならないとする禁忌もみえる。また同じ『千金方』の「凡そ、産せんと欲する時、特に多くの人瞻視するを忌む。唯三人傍に在りて生るるを待ち、惣て訖了らば、仍ち諸人に告げ語る可き也。若し人衆く之を看れば難ならずということ無し」は、多くの人が出産を見ることを禁忌とし、三人以外は瞻視してはならない、これは多くの人が見ることは難産となるためで、出産がすべて完了した後に諸人に知らせることとする。これはたとえば『古事記』上巻で、豊玉毘売が出産に先立ち「願勿レ見レ妾」と述べたような、「記紀神話」の出産瞥見の禁忌と類似する要素がある。

さらに又云として「児、出で訖らば、一切の人及び母、是れ男か是れ女かと問うを忌む。又母に穢汚を看視しむこと勿れ」もあげている[52]。またこれと類似する『産経』の「凡そ婦人は初生児を自ら視るべからず、付きたる辺人に男女を問ふなかれ、辺人は男女を言ふなかれ、児敗るるなり」もあげ、産婦も付き添い人も新生児の性別を口にすることを禁忌としている。なお乾元二年（一三〇三）の昭訓門院藤原瑛子（新生児、恒明親王）の例ではあるが、しばらく皇子か皇女かの別を示さないとし、これを故実と記している[53]。

以上をまとめると、中国医書は産婦自身が穢悪であることを前提としていることがまず特徴である。ただし『千金方』『産経』とも共通することは、医書の視点では、出産において産婦を主体としており、外部の穢れを見ることや外部から瞥見されることを忌み、これを禁止している。すなわちこの禁忌を外部より受ける障害から産婦や新生児を守る立場で記しているといえる[54]。和気定成の進めた「御産間用意勘文」にこのような内容が含まれていた可能性がある。

5　産所「借地文」押付と唱呪

そして出産当月の一日に医師によって行われる重要な産所の準備儀礼が「借地文」の押付である。すなわち医師が「借地文」の呪符を室内の壁や柱に貼りつけるものである。この儀礼ついては、すでに森本仙介氏が考察を加えているが[55]、ここでは医師や医書との関係だけでなく、陰陽書との関係にも注目して検討を加えておきたい。

平徳子の例では、『山槐記』治承二年（一一七八）十月一日条によれば、典薬頭和気定成が参入し、御産所に「借地文」を押したが、母屋にその所がないので、北庇の北上の長押に押したとある。そしてこの文にはまず年号大歳を書し、次に中宮職と書き、その次に借地文を書したとある[56]。

この「借地文」を産所に貼りつける儀礼は、平徳子の例以前から貴族たちの間でもすでに行われており、たとえば『玉葉』仁安二年（一一六七）十一月一日条では、施薬院使丹波憲基が、兼実邸の寝殿母屋の中妻戸張東間に押している。ここでは上長押の南面に押すのを先例としている[57]。また承安三年（一一七三）九月一日の九条兼実室の例でも、同じく丹波憲基が「借地法」を押し、産所と「日遊」の所在の関係が移動するに従い、これを貼り改めていた[58]。

また『兵範記』保元元年（一一五六）四月二十日条から、越後少将女房（藤原成親室）の例がみえ、女房は日頃は寝殿北庇を寝所としており、水主正丹波基康によってその北障子に「借地文」が押されたことがわかる[59]。遅くとも十二世紀前半にはかなり流布していた儀礼であった。

平徳子以降の皇室の例では、十四世紀の例ではあるが、乾元二年（一三〇三）の昭訓門院藤原瑛子（胎児、恒明親王）の時はその他方々に貼っており、[60] また延慶四年（一三一一）の広義門院藤原寧子（胎児、珣子内親王）の時は高枕にも貼っている。[61]

この借地文は「体玄子為産婦借地法」ともいわれるものである。たとえば『医心方』巻第二十三「産婦借地法、第四」では『子母秘録』の「体二玄子一法、為二産婦一借地百無レ所レ忌借地文」が引用されている。

その文面の内容は、東西南北及び上下それぞれ十歩と、壁方の中三十余歩中を産婦が出産のために借地として借りること、この土地が穢汚となることを恐れるので、東海神王・西海神王・南海神王・北海神王・日遊将軍・白虎夫人は横に十丈去れ、また軒轅・招揺は高さ十丈に挙がり、天狗は地軸の地十丈に入れとし、最後に「急々如律令」で結んでいる。そして「入二所レ指月一日一、即写二一本一読二誦三遍一、訖帖二在所居北壁正中一」、すなわち出産の月に入った一日に一本を写し、三遍読誦し、訖れば居す所の北壁正中に貼れとする作法もみえる。[62] なお半井家本『医心方』には、実際の書写法がみえ、「借地文」の前と後にそれぞれ別々の符録を記している。[63]

ただしこの「借地文」は、『医心方』などの医書だけでなく、陰陽道関係の書物に引用されていたことに注目したい。鎌倉中期頃に成立した『陰陽吉凶抄』卅、産事法には、「産婦借地文」として、『医心方』引用の『子母秘録』にみえる呪文と同文が載せられている。そしてこれには「暦林云、入所日百《入月一日》、即写二一本一、読二誦三遍一、訖帖二於所レ居北壁正中一」とあり、儀礼作法は『暦林』からの引用として記されている。[64] このことから陰陽師賀茂保憲（九一七〜九七七）撰の『暦林』にも、この「借地文」が引用されていたことがわかる。『暦林』が十世紀半ばの成立とすれば、丹波康頼が天元五年（九八二）に撰述し、永観二年（九八四）に献上した『医心方』よりも前にこの文を引用していることになる。

『暦林』がこの「借地文」を『子母秘録』から引用したかは不明であるが、後述する反支を『子母秘録』から引用しているので、その可能性も十分にある。または『子母秘録』以外の陰陽書もしくは医書から引用した可能性も考えられる。たとえば唐代の天宝十一年（七五二）に王燾が撰した『外台秘要方』巻第三十三、婦人上に、「体玄子為産婦借地法一首」として同文がみえる。(65)この『外台秘要方』の伝来時期は不明であるが、『医心方』に本文三回、注記の「今案」には二回の引用があり、また編纂方式にも影響がみられるものである。(66)『日本国見在書目録』にはみえないが、遅くとも十世紀には伝来していた可能性がある。

いずれにしても『暦林』などの陰陽書にもみえる借地文は、中国の道教系、陰陽系の産穢認識と深い関係にあった。また次に詳述する、出産当日の産座を決定するための方角に関わる日遊や反支とも密接な関係にあり、陰陽師、医師がともにこの知識を共有していた。

この借地文が日常空間の一部を産所とし、その結界の領域を設定し、そこから産の穢れが外部に出ることを封じ、一方で外部から悪神による災いが進入することを避ける役割を持ったと考えられるが、逆に借地文が何時外されたのかは記録がみられない。産所の調度撤廃時の可能性があるが、中国の例も不明であり、比較も含め今後の課題である。

なお平徳子の例では、この産室を準備し借地文を貼った十月一日に、典薬頭和気定成は予め、産中の難産時に用いる石鷰も進めている。(67)この点については後述する。

二　出産当日儀礼

1　反支を考慮した産座の設置と読呪

出産予定日、もしくは産婦の陣痛が始まった出産当日になると、本格的な産所の設営が行われた。陣痛が始まった日に、直ちに陰陽師が勘申する日遊の所在や、医師が勘申する反支との関係により、最終的な出産の場を母屋か庇かに決定し、座を設置する儀礼が行われた。日遊が母屋にある場合は庇、それ以外は母屋とされていた。

平徳子の例では、『山槐記』治承二年（一一七八）十月二十二日条によれば、当初の出産日となる可能性が高いとされていたのは十月二十四・二十五日か十一月十二日であった。このため『山槐記』治承二年（一一七八）十月二十五日条によれば、宮御所は寝殿東北廊であるが、寝殿で御産すべきか、もしくは日に随っては憚りがあるかを、尋ねるべきであるとする中山忠親の進言で、中宮大夫の平時忠が安倍泰茂に尋問し、泰茂は天一大将軍・日遊の行方や、王相・禍害・絶命等を注進している[68]。さらに二十六日条では、中宮大進の平基親が反支により向くべき方角を陰陽頭の賀茂在憲に問うたところ、在憲は日遊、反支に憚りのない方角であると答えた。ただしまたこのことは医家が申すべきことであると答えたため、典薬頭和気定成に問うと、定成は陰陽師と同じ内容を答えたという[69]。医師も日遊と反支に通じていた。

そして実際に平徳子の出産当日となった十一月十二日条によれば、この日に御産の座を決定するにあたっては、陰陽師に日遊を、医師に反支を問うている[70]。そして陰陽師が日遊の所在は母屋に憚りがないとしたことから、母屋戸内に御座を供すことになった。

一方、反支を和気定成に問うと、今日は相当しないこと、また乙方に向かい給うべきことを報告している。そして先例により母屋の簾中に御座五枚を敷き、その東北両方に白五尺の御屏風を立てるとしている。なおこれは西が晴の儀であり、東が晴の時は西北両方に立てるとしている。さらに御座の上にはまた白三尺の御几帳を立てるとしている。しかし御所の便が相叶ずとして、宜に随い北より供したとする。

この反支は反支月ともいい、十二支が一巡してもとに戻ると害があるとされ、立年（年の十二支に対応した反支があり、これに対応した月の出産を忌む）・年数（女性の年齢に対応した反支月があり、これに対応した十二支を忌む）・生年（生まれ年の十二支に対応した月を忌む）・日（朔日の十二支に対応した日を忌む）と多くの種類があった。

『医心方』巻第二十三、「産婦反支月忌法、第二」には『産経』の説を引用している[71]。それによれば「反支は、周り来りて人を害するを名づけて反支と曰ふ。若し産乳の婦人犯さば、十死す。慎しまざるべからず。若し産乳、反支月に値らば、当に牛皮の上、若しくは灰の上に在るべし。汚水血悪物を地に着かしむること勿れ。地に着かば、則ち人を殺す。又浣濯し皆器を以て之を盛り、此の忌月の過ぐるまで止めよ」とある。すなわち出産時の「汚水血悪物」が穢れとして禁忌の対象となっており、中国の産穢認識を踏まえた出産禁忌によるものであった。この反支内容と同じ文は、日本では八世紀から流布したことが確認できる『千金方』にもみえる[72]。

平徳子の例では、土用と反支ならば、まず牛皮を二枚敷き、その上に灰を敷き、その上に綿を敷き、その上に御座を敷くが、今日は反支に相当しないので、準備はしていたが、それらは敷かなかったとある。そして、御座を敷く時に和気定成が読呪している。

出産当日に医師が読呪する例は、平徳子の例以前では、『御産部類記』八に引用された、『源礼記』元永二年（一一一九）五月二十八日条によれば、鳥羽天皇中宮藤原璋子（新生児、のちの崇徳天皇）が出産した時、典薬頭丹波雅康が御座を鎮め呪術を施したことがみえる。(73)

また『御産部類記』十一に引用された『九民記』大治二年（一一二七）九月十一日条でも、藤原璋子（新生児、のちの後白河天皇）が出産した時に、陰陽師が御座の場を勘申した後、まず牛皮を敷き、散灰を行い、綿を敷いて、その上に白い縁の御座を二枚供して御産所としたとする。そして典薬頭丹波雅康が先々に読呪して退下している。(74)さらに散米・土器等の桶を孫廂南母屋などに並べ居えている。

医師が読んだ呪文の内容は、『御産部類記』などでは不明であるが、『産経』が引用している「鋪草席呪」であった可能性が考えられる。(75)これによれば、「鉄々陽々、非公当是王、一言得之銅、二言得之鉄、母子相共在王后西王母、前朱雀、後玄武、仙人玉女来此護我、諸悪魍魎、莫近来触、急々如律令」と三遍唱えることとしている。

これは草席を敷く時の呪とあるが、御産の座の設営は、平徳子の例では、尋常の座である大床子を撤去し、白木の御帳を母屋の西第一間に立て、綾縁で生絹裏の京筵の御座二枚を南北に並べて敷き、南を枕にする。そしてその上の四角に土居を並べ、柱を立てて天井を組み、四面に帷を懸け、その中に畳、さらに表筵を敷いたものが設えてあり、(76)このように植物性の筵や畳の上に前述した御座五枚を敷いた。

出産当日に医師が立ち会うことは、貴族の場合もあった。医師の医学的処置への期待だけでなく、医師の読呪に期待したことによると考えられる。ただし中山忠親の家室が応保元年（一一六一）十二月八日に男子を出産したが、その時に医師が間に合わず、阿闍梨一人に加持をさせたとある。(77)

なお座の設置に限定しない読呪であれば、この「鋪草席呪」の他に、『医心方』などに散見する呪法のうち、たとえば出産に備えて水を貯える時の呪法も含んだ可能性もある。これは「産婦禁水法、第七」に引用された『子母秘録』にみえるもので「南無三宝」から始まり真言で終わるが、この呪によって日遊・月殺・五十一将軍以下を呪禁するもので、密教と道教が習合した呪法である。[78] 前述の「借地文」と類似のものといえる。

2　医師と陰陽師の役割分担

なおここで注目したいことは、『陰陽吉凶抄』卅、産事法によれば、この反支が昔は陰陽道の沙汰であったが、安倍吉平の頃に医師の管轄となったという説があることである。[79]

安倍吉平は安倍晴明の子で、十世紀末から十一世紀に活躍しているが、[80] たとえば『左経記』万寿三年（一〇二六）十二月三日条によれば、後一条天皇中宮藤原威子（胎児、章子内親王）の出産間近に道長の仰せで、陰陽師の安倍吉平と賀茂守道に反支と土用について勘申させている。[81] ただし両人の内容が一致せず文書を再検討させることになり、五日条では賀茂守道が「滋岡川人」の反支勘文を参考にして再度勘申している。[82]

なお「滋岡川人」は、『日本文徳天皇実録』斉衡元年（八五四）九月丁亥（五日）条にみえる刀岐直から滋岳朝臣を賜姓された陰陽博士の滋岳川人であり、『日本三代実録』貞観十六年（八七四）五月甲寅（廿七日）条の卒伝からも『世要動静経』『指掌宿曜経』『滋川新術遁甲書』『金匱新注』などの著作で知られる人物である。いずれにしても、滋岳川人の反支説の存在から、反支が遅くとも九世紀中頃には、すでに検討されていたことがわかる。

また『暦林』の引用した反支は、『産経』と同文であり、『暦林』には「産経巻」が存在したことが知られるから、[83]『産経』からの引用であったと考えられる。また『子母秘録』からも反支に関する知識を得ていたことがわかる。[84] 医師と陰陽師の知識と役割の共通性が注目される。[85]

なお陰陽師の勘申する日遊を配慮して出産の場を庇にしたことが確認できる例で、史料的に早いものとしては、寛弘五年（一〇〇八）の藤原彰子（新生児、のちの後一条天皇）が寝殿北母屋庇を御産所とした例がある。この時は産気づいた九月十日から出産場を設置していたが、『紫式部日記』から実際に出産当日となった九月十一日の暁に北庇に移っていることが知られる。[86]森本仙介説ではこれを十日（丁卯）・十一日（戊辰）がいずれも日遊に相当していないにもかかわらず北庇はなぜかとし、このためこの時期はまだ日遊を問題にしていなかったのではないかとする。[87]しかし森本説は『簠簋内伝』の説を基準として癸巳から戊申の十六日間を日遊が家屋に遊行するとの説をもとに割り出している。これが日遊にあたらないとする説もあり得るが、[88]たとえば『暦林問答集』下の釈日遊第四十三によれば、日遊は諸説あり、日遊が癸巳から己酉の十七日間は屋内、また戊・己の日は屋舎内で、余日は皆八方に運転するとし、今の暦はただ屋舎内にあるのを載せるのみで、八方遊行は略しているとする。[89]この戊・己の日の説からすれば、十一日は日遊が屋舎内となる。

そして藤原彰子（胎児、のちの後一条天皇）は、妊娠約八ヶ月の頃の七月九日が大将軍遊行方にあたるので、土御門第への中宮行啓を十六日に延引している。[90]この時期にすでに、やはり出産を忌む大将軍の遊行が配慮されていたことは確かといえよう。

このことから遅くとも十一世紀初頭にはこの藤原彰子（新生児、のちの後一条天皇）の例や、藤原威子（新生児、章子内親王）の例から、日遊や反支を配慮した産所の設営があったことが確認できる。そして少なくとも反支は九世紀半ばまで遡ることも推測される。

3　御産衣の進言

医師が出産時の産婦衣服の色を進言する場合もあった。平徳子の例では、和気定成が吉方の色を用いるべきとして青色御衣としている。ただし裳は白色であった[91]。

たとえば『外台秘要方』巻三十三にみえる「崔氏年立成図法」では産婦の年齢に応じた行年・反支月・禍害・絶命・生気、また産婦が着るべき衣や臥すべき方角、懸尸・閉肚・八壮などの一覧があり、産衣には生気の方角に基づいて赤・黒・青・黄・白のいずれかの色を用いることになっていた。この「崔氏年立成図法」は、七世紀末に崔知梯が著した『崔氏方』にあったものと考えられる[92]。

徳子の場合は当時年齢が二十四歳であり、「崔氏年立成図法」によれば、行年は己酉、反支は六月・十二月、禍害は東北艮、絶命は西北乾、生気は東方震であり、また東方青衣師を喚び産を看させ、産婦は青衣を著し東首で臥すとある。また懸尸は己亥日、閉肚は甲、八壮は辛に在るとする[93]。『医心方』にはこの「崔氏年立成図法」は引用していないが、和気定成が進言するとすれば、このような方法を記した医書等を参考に青衣と指定した可能性が考えられる。

ただし中島和歌子説によれば、この色は生気の吉方によるものであるが、産婦のものでなく、東方を生気とする一歳の新生児のものであったとしている。その根拠としてのちの乾元二年（一三〇三）の昭訓門院の例を、産婦年齢三十一歳とし、産婦生気は北方で産衣は黒色であるのに、実際の生気方の産衣は青色を用いているとする[94]。しかし昭訓門院は建武三年（一三三六）に六十五歳で死去しており、出産時の乾元二年（一三〇三）の数え年は三十二歳である。三十二歳の生気方は「崔氏年立成図法」からは東方震であり、青色産衣となる。

また吉方色の産衣の例である建久六年（一一九五）の後鳥羽天皇皇后藤原任子（新生児、昇子内親王）では、緑衣とある[95]。また広義門院の延慶四年（一三一一）例でも、青練色を用いているが[96]、産婦年齢は二十歳であり、これも「崔氏年立成図法」では生気は東南巽、産衣は青衣である。以上から、また平徳子以後に、産婦年齢とは無関係にすべて青色が恒例になったかは不明であるが、これらが新生児ではなく、産婦の生気方と関連する産衣の色の可能性は捨て切れない。

なお生気とは八卦法によっており、生気はすでに『延喜式』にもみえ、九世紀には問題とされていた。基本的には陰陽師が勘申することになっており、ここでも、医師と陰陽師が類似した事柄に関与している。

何時頃から生気による色を産婦の装束に用いるようになったのか、徳子以前は不明である。そして産婦の御産衣については、中島説は摂関期にはまだ吉方による色を用いることはなく、産婦は白色のみを着たとする。これは中村義雄説をはじめとする多くの論者がこの説をとっている。[97] ただし出産当日の産婦の装束に言及した摂関期の史料は実際にはない。たとえば多くの説が根拠とする寛弘五年（一〇〇八）の彰子の例では、『紫式部日記』には、出産当日の白木御帳など産室の調度が白であることはみえるが、産婦の装束の色の記述がない。[98] ただし出産翌日の記載には、「よろづのもののくもりなく白き御前に、人のやうだい、色あひなどさへ、けちえんにあらはれたるを見わたすに、よき墨絵に髪などをもおほしたるやうに見ゆ」から、出産翌日の彰子が白い装束であった可能性がある。このことから出産時も白であったと推定されている。

たとえば康和五年（一一〇三）の堀河天皇女御藤原苡子（新生児、のちの鳥羽天皇）の例では出産時の産衣の色は不明であるが、産養の七夜の翌日の八日目に白御装束を改めるとあり、出産後七夜までの産婦装束が白であったことは確かである。[99]

十二世紀では、元永二年（一一一九）の鳥羽天皇皇后藤原璋子（新生児、のちの崇徳天皇）の例は、出産日前夜から産気づいて、申一刻に誕生したが、『御産部類記』、八、崇徳院、同委記《源礼》では出産前に寅剋に宮司等が参入し、「尋常御装束」を撤い、また白い調度等を準備したとある。[100] ただし装束の色については記していない。一方『長秋記』の記事では、天曙間に御装束を改めて皆白色を用いたとあり、一方女房たちも白装束となったとする。また主水正藤原資盛も白装束布衣で簾中に祗候したとある。(101)この記事には「着白色衣袴事」という事書が付されている。彰子の例も含め日本の伝統的な産婦の産衣が白色であったと仮定して、これによってこの時も白衣であった可能性もある。

ただしこの時璋子は十九歳であり、「崔氏年立成図法」によれば産婦の生気は西方、産衣は白衣であり、また西方白衣師を喚び産を看るとする。御装束を特記したこと、また「故実」を知ると記していることは、のちの例ではあるが、前述したように医書の影響によって新生児の性別をしばらく口にしないことを「故実」とした例があることを参考にすると、産婦の生気による白衣の産衣を用い、資盛が白衣師として祗候した可能性もある。

なお彰子は出産時年齢が二十一歳であり、「崔氏年立成図法」によるならば、産衣は黄衣になる。苡子の場合は二十八歳であり青衣となる。このような色であった可能性も残されている。

一方、新生児の産着の色に注目すると、天暦四年（九五〇）の藤原安子（新生児、のちの冷泉天皇）時には、新生児の初着衣が陰陽師の勘申によって黄色となっている例がある。(102)出産当日の干支は辛酉であり、これは医書などにみえる方法によったものと考えられる。たとえば『医心方』巻二十五、「小児初着衣」にも引用されている『産経』によれば、甲・乙の日に生まれた子は黒衣、丙・丁の日は青衣、戊・己の日は絳衣、庚・辛の日は黄衣とある。(103)平徳子（新生児、のちの安徳天皇）の例でも辛未の誕生であり黄衣を用いている。(104)特に安子の例は出産三日目か五日目に初めて着せると勘申されており、新生児が「白木御帳」という白の空間で産穢期間を過ごす時、新生児の産着が黄衣である例があったことになる。この新生児の産着の例は生気ではないが、医書や陰陽五行の影響をすでに十世紀に受けていることを考えると、産婦の産衣も医書の影響を徳子の例より早く想定し得るかもしれない。

なお徳子の場合にも産後もそのまま青色を着続けていたかは不明であり、出産時と出産後の産婦装束に変化があったかも含めて検討が必要である。出産時には吉方衣を用い、出産後に産穢との関係で白色に着替えた可能性もあり、史料的制約は多いが今後の検討課題といえる。

一方近習女房の装束については、たとえば前述した藤原璋子の例でも出産時から白装束であり、平徳子の時も出産時の近習女房は白装束で祗候し、さらに出産直後に台盤所に祗候する女房が着替える装束も白装束であることは一貫している(105)。これら女房の装束を改めるのも出産後八日目であるが、このことは、摂関期でもみえ、『紫式部日記』では「八日、人々、いろいろさうぞきかへたり」としている。

なお出産直後から狭義の産穢期間の禁忌を、白装束と関連づける説があるが、白い空間や祗候者の白装束に比して、新生児は必ずしも白装束を基本としないことは、産穢における新生児の位置づけを考えるうえで注目しておきたい。

4　出産中の易産用及び産後用の薬類の進上

出産が安産であれば問題はないが、難産になる場合もある。その時に医師がどのように関与したかは、史料的には不明な点が多い。ただし易産や難産の対処法として出産当日用の薬が進上されている例がある。

平徳子の当日用の薬は、『山槐記』治承二年（一一七八）十一月十二日条によれば、石鷰二、海馬六、鼺鼠皮一枚、獺皮一枚、弓弦一筋、馬銜毛であった(106)。

また『三長記』建久六年（一一九五）八月十二日条にみえる後鳥羽天皇皇后藤原任子の例では、石鷰左右、海馬、鼺皮、獺皮、熊手、馬鬣、弓弦が準備されており、件の物は皆平産のためのもので、皮等は御座の辺に敷くとしている。[107]

石鷰は腕足貝の化石キルトスピリファーで、漢方の石薬とされていた。『新修本草』玉石部下品巻第五には、石鷰を水で煮た汁を飲むと主に排尿障害に効果があるが、両手に各一枚を把ると、主に産難に良いとする。[108]この『新修本草』は八世紀から医生・薬生などの必読教習書であった。徳子の例では、石鷰は燕に似た形の白い石で大きな柑子ほどの大きさとある。二対のうち一対は清盛が進めているが、一対は前述したように、産所に借地文を貼りつけた日である十月一日に和気定成がすでに進めていた。

海馬はタツノオトシゴで、宋代の唐慎微撰『証類本草』にみえる陳蔵器の説、すなわち開元二十七年（七三九）に撰された『本草拾遺』にも、婦人の難産の時に身に帯びると神験があるとしている。[109]

鼺鼠皮と獺皮も易産の呪法用であった。鼺鼠皮は、ムササビの皮で、『医心方』巻第二十三、「産婦易産方、第八」に『陶景本草注』として引用された『新修本草』の陶弘景注に「鼺鼠の皮の毛を以て産婦に与え持たしむれば産を易からしむ」とある。[110]

獺皮はカワウソの皮で、同じく「産婦易産方、第八」に引用された『子母秘録』の「獺皮を帯れば吉」とある。[111]徳子の例では、これらは清盛が進めたものであった。

そして馬銜毛も同じ「産婦易産方、第八」に引用された『葛氏方』に「密かに馬の髻の毛を取り衣中に繋けよ。知らしむるなかれ」とある。[112]これは和気定成が進めている。

また弓弦は難産となった時の呪法用であった。弓弦は、『医心方』巻第二十三、「治産難方、第九」の『産経』に「弓弩弦を取り、産者の腰中に帯びせしめば、良し」とある。[113]これは『新修本草』の陶弘景注では胎盤が出ない場合の呪法でもあった(114)。徳子の例では内大臣平重盛が献じている。

以上のように、本草書や医書にみえる易産呪法用や難産時用の薬や雑物を、医師や産婦親族が準備していることがわかる。なおこれらの当日御薬は第三日に納めたが、定成の進めた石鷰は三日以後に返したとある。

この他に出産に関与した人々が医書の呪術的方法を頼りに難産を乗り切ろうとしていた例もある。たとえば平徳子の例では、徳子の母方伯父でもあった中宮大夫平時忠は、徳子の出産中に日頃閉じている東の小門を侍に開けさせている(115)。これは『産経』が産難の時、門戸窓瓮瓶釜など一切の蓋のある類を皆開くと大いに効果があるとする方法であったと考えられる(116)。なお中山忠親はこの易産呪法は「暦琳産経巻」にみえると記している。すなわち陰陽書の『暦林』に引用されていた『産経』から知ることができたが、同文は『医心方』にも引用されている。

前述したように、平時忠は六月二十八日の徳子着帯時に医師が進めた仮名で書かれた「御薬幷禁物禁忌注」一通を御前で談じたように、医書からの情報や禁忌に強い関心と一定の知識を持っていた。

なお平時忠は、私的な産で効果があったとして、徳子が妊娠八ヶ月程の頃にあたる八月十八日から、真言師を招いて易産陀羅尼の供養を行わせている(117)。恐らく家室の洞院局がこの年の六月に出産した時に効力があったからであろう(118)。御産に易産陀羅尼を用いた例は、それ以前からもみられ、皇室や貴族たちの出産でも効力があるとされた易産法でもあった(119)。そしてのちには着帯時に水で帯に書く儀礼も行われるようになる(120)。

ただしこの易産陀羅尼については、『医心方』巻第二十三、「治産難方、第九」にも引用されていることが注目される(121)。

『医心方』では「大集陀羅尼経神呪」とあるが、『陀羅尼雑集』にみえる易産陀羅尼とほぼ同文である(122)。そして「右の其の呪は、産婦をして生まれ易くせしむ」とし、『陀羅尼雑集』と類似して「樺皮の上に朱書し、焼きて灰を作り、清水と和して服せよ」としている。ここでは特に「朱書」と限定している点が特徴である。さらにこの呪が「懐子をして生まれ易く、聡明智恵にして、寿命延長せしめ忳横に遭わず」と新生児の易産とすこやかな成長や長寿に利益のあるものと捉えられていたことがわかる(123)。すなわち医書からも知ることができる中国撰述の密教経典系の安産修法であった。

この他に医書から知ることができる密教系の安産呪法としては、この「大集陀羅尼経神呪」を引用した直後に掲載している『子母秘録』が「防産難及運呪(124)」や前述した「産時貯水呪」など密教系の文言を引用している。なお「防産難及運呪」は陰陽書にも引用されている例がある(125)。

三　出産直後儀礼と医書

1　祝詞を誦す

医師が直接的には行っていない場合もあるが、出産直後に出産介助者や近親者によって『産経』を中心とした医書にみえる儀礼が行われているものも多い。この儀礼と医書の関係は二村友佳子氏の指摘があるが(126)、事例に即してさらに検討を加えておきたい。

まず出産直後に近親者(127)が祝詞を三反誦す例がみえる。たとえば平徳子の例では、平重盛が「以レ天為レ父、以レ地為レ母、領二金銭九十九一令レ呪レ命」と三反誦している。そしてその後は銭を新生児の白御帳の枕上に置いている。この銭九十九文は方三寸ばかりの白生絹の袋に納めてあった。銭は白糸で括り、出産の前から清盛が献じていたもので、新生児がこの御帳に遷る前から置かれていた[128]。これは『医心方』巻第二十五の「小児新生祝術、第二」が引用する『産経』にもみえる祝言「以レ天為レ父、以レ地為レ母、頒二金銭九十九一令二児寿一」と類似しており[129]、この医書の影響によることは確かである。なお『平家物語』には、「天をもッては父とし、地をもッては母と定め給へ。御命は方士東方朔が齢をたもち、御心には天照大神入かはらせ給へ」とみえる[130]。森本仙介説では、天皇霊が皇子の体内に入り、将来天子になるようにとの言祝ぎの言葉にしているが、この部分の呪文については作者の脚色としている。また本来は新たに金銭を鋳造するのが望ましいとされていたらしいが、この時は銅銭が使用されたことを指摘している[131]。

なお保元元年（一一五六）の越後少将女房（藤原成親室）の例では、この呪文は医師の主水正丹波基康が女房に授けて唱えさせたとあり、これが医師の指導によることがわかる。そしてこの時には前掲の祝言とともに、『産経』にみえる、新生児の掌を開いて「善理」と号し、また千歳の寿を保ち二千石の身分に至ることを祈願して抱くと大吉であるとする指導もしている[132]。

2　臍緒の裁断

出産後に新生児の臍緒を裁断するが、これを産婦自ら切ることや、産婦の親族が切る例もある。平間充子説では親族は女性が基本であったとされるが[133]、実際には男性の例もみえる。そして服藤早苗説では摂関期には貴族社会では男性による裁断が一般的になったとする[134]。ただし摂関期に男性による裁断が慣習化していたかには懐疑的な加藤美恵子説もある。新生児の性別に関係なく、摂関期は祖母たちなど女性が基本であったとする[135]。ただし院政期以降では天皇家クラスでも男性が裁断する例が多くなる。そして鎌倉・室町期の将軍家などでは、新生児が後継者男子となる場合には父親が裁断者となっていく。加藤説では平徳子の例は、裁断者の女性から男性への変化の過渡期としている。

平徳子の例では、安倍資忠を「御生気方」にあたる東に派遣して切り出させた河竹を準備し、平重衡が御前で一削りして竹刀を作って進め、平時忠の室洞院局が練糸で臍を結び、平重盛がこの竹刀で切っている[136]。

いずれにしても儀礼としては、この場合、結ぶ役と切る役が女性と男性の二人によって担われている。またこの竹刀を用いることは、古くは『日本書紀』神代紀の一書にみえる[137]。なお竹を切り出した安倍資忠、竹刀を作った平重衡の二人の人選には「無レ憚子息」という点が加味されている。新生児の性別が男子の場合の配慮かと推測される。

そしてこの時の吉方に竹を求めることは、万寿三年（一〇二六）の後一条天皇中宮藤原威子（新生児、章子内親王）の例でも、御気方である阿川東方に取りに行かせている[138]。

また貴族の出産でも行われており、保元元年（一一五六）の越後少将女房（藤原成親室）の例では、男子を出産した時に東方竹を切って作成した竹刀で産婦が手ずから切っている[139]。そして中島和歌子氏は、これらが東方であるのは、一歳の生気の方角によるためで、この儀礼は新生児を主体としているとする[140]。

なお中山忠親は銅刀を用いることもあるが、今度の徳子の例は竹を用いたと注記している。銅刀を用いることは、『医心方』巻第二十五、「小児断臍方、第十」が引用する『産経』にみえる[141]。この『産経』を参考にして銅刀を使用することもあったらしく、実際に康和五年（一一〇三）正月十六日の堀河天皇女御藤原苡子の出産時（新生児、のちの鳥羽天皇）には銅刀を用いている。これらは院が献じたものであった[142]。

なお『陰陽雑書』第五、産雑事、切臍緒丼乳付や『陰陽博士安倍孝重勘進記』五、切臍緒事には、銅刀で切ることを主とし、近代は竹刀で切るとし、また吉方竹を用いるとしている。また筆管でも切るともある[143]。『日本書紀』にみえるように古くから竹刀を用いることもあったが、『産経』の影響で銅刀が用いられるようになり、一方で生気方の竹刀を用いることが盛んになったことがわかる。

3　胞衣処理に関する情報

胎盤の処理については、古代・中世では医師の関与した記録はみえない。しかし十七世紀の『日次紀事』には、皇子降誕に典薬頭が胞衣を奉納するとある。

平徳子の例では、臍緒を切った後で、胞衣の処理がされたが、これを蔵納する日まで、新生児の御所の東方に立てた几帳に置き、この所には人を寄りつかせないようにしたとある[144]。胞衣を隔離していることが窺える。ただしその処理の方法は記されていない。

胞衣の処理については、『医心方』巻第二十三、「蔵胞衣断理法、第十五」に引用されている『産経』には、清水で洗い、胞衣を清潔にして、新しい瓦瓮と蓋を用い、真絳繒で胞衣を裹み、銭五枚を取り瓮の底に文を上に並べて置き、胞衣を瓮中に盛り入れて蓋をして覆い、泥土で周りを封じ、虫畜禽類が入り込んで胞衣を食べないようにとある。なお子どもの文才を願う場合は、新筆一柄を胞衣の上に蔵めると大吉であるとも記している[145]。また同じく引用されている『産経』の別法ではまず清水で洗い、さらに清酒で洗う方法もみえる[146]。

また『玉蘂』承元三年（一二〇九）五月二十五日条にみえる九条家の例では、湯殿の儀式の間に、胞衣をまず清水で洗い、また美酒で洗い、次に胞衣を緋縑で裹み、白瓷瓶子の中に入れた五文銭の上に置き、新筆を胞衣の上に置いて蓋をし、生気方の土で塗り塞いでいる[147]。『産経』の方法を取り入れていることは確かといえる。

胞衣を洗っている早い例は、万寿三年（一〇二六）の後一条天皇中宮藤原威子（新生児、章子内親王）の時、産湯用の他に「洗胞衣槽」が準備されている例がみえる。[148]

なお蔵胞衣については詳細な検討を省くが、日時や方角は陰陽師が勘進している。その根拠の一つは、『医心方』巻第二十三、「蔵胞衣吉方、第十八」に引用されている『産経』の記事が参考になる。

また蔵胞衣に関する史料上の初見は、寛弘六年（一〇〇九）の一条天皇中宮藤原彰子（新生児、のちの後朱雀天皇）の時であるが、誕生半月後にあたる十二月九日に、東方に胞衣を蔵している。[149] また康和五年（一一〇三）の堀河天皇女御藤原苡子（新生児、のちの鳥羽天皇）の時は、九日目にあたる正月二十四日に行っているが、その方角は不明であり、元永二年（一一一九）の鳥羽天皇中宮藤原璋子（新生児、のちの崇徳天皇）の例では、八日目の六月五日に御所申方に蔵している。[150]

なお平徳子の例では、蔵胞衣日時は陰陽師が三日目の十一月十四日、時刻は酉、方角は巽方に至るべしと勘進している。ただし『后宮御産当日次第』には「治承御所御胞衣所（奉蔵之後、居飼所下）」とある。[151]

4　医師による乳付時の薬の進上

初めて新生児に乳を与える「乳付」では、儀礼に必要な薬を医師が献じている。平徳子の例では、和気定成が「御乳付雑具、甘草湯、又以レ蜜和二光明朱一、又牛黄等」を兼ねてから準備しておき、前述した当日の易産用・難産用の薬と一緒に手箱に納めておいたとある。この例では、清盛が材料の甘草、光明朱を準備し、蜜は兼ねて蔵人所の御園が進めたものは真蜜でなかったので、和気定成に蔵人所牒を賜り、御園に典薬寮官人らを遣わし、取り進めた真蜜であった。[152] 実際の乳付手順としては、医師ではなく、大夫室の洞院局が新生児を抱き上げて、綿を指に纏わせ、口の中や舌の上の血を拭い去り、また他の綿で、甘草湯を含ませている。また綿で朱蜜を唇に塗り、また牛黄を含ませてその後に御乳を含ませている。ただしこの女性は六月に出産していたが、乳が出なかったという。その後に御乳人が参上している。なお「乳付」は基本的には女性たちによって担われており、男性は関与していない。

乳付用に医師が甘草汁を供し、蜜と光明朱砂を唇に塗る例は、十世紀前半からみえる。すなわち天暦四年（九五〇）五月二十四日に村上天皇女御藤原安子（新生児、のちの冷泉天皇）の時では、侍医の桜井季富が供している。[153]『医心方』巻第二十五、「小児与甘草湯方、第四」には、『千金方』の甘草の与え方が引用されており、この内容は『小品方』も同じとある。[154]そして「小児与朱蜜方、第五」には、『産経』の「小児初生三日可レ与朱蜜方」が引用されており、新生児に精神と魂魄を安定させるために生後三日間に真朱を砕き赤蜜とまぜて与えるとしている。ただし『小品方』は多く与えることを諌めている。[155]

なお天暦四年（九五〇）の例では、『医心方』はまだ編纂されていないので、それ以前から伝来していた『小金方』や『産経』によって流布していた方法が採用されたと考えられる。

また十世紀半ばの天暦四年（九五〇）の例ではみえないが、十二世紀の例では、牛黄が進められている。康和五年（一一〇三）正月十六日の堀河天皇女御藤原苡子（新生児、のちの鳥羽天皇）の時では、院が献じた牛黄、光明朱、蜜、甘草などの霊薬を典薬頭丹波忠康が料理進上している。[156]

これは『医心方』巻第二十五、「小児与牛黄方、第六」に引用されている『産経』では、朱蜜を与え終わったら、直ちに牛黄を与えることとし、『小品方』も同じとあり、[157]これによったものと考えられる。また平徳子の例では、清盛が進めたものを、乳付の後新生児の枕上に置いている。[158]

5　産湯・御湯殿の儀礼

天暦四年（九五〇）五月の村上天皇皇后藤原安子（新生児、のちの冷泉天皇）の時には、誕生後に野剱、犀角、虎首を枕上に置き、またこれらは湯殿の儀で使われた[159]。

これらの雑物のうち、虎首は『医心方』巻第二十五、「小児初浴方、第九」に引用されている『産経』に、虎頭の骨を湯に漬して洗浴すると、児は不病となるとあることが参考になる[160]。恐らくこの『産経』によったと考えられる。

康和五年（一一〇三）正月の堀河天皇女御藤原苡子（新生児、のちの鳥羽天皇）の時では、出産の翌日の十七日に、白河院から献上された御剣に虎頭、犀角を加えている[161]。また元永二年（一一一九）五月の鳥羽天皇中宮藤原璋子（新生児、のちの崇徳天皇）出産時でも犀角と虎頭がみえる[162]。ただしいずれも実際に湯に漬しているかは不明である。

一方、康和五年（一一〇三）の例では、湯の中に金銀、犀角、銭等を絹袋に入れて匏に結びつけている[163]。また元永二年（一一一九）の例では犀角、金銀、瑠璃、車渠、馬脳、頗璃、珊瑚、琥珀、真珠、銭などを白生絹小袋に入れて、これを湯に入れたとある[164]。

これは同じく『医心方』巻第二十五、「小児初浴方、第九」に引用されている『産経』に、「金銀珍宝珠玉等」を入れると富貴となるとあることが参考になる[165]。これも『産経』によったと考えられる。

なお康和五年（一一〇三）の例では、誕生第九日目の二十四日に行われた蔵胞衣に、瓮中に金銀、犀角、墨筆、小刀が入れられたが[166]、これはこの『産経』の初浴方を胞衣の洗浴に応用したか、または産湯に使用したものを、胞衣を蔵納する時に納入した可能性も考えられる。

なお平徳子（新生児、のちの安徳天皇）の例は、『山槐記』に御湯殿日の十一月十四日の記事が現存しないため、その詳細は不明である。

6　医師への賜禄

出産が終了した時に医師に賜禄が行われる。たとえば平徳子（新生児、のちの安徳天皇）の例では、出産当日に廉外の南庇に伺候した験者に各御衣一具を賜った後、医師や陰陽師などに禄を賜っている。すなわち医師禄は、典薬頭の和気定成が衣冠姿で東方から参進し、南階の間の簀子に候し、大夫平時忠から衣一具（紅匂五、紅梅単衣、柳織物表着、緋二重織物）を賜っている。ただし中山忠親は、医師に御衣を給うことは、旧例に所見がなく、待賢門院・美福門院の御産以後にこのことがあるようになったのかとしている。(167)

しかしすでに十世紀である天暦四年（九五〇）の村上天皇皇后藤原安子（新生児、のちの冷泉天皇）の例で、侍医の桜井季富は出産後八日目にあたる閏五月二日に読書博士や陰陽権助らとともに酒肴と禄を給わっている。季富には絹・縑各一疋で、陰陽権助の秦連茂には白絹一疋、右近将監の三嶋真祥には縑一疋で、これら三人は七ヶ日間伺候したために厚く賞翫したとある。(168)

また寛弘五年（一〇〇八）の一条天皇中宮藤原彰子（新生児、のちの後一条天皇）の例は、『紫式部日記』によれば、出産の同日に僧への布施を給い、医師、陰陽師などにも禄を給らせたとある。(169) 古記録類にはみえないが、十一世紀初頭でも医師が関与し、また賜禄の対象とされていたことがわかる。

一方、十二世紀では、康和五年（一一〇三）の堀河天皇女御藤原苡子（新生児、のちの鳥羽天皇）の例は、典薬頭丹波忠康が前述したように乳付用の薬を進めているが、賜禄については陰陽師への記事はあるが、彼については記述がない。また元永二年（一一一九）の藤原璋子（新生児、のちの崇徳天皇）の例でも、前述したように医師丹波雅康が御座を鎮め呪術を施しているが、残された史料からは禄の記載がない。しかし天治元年（一一二四）三月の待賢門院となった藤原璋子（新生児、通仁親王）の例では、出産当日の五月二十八日の御産終了後に、陰陽師の賀茂光平と医師の典薬頭丹波雅康が、御衣を給わっている。この時は丹波雅康が衣冠姿で先に参じ、南簀子に召し上げられ、藤原顕隆から宮御衣を給わり、南庭に下り一拝して退出している。[170]

以上から中山忠親が問題にしたのは賜禄そのものではなく、御衣の賜与に関する先例であり、賜禄は十世紀から存在していたといえる。

なお十二世紀末頃の『后宮御産当日次第』によれば、出産当日に医師禄は白掛一重、御衣を給い、追って召し加えた医師には内々に御衣を給うが例禄は給わらないとある。[171]

また貴族の例では、たとえば保元元年（一一五六）の越後少将女房（藤原成親室）の例は陰陽師とともに綿衣二領を賜っている。[172]

四　出産儀礼における医師の役割と医書の影響

1　医師儀礼の特色

以上、中世前期の平徳子が安徳天皇を妊娠・出産する過程を基礎的なモデルとしつつ、出産儀礼における医師の関与や医書の影響について検討した。

検討結果をまとめておくと、医師は妊娠五ヶ月頃の着帯儀礼の時に「仙沼子」を献上した。これは安産祈願のために帯に結びつけておき、難産の時に服用する薬であった。これと同時に仮名で書かれた「御薬并禁物禁忌注」一通が献上された場合があった。これによって御産関係の薬や『産経』などにみえる胎教や食事禁忌、さらに出産に関する穢れ観念を考慮した行動禁忌が、産婦や産婦周辺で妊娠・出産を看護・介助する人々に伝えられたと考えられる。そしてこの着帯時から医師が常駐する場合もあった。

さらに妊娠七ヶ月頃には、「丹参膏」と勘文提出を行っている。すなわち『産経』などにみえる安産のための薬として「丹参膏」を調進し、また服用する吉日・吉時を記したと考えられる勘文を進めている。この「丹参膏」は恐らく『千金方』などに従い臨月まで服用したと考えられる。

次に、八ヶ月頃になると、「御産間用意勘文」を進めている。これは『医心方』に「産婦用意法」として引用されている、『千金方』『産経』『小品方』などの出産禁忌であったと考えられる。中国医書にみえる産婦を穢悪とする道教系の産穢認識を基礎としつつも、出産当日や出産後に産婦も避けなければならない出産禁忌についての勘文であったと考えられる。

さらに臨月になると産所準備儀礼を行った。まず出産当月の一日に医師が「借地文」の呪符を産室内の壁や柱に貼りつけ、また呪文を三遍唱えることが行われる。これは『外台秘要方』にも引用されている。また『医心方』では『子母秘録』の「産婦借地法」が引用されているが、陰陽道でもこの呪法は行われていた可能性が高く、これも中国の道教系の産穢認識と深い関係にあり、産穢となる土地を借り、悪神からの災いを避けるためであった。

そして出産当日になり産気づくと、陰陽師の勘申する日遊の所在や、医師の勘申する反支との関係により、最終的な出産の場を母屋か庇かに決定するが、医師はこの座を設置する儀礼に関与した。反支月の場合は『産経』

に基づき、汚水血悪物を地に着かせないために、牛皮の上に灰を敷き、さらに綿を敷いて御座を設営した。この反支も道教系、陰陽吉凶の産穢認識を前提としていた。そして医師がこの御産の座を鎮めるための読呪を行ったが、この呪文は恐らく『産経』にみえる「鋪草席呪」であったと考えられる。また産婦の衣服の色も生気に基づいて進言したと考えられる。

いよいよ出産も最終段階になると、医師が直接関与した場面はないが、易産や難産の対処法として出産当日用の薬や雑物を調進している。雑物の石鷰、海馬、鼺鼠皮、獺皮、弓弦、馬銜毛などは、『産経』の他にも、『新修本草』『本草拾遺』などの本草書でも、安産の補助や難産の呪法として使用することがみえるものであった。これらは医師だけでなく産婦の近親者からも進上されていた。

この他にも、難産の時に、『産経』にみえる呪術的な方法が採用される場合もあり、このような呪法の知識は『暦林』など陰陽書に引用された『産経』からも知り得た。また医書からは、密教系の易産陀羅尼の知識も入手できた。

そして出産直後の儀礼の中には、医師の指導により、出産介助者や産婦近親者が『産経』を中心とした儀礼を行っていた。『産経』にみえる「以レ天為レ父、以レ地為レ母、頌二金銭九十九一令二児寿一」という祝言などが唱えられた。また臍緒を切る刀、胎盤の処理法にも『産経』の影響が窺える例があった。また医師が「乳付」用甘草湯、蜜、光明朱、牛黄等を調進しているが、これは『千金方』甘草湯、『産経』の朱蜜、『産経』の牛黄の処方が用いられた。

また産湯の儀礼にも、虎頭、金銀、瑠璃、車渠、馬脳、頗璃、珊瑚、琥珀、真珠、銭などを白生絹小袋に入れて、これを湯に入れた例があったが、これも『産経』が「金銀珍宝珠玉等」を入れると富貴となるとすることの影響であった。胞衣の処理法にも『産経』の影響がみられた。

このように医師が関与した儀礼は、まず出産前では医書に基づき産婦・胎児に対する安産のための薬の進上と胎教の知識伝達に関するものがあった。またその一方で、妊娠・出産によって生じる穢れに対する禁忌やこの禁忌を避けるための呪術に関するものがあった。さらに産中は医師が安産の呪法と薬の調進を予め行っておき、実際には出産そのものは出産介助経験豊かな女性たちが、事前に医師や医書によって得た知識によりながら産婦と胎児を介助していた。そして産後儀礼は、産婦の薬調進と、新生児の成長祈願に関連する薬・雑物を調進することであった。

2 『産経』等の中国医書伝来時期とその影響

中世前期の平徳子（胎児、のちの安徳天皇）の例は、男子誕生を願う平氏一門の手厚い出産儀礼が行われたものであった。この例にみえるすべての内容を網羅するわけではないが、古代ではどの時期まで遡って、出産儀礼における医師の関与や医書の影響が確認できるかを、最後に俯瞰しておきたい。

まず医師による乳付薬の進上や出産前後の祇候の例は、天暦四年（九五〇）の藤原安子（胎児、のちの冷泉天皇）のものが史料上の初見であり、遅くとも十世紀前半までは遡ることができる。それ以前については記録がないが、記録がないということは、行っていないことを必ずしもあらわしていない。出産儀礼については、現存の記録はそれぞれの記主の関心に左右されており、特に医師関与の儀礼は記述されにくい傾向がある。

また医師が産婦の反支を検討することは、十世紀半ば頃は日遊とともに陰陽師が勘申することになっていたが、日遊による産所の決定は、寛弘五年（一〇〇八）のものが確認できた。また反支は万寿三年（一〇二六）の時に、その先例として九世紀半ば頃に活躍した滋岳川人の例が参考にされていた。このことから産婦の産穢を背景にした反支を問題にすることは、遅くとも九世紀中頃までは遡ることができる。

次にこれら医師の儀礼の根拠となっている主要医書の伝来と影響であるが、まず『産経』は『隋書』巻三十四経籍志第二十九、三子五行にみえる産科専門の医書で、暦の吉凶と結びついた出産禁忌認識が強い医書である。『隋書』は「産経一巻　産図二巻」とあり、作者を記さないが、藤原佐世撰の『日本国見在書目録』に「産経十二巻　徳貞常撰」とみえる。『産経』は現在散逸しているが、前述したように『医心方』に多くの逸文引用がある。『産経』は難産の際に産婦にのませる符籙など、呪術的対処法も多く載せているが、中国でもこの符籙がかなり流布していたらしく、符籙の一つが盛唐以降のものとされる敦煌文献にもみえる。(173)

『産経』の日本への伝来時期は不明であり、『日本国見在書目録』が初見である。この目録は、寛平三年（八九一）頃には成立しており、遅くとも『産経』は九世紀末までに伝来していた。また前述したように賀茂保憲（九一七～九七七）撰『暦林』の中に産経巻があり、また丹波康頼が天元五年（九八二）に撰述し、永観二年（九八四）に献上した『医心方』に多く引用されている。そしてこの『産経』が十世紀には広く貴族層にも影響を与えていたことは、前述したように天禄～長徳年間（九七〇～九九九）成立の『うつほ物語』蔵開、上に、『産経』を所蔵し、胎児の性別を予想して、胎教に心がけていた例があることからもわかる。

一方、『子母秘録』は『崇文総目輯釈』巻三、医書類に「子母秘録十巻　許仁則」とみえ、唐の天宝年中（七四二～七五五）の王燾撰『外台秘要方』には許仁則の文として引用されている。これに対し『宋史』芸文志や『本草綱目』には「張傑子母秘録」がみえる。この医書も現在散逸しているが、『医心方』などに逸文が残っている。(174)

この『子母秘録』は九世紀末の『日本国見在書目録』にはみえないが、前述したように『暦林』『医心方』に引用されており、遅くとも十世紀半ばまでに伝来していた。

以上残された史料からは、九世紀半ばには医師、陰陽師による中国医書や陰陽書の影響が確認できた。しかし九世紀前半やさらに遡った八世紀の出産儀礼における医師、医書の影響は、残存史料の限界から明らかにはできない。『産経』が将来された時期は今後の課題であるが、かなり早くから将来されていた可能性も予想される。ただし前述したように反支に関するものの中には、『産経』と同じ内容が『千金方』にもみえる例があるように、『産経』の出産禁忌の影響は、他の医書からも可能なものもある。また八世紀に日遊と産婦禁忌に関する知識が知られていたことは、「正倉院文書」天平勝宝八歳（七五六）具注暦（儀鳳暦）の記載から確認できる。(175)

また八世紀の人々が妊娠禁忌を問題にしていたことは、別稿（本書第一章）で論じたように、吉備真備の家訓とされる『私教類聚』の目録に、「第廿八任身禁忌事」がみえ、八世紀において妊娠に関する禁忌が意識されていたことが確認できる。(176)残念ながら、この本文は現存しておらず、その内容は不明であるが、『私教類聚』には「第三仙道不用事」と道教を排するものの、「第卅五可知医方事」もあり、その逸文も知られることから、医学的な知識を重んじており、これを背景にしていた可能性がある。真備が長期留学を終えて帰国し、唐礼等を献上したことは『続日本紀』天平七年（七三五）四月辛亥（二十六日）条にみえ、この時にのちの天平宝字七年（七六三）八月に儀鳳暦に替えて使用が開始される大衍暦に関連した『大衍暦経』『大衍暦立成』ももたらしている。暦や吉凶に関する知識を多く持っていたと考えられる。

この妊娠の禁忌が受胎時や妊娠中だけでなく出産時における禁忌を含んでいたかは不明であるが、長期留学により中国の実情に通じていた吉備真備が、中国の妊娠・出産の禁忌の知識を持っていた可能性は極めて高く、これが王権の妊娠・出産の禁忌知識に影響を与えた可能性も考えられる。いずれにしても、このような知識が、九世紀以降の医書や医師、また陰陽師の関与した出産儀礼に結びついていったと考えられる。

3　医師の呪術儀礼と産穢

最後に医師や陰陽師の呪術儀礼と産穢の関係について、若干言及しておきたい。

医師の関与した儀礼の中でも、日遊などを配慮して産所に「借地文」を貼り、反支などを考慮し産座を鎮める呪を読むという呪術的儀礼や、出産禁忌を指導する背後には、道教系産穢認識の影響が存在した。この点から、医師が関与した出産禁忌儀礼は、道教や陰陽五行説と密接な関係にある陰陽師との共通性があったといえよう。すなわち産婦を穢悪とし、出産時に発生する血露など、産婦の子宮から生じる穢れを神霊が忌避するためこれを外部に及ぼさないこと、一方で神霊・悪神の及ぼす災いや、邪霊からの災いを未然に防止することが、陰陽師や医師の儀礼であった。

この道教系産穢認識、これと関係の深い密教系の産穢認識については別稿（本書第一・二章）で論じたことがあり詳細はこれに譲るが[177]、この産穢認識の根底には、中国において出産や血の腐臭を汚れとする産婦汚辱観があり、これが伝染すると捉え、斎戒の人が忌避し、産婦を別小屋などに隔離し、また出産を見聞することを禁忌とする習俗に由来した。そして斎戒を重視する道士等が産室に侵入したり、産婦を見たり、また産婦から見られたりすること、また産穢に関わる家の食事を取ったりすることを禁止していた。また産後に産婦と小児は一定期間、外出や祭祀空間への侵入が忌避されていた。

この道教系産穢認識は、渡来系の医師、陰陽関係者、将来された医書、本草書、暦、陰陽書などによって遅くとも八世紀には影響を与えていた。

すなわち日本の産穢規定は九世紀半ばに成立した『弘仁式』の規定が初見であるが、[178]これは唐祠令を手本とした神祇令散斎条の「不レ預二穢悪之事一」を具体化した細則であった。この「不レ預二穢悪之事一」に関しては、すでに天平十年（七三八）頃に成立した大宝令注釈書である「古記」が、「穢悪」を「生産婦女不レ見之類」と注釈していた。これは前述した『千金方』『小品方』などに散見する医書の産婦穢悪観や、本草書の『本草集注』に服薬では死尸産婦穢悪を見ることを忌むと記されていることにも通じる認識であり、これが何らかの日本の出産禁忌を受け皿にして、影響を与えていたといえる。ただし外来信仰では穢れた空間に入り穢れを見ること、飲食することによって穢れが伝染するが、日本では穢れた空間に入りその場に着座すること、飲食することによって穢れが伝染することが特徴とされ、共通する点と相違する点がある。また日本的な変容をとげた部分もあると考えられるが、外来信仰系の穢れ認識は、本章で詳述したように医師儀礼などを通じても影響していったと考えられる。

なお片岡耕平氏は近年、穢れを神に対する不浄として捉える三橋正説や勝田至説を基本として、これと天皇との関係を含めて日本中世の「穢」を再検討している。このうち産穢については、産穢と陰陽師が出産時に祓の対象とする邪気は別の概念、存在であったとする。[179]この点は貴重な指摘といえよう。確かに産穢は出産によって生じる不浄であり、道教系産穢認識でもまた日本の産穢認識でも、産穢そのものは出産に不可避の存在であったといえる。

ただし片岡耕平氏は産穢が胞衣の出た時でなく、胎児の出産時であることを根拠に、産穢の発生源を新生児とする新説を提示している。[180]そしてこのことから「出産がそれに伴う汚物（胞衣など）故に不浄視されるのではない（中略）、女性（産婦）に対する不浄視でなかった」としている。これは飯沼賢司氏が死穢と産穢を表裏の関係にあるとする見解[181]に基づく論理から提示されたものである。恐らく死者を死穢の発生源とし、これに対して新生児を産穢の発生源とする見方であろう。
日本の産穢期間に新生児は必ずしも白装束を基本としないことを、どのように捉えるかを含め、この問題に対する考察は今後の課題としたい。しかし道教系の産穢認識では、少なくとも産婦の子宮から出た血露が産穢の発生源の一つであったと考えられる。そしてこの不浄と不可分の状態にある「産婦」という特定の状況下の女性も穢悪の存在となり、これを神が穢悪としその穢れが伝染した場には降臨せず、斎を修するのに功がないとされていた。一方で子宮から同時に出現する新生児も斎戒の人からは忌避される場合もあり、満月もしくは百日など、一定期間の祭祀空間へ侵入が忌避された場合もあったことも確かである。いずれにしても穢れの発生源を血忌か新生児かの二者択一的に捉えることはできないのではないかと考えられる。

おわりに

以上、古代・中世前期出産儀礼における医師・医書の役割について考察してきた。ただし残された課題も多い。たとえば産期を占い[182]、遅延した場合に行われた「解除[183]」などは陰陽師の修法との関係がある。またたとえば烏枢沙摩法による「成過月産法」「死児易産法」など、密教系医療を行う験者の修法との関係、そしてその儀礼や修法の背後にある密教系産穢認識との関係も課題となろう。

注

（1）中村義雄『王朝の風俗と文学』塙書房、一九六二年。

(2)たとえば、山中裕「平安朝における通過儀礼」(『平安貴族の生活』有精堂出版、一九八五年)。飯沼清子「誕生・産養・裳着」(山中裕編『源氏物語を読む』吉川弘文館、一九九三年)。小川寿子「誕生・産養」(山中裕・鈴木一雄編『平安時代の儀礼と歳事　平安時代の文学と生活』至文堂、一九九四年)。

(3)西口順子「王朝仏教における女人救済の論理―出産の修法と後生の教説―」(『大系　仏教と日本人8　性と身分』春秋社、一九八九年)。

(4)槇佐知子「平家物語の変成男子の法、及び出産儀礼と『医心方』の比較研究」(『儀礼文化』一三、一九八九年)。

(5)平間充子「平安時代の出産儀礼に関する一考察」(『お茶の水史学』三四、一九九一年)。

(6)二村友佳子「古代の出産儀礼に関する一考察―平安時代の皇族の出産を中心に―」(愛知教育大学歴史学会『歴史研究』四二、一九九六年)。

(7)中島和歌子「院政期の出産・通過儀礼と八卦」(『風俗』三二―二、一九九三年)。

(8)森本仙介「平安・鎌倉期における産所の設定とその宗教的諸観念」(『歴史民俗資料学』創刊号、一九九六年)。

(9)森本仙介「天皇の出産空間―平安末・鎌倉期―」(『岩波講座天皇と王権を考える』8、コスモロジーと身体、岩波書店、二〇〇二年)。

(10)服藤早苗「王朝社会の出産とジェンダー」(橋本紀子・逸見勝亮編『ジェンダーと教育の歴史』川島書房、二〇〇三年)。同「産養と王権―誕生儀礼と皇位継承―」(『埼玉学園大学紀要』(人間学部篇)三、二〇〇三年、のち服藤早苗『平安王朝の子どもたち―王権と家・童』吉川弘文館、二〇〇四年所収)。

(11)服藤早苗・小嶋菜温子編『生育儀礼の歴史と文化―子どもとジェンダー―』叢書・文化学の越境9、森話社、二〇〇三年。

(12)稲本万里子「描かれた出産―「彦火々出見尊絵巻」の制作意図を読み解く―」(前掲書注(11)に同じ)。

(13)小嶋菜温子『源氏物語の性と生誕―王朝文化史論』立教大学出版会、二〇〇四年。第二部「生誕の王朝文化史」。

(14)宮内庁書陵部編纂『図書寮叢刊　御産部類記』上・下、明治書院、一九八一・一九八二年。

(15) 今江広道校訂『公衡公記』第三、史料纂集、続群書類従完成会、一九七四年。

(16) 宮内庁書陵部編纂『皇室制度史料　儀制　誕生二』吉川弘文館、二〇〇一年。同『皇室制度史料　儀制　誕生三』吉川弘文館、二〇〇九年。同『皇室制度史料　儀制　誕生四』菊葉文化協会、二〇一一年。

(17) 新村拓『出産と生殖観の歴史』法政大学出版局、一九九六年。

(18) 槇佐知子『医心方　巻二十二　胎教出産篇』筑摩書房、一九九五年、『医心方　巻二十三　産科治療・儀礼篇』筑摩書房、一九九八年、『医心方　巻二十四　占相篇』筑摩書房、一九九四年、『医心方　巻二十五　小児篇1』筑摩書房、二〇〇六年。

(19) たとえば、平徳子の着帯に関する『平家物語』巻第三赦文（新日本古典文学大系、以下『平家物語』引用はこれによる）の叙述は「六月一日、中宮御着帯ありけり。仁和寺の御室守覚法親王、御参内あッて、孔雀経の法をもッて御加持あり。天台座主覚快法親王、おなじう参らせ給て、変成男子の法を修せらる」とあり、着帯を六月一日とし、仁和寺の御室守覚法親王が参内し、孔雀経の法をもって御加持したとあるが、『山槐記』治承二年（一一七八）六月二十八日条（増補史料大成、以下この史料の引用は断らない限りこれによる）とは日程も相違しており、また帯加持を行った人物も相違している。また『山槐記』にはこの日に守覚法親王や天台座主覚快法親王が参内したことはみえない。このため守覚法親王が行った孔雀経法は帯加持ではなかったといえる。

(20) 後述するように、男女の産み分けについては『うつほ物語』に『産経』による影響がみられる。

(21) 『后宮御著帯部類記』定嗣卿記（『御産部類記』下）によれば、藤原竴子（寛喜二年〈一二三〇〉十一月十一日）は七ヶ月である。

(22) 貴族の例では藤原実資室は、『小右記』寛和元年（九八五）五月一日条（大日本古記録、以下この史料の引用はこれによる）「午時以二白色衣一令レ着レ児、以二産者腹結絹一用之、女等云、前々以二件絹一用之者」とあるように、この腹帯で新生児の産着を作っている。

(23)『左経記』万寿三年（一〇二六）七月四日条（増補史料大成、以下この史料の引用はこれによる）。
参内、昨日申時関白殿、自二上東門院一給二御帯一持ニ参宮一。同剋宮御参、自令レ結二御腹一給云々。御懐妊後及二五箇月一歟。

(24)懐妊三ヶ月で神事を避けて退出した例としては、東宮敦良親王の妃禎子内親王の例がある。
『左経記』長元五年（一〇三二）四月三日条
候二東宮一給一品懐任《（妊）》及二三月一、仍不レ及二神事一以前、今夜子剋、令レ出二少納言義通朝臣中御門宅一給。

(25)『日本紀略』寛弘五年（一〇〇八）四月十三日癸卯条（新訂増補国史大系）。
子刻、中宮自二一条院一、遷ニ御上東門第一、御懐孕五月也。依レ為二神事之間一、所二出御一也。

(26)『医書』仙沼子事（尊経閣文庫本）（『皇室制度史料　儀制　誕生一』）二六七頁。
耆婆長仙宮仙沼子方云　有二女懐妊一、帯二於身上一、臨レ産之日、研二二七顆一服レ之、母子无レ懼、自然平安也。

(27)『耆婆方』は『宋史』芸文志に「耆婆要用方一巻」がみえる。また『日本国見在書目録』にもみえる。『医心方』巻第二十三、治産後悪血不正方、第廿一には治産後悪露不尽方などがみえ、産科も含むものであった。

(28)『山槐記』治承二年（一一七八）六月二十八日条。
御着帯之後、典薬頭和気定成朝臣衣冠、男主税頭定長相具参入持ニ参仙沼子一二七粒、其裏様薬裏也、納二折櫃一、不レ居二土高坏一、自二台盤所方一献レ之。中将局取レ之縫ニ付御帯左方一。亦御薬并禁物禁忌注一通仮名書レ之、有二立紙一、副進レ之。権大夫於御前談ニ申之一。定成朝臣陣辺占二宿所一、自二今日一可二伺候一云々。定成故建春門院御事奉二療治一之人也、去年七月諒闇了、於レ今無レ憚。

(29)『山槐記』永暦二年（一一六一）七月十一日条。
午刻妊者着帯。権少僧都明玄護心、差二隼人正清定一遣二住房一、陰陽頭賀茂在憲朝臣来始二毎日解除一、今度自調レ之、主税助丹波重成献二仙沼子一、籠二帯内一。

(30)『兵範記』保元元年（一一五六）四月二十日条（増補史料大成、以下この史料の引用はこれによる）。
越後少将女房自レ暁産気。（中略）主水正勧二薬術種々様々一、仙超子殊多令レ食レ之。

(31)注(28)に同じ。

（32）『政事要略』巻九十五、至要雑事（学校）引用『令義解』医疾令⒃女医条逸文（新訂増補国史大系）。
女医、取二官戸・婢、年十五以上廿五以上（下）、性識慧了者卅人一。別所安置、謂。内薬司側造二別院一安置也。教以二安胎産難、及創腫傷折針灸之法一。皆案レ文口授。謂。女医不レ読二方経一唯習二手治一。故博士於二其所一レ習、案二方経一以口授也。案二唐令一、博士教レ之。今於二此令一、雖二文不一レ言、而博士教授。但按摩針灸等、其業各異。須二当色博士各教授一。即試昇令二当色試一。毎月医博士試、年終内薬司試、限二七年一成。

（33）八世紀の女医・女医博士については、拙稿「七・八世紀将来中国医書の道教系産穢認識とその影響―神祇令散斎条古記「生産婦女不見之類」の再検討―」（本書第一章、初出は二〇〇六年）に詳述した。

（34）『延喜式』典薬寮14造供御白粉料条には白粉の作成に関与する女医の規定がみえる。

（35）女医博士については山崎佐「女医博士について」（『法制史研究』五、一九五五年）。また同『江戸期前日本醫事法制の研究』中外醫学社、一九五三年、瀧川政次郎「奴婢漫稿」（『律令賤民制の研究』角川書店、一九六七年）第一章も女医博士について言及している。なお『職原抄』は官位相当を正七位下とする。

（36）半井家本『医心方』産婦部巻第二十二、婦人任婦身法、第二（『国宝半井家本医心方』五、オリエント出版社、一九九一年〈以下『医心方』の引用はこれによる〉一九一八～一九一九頁）。
産経云、凡任身之時、端レ心正二坐清虚如一一。坐二必端レ席、立レ不二邪住一。行二必中道一、臥レ无二横変一。挙レ目不レ視二邪色一。起レ耳不レ聴二邪声一、口不二妄言一、無二喜怒憂恚一、思慮和順、卒生二聖子一、産无二横難一也。而諸生子有二癡疵醜悪一者、其各皆在二其母一、豈不レ可レ不二審詳一哉。

（中略）

又云、任身三月未レ有二定儀一、見レ物而為レ化。是故応レ見二王后公主好人一、不レ欲レ見二傴者侏儒醜悪瘁人猨獲一。其欲レ生レ男者、操二弓矢一射二雄雉一、乗二牡馬一走二田野一、観二虎豹及走馬一。其欲レ生レ女者、着二簪珥一施二環珮一。欲レ令二子美好一者、数視二白玉美珠一、観二孔雀一、食二鯉魚一。欲レ令二子多レ智有レ力一者、当下食二牛心一御中大麦上。欲レ令二子賢良一者、坐二無レ邪席一、立レ無二偏行一。是謂二以外而像内化一者也。

（37）『うつほ物語』蔵開、上（新編日本古典文学全集）。

中納言、かの蔵なる産経などいふ書ども取り出でて、並べて、女御子にてこそあれ、と思ほして、生まるる子、かたちよく、心よくなる、といへるものをば参り、さらぬものも、それに従ひてしたまふ。

(38) 半井家本『医心方』産婦部巻第二十二、婦人任婦禁食法、第三（一九二三〜一九二四頁）。

産経云、女人胎任時、多食レ鹹、胎閉塞。任身食レ苦、胎乃動。任身多食レ甘、胎骨不二相着一。任身多食レ酸、胎肌完不レ成。任身多食レ辛、胎精魂不レ守（今案、任婦不レ可レ服二薬八十二種一、其名同在二産経一。）

(39) 半井家本『医心方』産婦部巻第二十三、治産難方、第九（一九八七頁）。

産経云、夫産難者、胞胎之時、諸禁不レ慎、或触二犯神霊一、飲食不レ節、愁思帯レ胸、耶結二齊下一、陰陽失レ理、並使二難産一也、賢母宜レ慎レ之。

(40)『御産部類記』十三、安徳天皇、平兵記、治承二年（一一七八）七月二十七日条。

供丹参膏事

今日典薬頭和気定成朝臣持二参丹参膏一、相二具勘文一。

(41)『御産部類記』十三、安徳天皇、山槐記、治承二年（一一七八）七月二十七日条。

今日中宮令レ服二始丹参膏一御（御懐妊以後七ヶ月、自二一月一懐孕、有二閏六月一也）、典薬頭和気定成所レ献也、吉時亥、向二未方一、令二服御一云々。

(42) 注(28)に同じ。

(43) 半井家本『医心方』産婦部巻第二十二、治任婦養胎方、第五（一九二九〜一九三〇頁）。

僧深方云、養胎易生丹参膏方、

丹参四両、人参二分一方二両、当皈四分、芎藭二両、蜀椒二両、白朮二両、猪膏一斤。

（中略）

任身七月使可レ服、至二坐臥一忽生レ不レ覚、又治二生後余腹痛一也。

(44) 半井家本『医心方』産婦部巻第二十三、産婦易産方、第八（一九八五頁）。

今案産経云、五丹参一斤、当皈四両、芎藭八両、白朮四両、蜀椒四両、猪膏四斤、

産経云、任身垂二七月一常可レ服二丹参膏一。坐臥之間不レ覚忽生也、以二温酒一服下如二棗核一日三上、其薬在二任婦方中一。

(45) 南宋刊本『新雕孫真人千金方』巻第二、婦人方上（『新雕孫真人千金方・真本千金方』東洋医学善本叢書12、オリエント出版社、一九八九年、八二頁）。

養レ胎臨月服令レ易レ産、丹参膏。

丹参半斤、芎藭、当帰各三両、椒伍合、有レ熱者以二大麻仁伍合一代。

(46) 半井家本『医心方』産婦部巻第二十三、産婦向坐地法、第一（一九七三〜一九七六頁）。

又云、婦人産乳先審視二十二月神図一。能順二天気一、可レ向二日虚・月空一。知二天一・日遊・八神・諸神所在方卿一、不レ可レ立二向大凶一。或日虚之上悪神併者、当三向二天道・天徳一、為レ吉无レ咎。今案、十二月図依レ繁不レ取、倶避二悪神在方一載二天気行・日虚・月空幷天道・天徳等吉地一、以備二時用一也。

（中略）

七月天気北行、産婦面向二於北一、以二左膝一着二壬地一坐、大吉即日虚月徳地。

又天徳在レ癸、天道在レ辛、

（後略）

(47)『陰陽雑書』（中村璋八『日本陰陽道書の研究』汲古書院、一九八五年、八八頁）。

第五、産雑事、

産婦人向吉方、

正南丙地、辛丁吉、二西辛地、乙丁无悪神、三北癸地、壬丁吉、四西庚地、丁辛、五北癸地、乙丁辛、六東甲地、東乙辛、七北壬地、癸、八東但有悪神、乙丁无悪神、九南丙地、丁癸、十東甲地、癸丁、十一南丁地、乙辛亥、十二西辛地、乙辛、

日遊在レ内、不レ可二母屋産一。若犯其子不レ経二三歳一死、大凶。

『陰陽博士安倍孝重勘進記』（詫間直樹・高田義人『陰陽道関係史料』汲古書院、二〇〇一年、六六〜六七頁）。

産婦向方

正月、南面、二月、西、三月、北、四月、西、五月、北、六月、東、
七月、北、八月、東、九月、南、十月、東、十一月、南、十二月、西、
巳上、件等方、若相-当禁忌方一大将軍・王相・大将軍遊行・天一・太白等方者、如二着帯向方一、生気・養者・天徳・月徳・月空等方中不レ当二禁忌之方一、可レ用レ之。

（48）『御産部類記』十二、二条院、有光朝臣記、康治二年（一一四三）六月十七日条。
医師散位安倍盛良調-備御良□（薬）一、（件人）月（来）勤-仕此役一也。

（49）『本朝世紀』康治二年（一一四三）六月二十四日条（新訂増補国史大系）。
三品雅仁親王室家夭亡年廿八。産後煩二疱瘡一之故云々。

（50）『御産部類記』十三、安徳天皇、山槐記、治承二年（一一七八）八月十六日条。
典薬頭和気定成朝臣進二御産間用途意勘文一

（51）半井家本『医心方』産婦部巻第二十三、産婦用意法、第三（一九八一〜一九八二頁）。
千金方云、論曰、産婦雖二是穢悪一、然将レ痛之時及未産已産、並不レ得レ令二死喪穢家之人来一。視レ之則生難。若已産者則傷レ児。

又云、凡欲レ産時、特忌二多人瞻視一。唯三人在レ傍待レ生、惣訖了、仍可レ告-語諸人一也。若人衆看レ之無レ不レ難耳。

又云、児出訖、一切人及母忌レ問二是男是女一。又勿レ令三母看-視穢汚一。

又云、凡産婦慎二熱食熱薬一、常当レ識レ此。飲食当レ如二人肌一。

産経云、凡婦人初生児不レ須二自視一。已付辺人莫レ問二男女一。辺人莫レ言二男女一也。児敗。

小品方云、凡婦人産闇穢血露未レ浄、不レ可下出二戸牖一、至中井竈所上也。不レ朝二神祇及祠祀一也。

（52）また『千金方』の「凡そ産婦は、熱食、熱薬を慎め。常にこれを識り、飲食を人肌のごとくすべし」をあげ、熱い食物や薬を禁止し、人肌の飲食を勧めている。

（53）『昭訓門院御産愚記』乾元二年（一三〇三）五月九日条（史料纂集『公衡公記』第三、以下この史料の引用はこれによる）。

予出二西方一仰二民部卿一云、於二御産一者已成了暫不レ示二皇子・皇女之分別一、是故実也。

(54) この点については前掲拙稿注(33)に同じで検討した。

(55) 森本仙介前掲論文注(8)に同じ。

(56) 『山槐記』治承二年（一一七八）十月一日条。
典薬頭和気定成朝臣参入、押二借地文於御産所一。母屋無二其所一。仍北庇北上長押□《押カ》レ之。件文先書二年号大歳一、次書二中宮職一、次書二借地文一、当月朔日押レ之也。

(57) 『玉葉』仁安二年（一一六七）十一月一日条（図書寮叢刊『九条家本玉葉』、以下この史料の引用はこれによる）。
今日、施薬院使丹波憲基朝臣来臨、押二借地之法一寝殿母屋中妻戸張東間也、上長押南西押レ之也、是先例也、当月朔日必押レ之云々。

(58) 『玉葉』承安三年（一一七三）九月一日条。
施薬院使憲基参入、産所押二借地法一、東西南北十歩之中不レ可レ憚云々、但自二当時一、寝所塞方可レ忌レ之。（中略）又随二日遊所在一、可レ定二母屋庇一。

(59) 『兵範記』保元元年（一一五六）四月二十日条。
越後少将女房自レ暁産気。日来寝殿北庇定二寝所一。其北障子押二借地文一水主正基康所為也、而今明日遊在レ外。仍任二借地文一十歩内母屋中、装二白鋪設一。

(60) 『昭訓門院御産愚記』乾元二年（一三〇三）閏四月二日条。
後聞、昨日一日行長朝臣参上、御産所南棟分戸北面長押ニ押二借地文一、又方々付二札符一云々行長云、随二日遊所在一、遂可レ押ヨ改借地文二云々。

(61) 『広義門院御産愚記』延慶四年（一三一一）二月三日条（『公衡公記』第三、以下この史料の引用はこれによる）。
今朝医師行長押二借地文一通用母屋庇之天、母屋庇ノ中央ノ柱ニ押レ之云々　又御高枕ニ同押レ之云々。

(62) 半井家本『医心方』産婦部巻第二十三、産婦借地法、第四（一九八二～一九八三頁）。
子母秘録云、体二玄子一法、為二産婦一借地百無レ所レ忌借地文。

東借十歩、西借十歩、南借十歩、北借十歩、上借十歩、下借十歩、壁方之中卅余歩、産婦借地。恐レ有二穢汚一。或有二東海神王、或有西海神王、或有南海神王、或有北海神王、或有日遊将軍、白虎夫人横去十丈、軒轅招揺挙高十丈、天狗地軸入地十丈。急々如律令、入所指月一日、即写一本読誦三遍、訖帖在所居北壁正中。

(63) 半井家本『医心方』巻第二十三背記（二〇六〇～二〇六三頁）。

(64)『陰陽吉凶抄』卅、産事法（詫間直樹・高田義人前掲『陰陽道関係史料』注(47)に同じ、二二八頁）。

産婦借地文

東借十歩、西借十歩、南借十歩、北借十歩、上借十歩、下借十歩、壁方之中四十余歩、産婦借地。恐有穢汚。或有東海神王、或有西海神王、或有南海神〔王脱カ〕、或有北海神王、或有日遊将軍、白虎夫人横去十丈、軒轅招揺挙高十丈、天狗地軸入地十丈、急急如律令、

暦林云、入所日《入月一日》百即写一本、読誦三遍、訖帖於所居北壁正中、

(65)『外台秘要方』東洋医学善本叢書5、東洋医学研究会、一九八一年、六六五頁。なおこの宋改本が熙寧二年（一〇六九）に校刊されている。

(66) 小曽戸洋「宋版『外台秘要方』の書誌について」（『解題・研究・索引』〈東洋医学善本叢書8〉、東洋医学研究会、一九八一年）。

(67)『山槐記』治承二年（一一七八）十一月十二日条。

石鷰典薬頭定成朝臣十月一日進一対、入道大相国又一対被献之、其体白石也、似鷰螬、其程如大柑子。

(68)『山槐記』治承二年（一一七八）十月二十五日条。

宮御所当時寝殿東北廊也、而於寝殿可有御産、若随日可有憚哉、可被尋問之由、予申大夫。々々被尋問泰茂当時候也。注進一紙、天一大将軍日遊方、王相禍害絶命等方也。

(69)『山槐記』治承二年（一一七八）十月二十七日条。

反支可向御方事可被尋之由、予申大夫。被示大進基親、々々問陰陽頭在憲朝臣。云《々カ》々申云、日遊反支無憚可向御方之方也、但此事医家可申也者。仍問典薬頭定成朝臣、云《々カ》々申旨如陰陽申。

(70)『山槐記』治承二年（一一七八）十一月十二日条。
御産御座自二北方一供レ之。
基親問二曰（日カ）遊所在於陰陽師一、母屋無レ憚、仍母屋戸内供二御座一。問二反支於典薬頭定成一、今日不二相当一、又可下向二乙方一
給上之由申云々。先例母屋簾中敷二御座五枚一、其東北両方西晴儀也、為二東晴一之時可レ立二西北両方一立二白五尺御屏風一、御座上又立二白三尺御几
帳一也、然而御所便不二相叶一、只随レ宜自レ北供レ之。
敷二御座一之時、典薬頭和気定成参入読レ呪云々。当二土用并反支一時、先並敷二牛皮二枚一、其上敷レ灰、其上敷レ綿、其
上敷二御座一也、而今日不レ当二反支一、仍雖レ相一儲其物等一不レ敷レ之。散米土器等押桶各六口、並置二北庇一。

(71)半井家本『医心方』産婦部巻第二十三、産婦反支月忌法、第二（一九七七頁）。
産経云　反支者、周来害レ人、名曰二反支一。若産乳婦人犯者、十死。不レ可レ不レ慎。若産乳値二反支月一者、当レ在二牛皮
上若灰上一、勿レ令二汚水血悪物着一レ地。々々則殺レ人。又浣濯皆以レ器盛レ之、過二此忌月一乃止。

(72)『新雕孫真人千金方』巻第二、婦人上、産難第五（九八～九九頁）。
論曰、婦人産難二是穢悪一、然将レ痛之時及未産已産、並不レ得レ令二死喪汚穢家人来一、視レ之則生難。若已産者則傷レ児
也。婦人産乳忌二反支月一。若値二此月一、当レ在二牛皮上、若灰上一、勿レ令二水血悪物著一レ地、則殺レ人。及浣濯皆以レ器盛、
過二此忌月一乃止。

(73)『御産部類記』八、崇徳院、源礼記、元永二年（一一一九）五月二十八日条。
典薬頭雅康朝臣鎮二御座一、施二呪術一。

(74)『御産部類記』十一、後白河院、九民記、大治二年（一一二七）九月十一日条。
次召二宗憲一被レ尋一仰御産之所一、令レ奏云、日遊在二内〔　〕廂可レ為二御所一者。仍先敷二牛皮一、散レ灰、敷レ綿、其上供二
白縁御座二枚一為二御産所一。典薬頭雅康朝臣如二先々一読呪退下。散米土器等桶並居二孫廂南母屋等一。

(75)半井家本『医心方』産婦部巻第二十三、産婦禁坐草法、第六（一九八三～一九八四頁）。

(76)『山槐記』治承二年（一一七八）十一月十二日条。

兼撤二尋常御座大床子一、（中略）立二白木御帳於母屋西第一間一（割注略）、先敷二御座二枚一京筵綾縁、生絹裏、南北妻相並敷レ之、以レ南為二御枕一、其上四角置二土居一、其上立レ柱（割注略）、其上組二天井一（割注略）、四面懸レ帷（割注略）、（中略）其内供二中敷御畳一、其上供二表筵一、件中敷并表筵等雑役之間無レ便、仍懸二御帳帷一了、以後令レ敷レ之也、

（77）『山槐記』応保元年（一一六一）十二月八日条。
午時有二産事一、生二男子一。無二其程医師一［　］不レ来過。只令二闍梨一人暫加持一。

（78）半井家本『医心方』産婦部巻第二十三、産婦禁水法、第七（一九八四～一九八五頁）。
子母秘録云、産時貯レ水呪曰、南無三宝水、々在井中、為井水々在河中、為河水々在盞中為盞水、々入腹中為仏水、自知非真水莫当真水、以浄持濁以正邪、日遊、月殺、五十一将軍、青龍、白虎、朱雀、玄武、招揺、天狗、軒轅、女妖、天呑、地呑、懸尸閉肚、六甲々々禁諱、十二神王、土府、伏龍、各安所在、不得動静、不得妄干、若有動静、若有妄干、頭破作七分身完不具、阿々法々尼々、阿毘羅莫多梨婆地利沙呵。

（79）『陰陽吉凶抄』卅、産事法（詫間直樹・高田義人前掲『陰陽道関係史料』注(47)に同じ、二二八～二二九頁）。
反支事、反支者昔ハ陰陽道沙汰歟、而吉平(安倍)□(不)婿之故付二医道一、以後医道申次之由、古人談レ之、
（中略）
已上行年反支、暦林女人年立反支位ト書載レ之、

（80）安倍吉平など、この時期の陰陽寮官人については、繁田信一「平安時代中期の官人陰陽師―安倍晴明の同業者たち―」（『歴史民俗資料研究』八、二〇〇三年）参照。

（81）『左経記』万寿三年（一〇二六）十二月三日条。
入道殿仰云、御産期已到。召二吉平守道等一可レ問二反支当否一。兼又可レ問三土用之間、触二御産一事。有二可レ被レ行レ事否之由一者。吉平勘申云、御年立レ亥、反支在レ未、六月産忌、御年廿八、反支四月十日《月カ》忌レ之、亥年生人、反支二月。当月朔在所、二日反支。而者今月不レ可レ有二反支御忌一云々。守道勘申云、凡反支有レ七、天反支、地反支、年反行事反支、立行反支、遊反支、胎反支、翔反支。亥御年御行年在レ巳、反支在レ丑忌之。御年廿八・支(反カ)在レ丑、忌二十二月一。

件反支、其説有レ多、就二此文一、可三忌二御レ之、抑土用間、触二御産一可レ忌二御事一、無レ見之由共令レ申。以二件事等一申レ殿。仰云、両人勘文共不レ同也、自二一説一可二会尺申一也。已大事、慥可二量申一也（割注略）。

(82)『左経記』万寿三年（一〇二六）十二月五日条。

早旦守道来向申云、見二滋岡川人反支勘文一、反支忌雖レ多、付二年数一反支重可レ忌之由、已以明也。而今年御年廿八也。四月十月可レ忌。師□吉平所二勘申一、已合二川人説一。因二彼説一非二忌御一、有二何事一乎者。則参レ宮以二此由一申二入道殿一了。

(83)『山槐記』治承二年（一一七八）十一月十二日条。

大夫下二知侍一令レ開二東門一日来所レ閉之小門也、此事見二暦琳産経巻一。

(84)『陰陽吉凶抄』卅、産事法（詫間直樹・高田義人前掲『陰陽道関係史料』注(47)に同じ、二三〇頁）。

勘文云、反支注多々、此反支許重可レ忌云々、暦林云、年立成位ト書載レ之、件反支当産者、尤凶也、可二産厚敷レ之不レ散レ血之故也、但近来強不レ忌歟、暦林云、反支者周来害レ人、名曰二反支一、若産乳婢（婦）人犯者十死、不レ可レ不レ慎、婦人産乳若値二反支月一者、当レ在二牛皮上若灰上一、令二汚水血物着レ地之者、則殺レ人、又□（浣）濯皆以レ器盛レ之、過二此忌日（月カ）一乃止、凡有二七天反支・地反支・年反支・行年反支、五行反支・□一

三反支合産十死、出二子母秘録一

(85)なお『陰陽吉凶抄』廿五、「問病弔喪日吉凶、不問弔病喪日」（詫間直樹・高田義人前掲『陰陽道関係史料』注(47)に同じ、二二三頁）では、病を問う忌に関する反支日を論じている中に『耆婆脈経』からの反支の引用もみえる。

(86)『紫式部日記』（新編日本古典文学全集）。

十日の、まだほのぼのとするに、御しつらひかはる。白き御帳にうつらせたまふ。（中略）十一日の暁も、北の御障子、二間はなちて、廂にうつらせたまふ。

(87)森本仙介前掲論文注(8)に同じ。

(88)たとえば『陰陽吉凶抄』卅、産事法の日遊神所在には丁卯・戊辰はない（詫間直樹・高田義人前掲『陰陽道関係史料』

注(47)に同じ、二二七〜二二八頁)。なお待賢門院(新生児、のちの後白河天皇)の大治二年九月十一日(戊戌)は日遊が母屋にあたるとされた例であるが、これは南宮にある。ただしこれも戊にあたる。

(89)『暦林問答集』下、釈日遊第四十三(中村璋八前掲『日本陰陽道書の研究』注(47)に同じ、三八八頁)。

或問、日遊何也。答曰、訪二諸文一、日遊之説多矣。日遊所在、尤有二忌諱一。其日遊者、天一火神也。日之精気、下主二宮舎内外一、而遊二八方一。主二日精一之故、名二日遊一也。自二癸巳日一至二己酉日一十七日、在二屋内一。又戊己日居二屋舎内一、余日皆運転二八方一。今暦所レ載者、只在二屋舎内一耳。八方遊行者、皆略レ之。此日勿レ掃二屋舎内一、又婦人産期之時、避二母屋一移二庇間一、無レ咎也。

(90)『御産部類記』四、後一条院、権記、寛弘五年(一〇〇八)七月九日条。

此夜中宮可レ出者。而今日大将軍遊行間也。仍左本(ママ)撰申光栄・吉平・泰平被レ問、申下忘却二勘申一之由上。仍改勘。来十六日可二御出一之由。仍罷出。

『御産部類記』四、後一条院、外記、寛弘五年(一〇〇八)七月九日条。

諸卿参二仗座一、依レ可レ有二中宮行啓一也。而依レ当二大将軍遊行方一延引、来十六日可二行啓一云々。

(91)『山槐記』治承二年(一一七八)十一月十二日条。

移御二御座一之時着二青色御衣一、可レ令下用二吉方色一給上之由、定成兼申行也。又着御二白御裳一云々。

(92)正式名は『崔氏纂要方』といい『旧唐書』経籍志にみえる。なお『唐書』芸文志では崔行功とする。全十巻あったが現在は失われている。

(93)『外台秘要方』巻三十三「崔氏年立成図法」(前掲書注(65)に同じ、六六〇頁)。

女人年二十四 行年在二己酉一、反支在二六月・十二月一、禍害在二東北艮一、絶命在二西北乾一、生気在二東方震一、宜下喚二東方青衣師一看上レ産、産婦宜下著二青衣一臥中東首上、懸戸在二己亥日一、閉肚在レ甲、八壮在レ辛。

(94)『昭訓門院御産愚記』乾元二年(一三〇三)五月九日条。

次女院着御二吉方御衣 御生気方色青也、如レ単端ヲ捻、 幷御裳一 白生二倍、如二恒雑仕裳一、但左右股立至二于末一不レ縫レ之。

中島和歌子前掲論文注(7)に同じ。ただし中島和歌子氏は「陰陽道における医書の重要性と色選びの独自性―八卦忌と出産儀礼を中心に―」（『風俗史学』五九、二〇一四年）では、この例は、新生児の色ではなく、産婦の色と訂正している。

(95)『三長記』建久六年（一一九五）八月十二日条（『皇室制度史料　儀制　誕生二』）。

次移二御々産座一、著二御吉方御衣緑色幷御裳白練絹、股立至二于末一、近習女房等著二白装束一、候二御座辺一白衣唐衣、白生袴、不レ著二打衣・張袴一。

なお初出版では、これに続けて「緑は水色を意味するから、産婦年齢が二十四歳の徳子の例と同じで青色の可能性もある」としていた。しかし中島和歌子氏が二〇一四年の前掲論文注(94)に同じで、この「緑色」は、本来の「黒色」の「水の色」に代用したものであるが、青色と緑色は別の色であるという指摘に従い、この文を削除した。

(96)『広義門院御産御記後伏見天皇宸記』延慶四年（一三一一）二月二十三日条（『皇室制度史料　儀制　誕生二』）。

女院著二御々産御座一、先レ斯著二御吉方御衣其色青練、幷御裳一、白練、股立至レ末、、不レ縫レ之、件御衣兼内々用意。

なお『広義門院御産愚記』（『公衡公記』第三）では「緑色、練」とある。

(97) 西山良平「王朝都市と《女性の穢れ》」（『日本女性生活史』第一巻、原始・古代、東京大学出版会、一九九〇年）は、彰子が十日に白の装束・調度に転換したとする。

(98) 注(86)に同じ。

(99)『御産部類記』七、鳥羽院、大記、康和五年（一一〇三）正月二十三日条。

改二白御装束一、立二絵屏風・纐纈《（ママ）》几帳等一。

(100)『御産部類記』八、崇徳院、同《（源礼）》委記、元永二年（一一一九）五月二十八日条。

自二子剋許一、有二中宮御産気一、仍寅剋、宮司等参入、撤二尋常御装束一。

なお産婦二十八歳で生気は東南巽、産衣は青衣になる。

(101)『長秋記』元永二年（一一一九）五月二十八日条（増補史料大成、以下この史料の引用はこれによる）。

于時申一刻也、男皇子誕生。（中略）

「僧正御産之間物語事」僧正語云、去夜亥時自二御身中一水出来、（中略）辰時以後及二未時一御寝、未レ傾程予渡二御邪気於三人一、其後安然御産更無レ程、予独入二簾中一、候二御簾几帳際一（中略）。

「着白色衣袴事」天曙間改二御装束一、皆用二白色一、顕隆朝臣奉二行之一、其後女房皆着二白色衣白袴一云々、主水正資盛着二白装束布衣一候二簾中下一、知二故〔実一也〕。

(102)『御産部類記』三、冷泉院、九条殿記、天暦四年（九五〇）五月廿四日条。

勘申（中略）

初着給御衣日時

廿六日癸亥、時巳二点、若午二点、

廿八日乙丑、時午二点、若酉二点、

但以二黄色衣一、可二用給一。

(103)半井家本『医心方』小児部巻第二十五、小児初着衣、第十七（二一七一～二一七二頁）。

産経云、小児初着衣法、甲乙日生子衣以二黒衣一忌二庚日一晡時凶、晡日、丙丁日生子衣以二青色衣一忌二夜半一、戊己日生子衣以二絳衣一忌二甲申日一旦時凶、庚辛日生子衣二以黄衣一忌二丙子日一申時凶、壬癸日生子衣以二白衣一忌二戊巳日一晡時凶。

(104)『山槐記』治承二年（一一七八）十一月十二日条。

択申、今日未時御降誕皇子雑事日時。

（中略）

御着衣日時、

廿三日壬午　時午可レ着二御黄衣御衣一。

(105)『山槐記』治承二年（一一七八）十一月十二日条。

御産成御了後、候二台盤所一女房皆悉着二白装束一。

白唐衣（割注略）白表着（割注略）白打衣（割注略）白掛五領（割注略）白単衣（割注略）白裳（割注略）

已上皆腰如レ常。

紅張袴（割注略）扇（割注略）

(106)『山槐記』治承二年（一一七八）十一月十二日条。

定成朝臣献二御乳付雑具甘草湯一。又以レ蜜和光明朱、又牛黄等也。兼給レ之所二料理一也。

納下手箱一合所二儲置一之御薬雑物等上、

石鷰二、典薬頭定成朝臣十月一日進二一対一、入道大相国又一対被レ献レ之、其体白石也、似二鷰螬一、其程如二大柑子一、

海馬六、入道被レ献レ之、

鼺鼠皮一枚、同進、其広如二兔皮一、其色薄香也、

獺皮一枚、同進、其色黄、

弓弦一筋、内大臣、被レ献レ之、

馬銜毛、定成朝臣進、

已上当日御薬也。後聞、第三日被レ納レ之、但至二于定成朝臣所レ進之石鷰一、

三日以後返給云々。

(107)『三長記』建久六年（一一九五）八月十二日条（増補史料大成）。

此間医師進二御薬・雑具等一、石鷰（左右）・海馬・鼺皮・獺皮・熊手・馬鬣・弓弦等也、件物等皆平産尤物也、皮等或御座辺敷之。

(108)『新修本草』玉石部下品巻第五（図書寮叢刊『新修本草　残巻』宮内庁書陵部、一九八三年、二二二頁）。

石鷰、以レ水煮、汁飲レ之。主淋、有レ効。雨《両》手各把二一枚一、主産難。出二零陵一。

(109)『証類本草』巻二十一（『経史證類備急本草〈四〉』東洋医学善本叢書33、オリエント出版社、一九九二年、三三六頁）。

海馬　謹按二異志一云、生二西海一大小如二守宮一、蟲形若馬形。其色黄褐、性温平無レ毒、主婦人難産帯二之於身一神験。

なおこの部分の引用ではないが、『本草拾遺』は『医心方』にも引用されている。

(110)半井家本『医心方』産婦部巻第二十三、産婦易産方、第八（一九八六頁）。

陶景本草注云、鼺鼠皮毛以与二産婦一持レ之令二易産一。

なお、『医心方』引用の「陶景本草注」が『新修本草』の陶弘景注であることは、櫻井謙介・小林清市「『本草集注』関連

史料考異」（龍谷大学佛教文化研究所編『敦煌写本本草集注序録・比丘尼注戒本』龍谷大学図書館善本叢書16、法藏館、一九九七年）を参照。

(111) 半井家本『医心方』産婦部巻第二十三、産婦易産方、第八（一九八六頁）。
又方、帯二獺皮一、吉。

(112) 半井家本『医心方』産婦部巻第二十三、産婦易産方、第八（一九八五頁）。
葛氏方云、密取二馬髻毛一、繋二衣中一。勿レ令レ知耳。

(113) 半井家本『医心方』巻第二十三、産婦治産難方、第九（一九九一頁）。
又方、取二弓弩弦一、令レ帯二産者腰中一、良。

(114) 半井家本『医心方』産婦部巻第二十三、治胞衣不出方、第十四（二〇〇二頁）。
陶景本草注云、呑二胡麻油少々一。又方、取二弓弩弦一縛レ腰。

(115) 注(83)に同じ。

(116) 半井家本『医心方』産婦部巻第二十三、治産難方、第九（一九九〇頁）。
産経云、産難時、皆開二門戸窓瓮瓶釜一切有レ蓋之類一、大効。

(117) 『御産部類記』十三、安徳天皇、山槐記、治承二年（一一七八）八月十八日条。
中宮自二今日一毎日有二御受戒一。（中略）被三供養始二毎日放光仏・易産陀羅尼一、二品沙汰也。用二常光院仏具一、権少僧都良弘為二御導師一。為《給》二布施一（割注略）。結番各十ヶ日可二参勤一也。放光仏、顕宗人前々奉二供養一歟。而大夫、私産易産陀羅尼、有二効験一之由、被レ申行、仍召二真言師一也。

(118) 洞院局は徳子出産時に乳付に奉仕しているが、『山槐記』治承二年（一一七八）十一月十二日条に「件洞院局去六月雖レ有二産事一、当時乳汁不レ出之人也」とある。

(119) 実際に、『別尊雑記』巻第十三（『大正新脩大蔵経』図像、第三巻一〇六頁）によれば、産難の時に呪を把って一心に念じたり、帯に入れたりしておくと易産になると考えられていた。また『阿娑縛抄』巻第百八十一、易産陀羅尼経（『大正新脩大蔵経』図像、第九巻五七九頁）でも産婦の手に経典を握らせて祈願するとある。そして大慈房少将阿闍梨聖昭の説として、「堀河院中宮」の御産の時に雙厳房（頼昭法印）が持参した「易産陀羅尼経」千部摺写を供養し、また中宮自らもこれを御帯に持したとある。ただし聖昭はこの経典を「偽経」としている。

「堀河院中宮」といえば、本来は篤子内親王をさすが、彼女には所生子は伝えられていない。このため堀河天皇女御でのちに贈皇太后となった藤原苡子の可能性も考えられる。すなわち康和五年（一一〇三）正月十六日に誕生した鳥羽天皇の出産に関連したものと考えられる。しかし天台密教「雙厳流」の祖とされている頼昭は、皇慶の弟子で、承保元年（一〇七四）二月の藤原頼通死去時に光明真言法を行っており（『阿娑縛抄』第六十九）、承暦元年（一〇七七）に『水左記』にみえるなど活躍の時期が白河天皇期からみえる。「堀河院中宮」の御産の時は、頼昭の活躍時期から考えると「白河院中宮」の誤記の可能性も考えられ、藤原賢子の出産に関するとすれば、十一世紀半ばの事例といえる。

『覚禅鈔』第一薬師法裏書（『大日本仏教全書』五三巻四二～四三頁）によれば、保延三年（一一三七）の御読経に童子経五口、宝月如来御念誦三口、易産陀羅尼三口を行っているが、これは「通憲ノ沙汰」とある。誰の出産の記事か記されていないが、同年四月八日に鳥羽院女御藤原得子（故長実中納言女）が女子（暲子内親王・八条院）を出産した時のものである可能性が高い。

(120) 着帯時の例は、『后宮御著帯部類』（『図書寮叢刊　御産部類記』下、注(14)に同じ）が引用する「定嗣卿記」にみえる寛喜二年（一二三〇）十月十一日の藤原竴子の時（胎児、のちの四条天皇）である。帯加持の終了後に戻された帯について、水で易産陀羅尼と書かれていたという注記がある。

(121) 半井家本『医心方』産婦部巻第二十三、治産難方、第九（一九八八頁）。
　大集陀羅尼経神呪、南无乾陀天与レ我呪句如レ意成レ吉　祇々利々祇羅針陀施祇羅鉢多悉婆訶
　右其呪令二産婦易レ生。朱二書樺皮上一、焼作レ灰和二清水一服レ之。即令二懐子易レ生、聡明智恵、寿命延長一、不レ遭二怖横一。

(122)『陀羅尼雑集』巻第五（『大正新脩大蔵経』第二一巻六一〇頁）。
　尼乾天所説産生難陀羅尼呪

南無乾陀天、使二我呪句一如レ意成レ吉。即説二此呪一、

耆梨耆梨　耆羅鉢陀　耆羅鉢陀悉波呵

呪曰書二樺皮若紙上一、書レ呪文焼作レ灰、使二婦人水中服一レ之。即得二分身一。

『陀羅尼雑集』巻第八（『大正新脩大蔵経』第二一巻六二五頁）。

尼乾陀天所説生難呪

南無乾陀天、使二我呪句一如レ意成レ吉。即説レ呪曰

耆梨闍羅鉢陀一耆梨闍羅鉢陀二悉波呵

呪已若樺皮若紙上、書レ呪文焼作レ灰、使二婦人水中服一レ之。即得二分身一。

この『陀羅尼雑集』は、六世紀前半梁代の成立で撰者未詳とされる経典であり、全十巻ある中で、この陀羅尼は巻第五と巻第八にみえ、両陀羅尼はほぼ同文である。

なお巻第五では目録部分に「尼乾天説令人易産陀羅尼」とあるが、本文部分では「尼乾天所説産生難陀羅尼呪」とある。また、巻第八では目録部分・本文部分ともに「尼乾陀天所説生難呪一首」とある。

(123) なお丹波康頼が「大集陀羅尼経神呪」をいかなる経緯で引用したかについて、槇佐知子氏は前掲『医心方　巻二十三　産科治療・儀礼篇』注(17)に同じでは、この記事の最後に朱筆で「本在上易産篇」とあるが、第八章「産婦易産方」にはないので、『産経』の易産篇のことかとした。また注(4)の論文ではその直前の引用が『医門方』であることから『医門方』〈医門括源方一巻〉の記事を引用しているとする。ただし、この引用には、通常の「又云」の引用文言がないことから、決め手に欠ける。なお『産経』は、難産の場合の祝「又云、産難時祝曰、上天蒼々、下地鬱々、為二帝王臣一、何故不レ出、速々出々、天帝在レ戸、為二汝着名一、速出、々々」を載せているが、密教系のものではない。

(124) 半井家本『医心方』巻第二十三、治産難方、第九（一九八九頁）。

子母秘録云、防産難及運呪曰、耆利闍羅　抜陀羅　抜陀耆利闍羅河沙呵、

右臨レ産、預至レ心礼懺、誦満二千遍一、神験不レ可レ言、常用有レ効。

又云、若以レ色見レ我、以二音声一求レ我、是人行二邪道一、不レ能レ見二如来一。

右臨レ産、墨書二前四句一分為二四符一齊上度、至レ心水中呑レ之。立随児出、曽有レ効。

(125)『陰陽吉凶抄』卅、産事法（詫間直樹・高田義人前掲『陰陽道関係史料』注(47)に同じ、一二三〇～一二三一頁）。

□□初受気法

□□［正月］□、二月有血脈、三月作胎、四月形体成、五月振動、六月筋骨立

七月□□生、八月蔵府具、九月穀気会、十月神備能生、出二霍氏一、

□時、先以二朱砂一点二婦頭後宛々中一、点二鼻□間一、

□時、北者利闍羅抜陀耆利闍羅呵娑婆可、

(126) 二村友佳子前掲論文注(6)に同じ。

(127) 森本仙介前掲論文注(9)に同じによれば、新生児の外祖父が唱えるが、法体や喪中などの支障があれば、院（父方祖父か）が、両者ともに法体の身である場合、后妃の男兄弟（嫡男）が役を務めたとする。

(128)『山槐記』治承二年（一一七八）十一月十二日条。

内大臣誦二祝詞三反一（以レ天為レ父、以レ地為レ母、頒二金銭九十九一令レ児レ命、）被レ置二銭於皇子御帳御枕上一、（件銭九十九文納二方三寸許白生絹袋一也、以二白糸一為レ括、御産以前自二禅門一被レ献レ之、大夫取レ之被レ伝二内府一、渡御以前被レ置二白御帳内一、）

（中略）

銭九十九文（同日朝、入道被レ献レ之、祝言料。）

(129) 半井家本『医心方』小児部巻第二十五、小児新生祝術、第二（二一四七頁）。

産経云、凡児初生時、即祝曰、以レ天為レ父、以レ地為レ母、頒二金銭九十九一、令二児寿一。

凡小児初生、仍以発二其手掌一曰、号二〔善脱カ〕・理一、寿二千歳一、至二二千石一、乃起レ之、大吉。若可三当為二天子王侯后妃卿相一者、即随二其相一号レ之、乃可レ起レ抱レ之、吉。

(130)『平家物語』巻第三　御産（新日本古典文学大系）。

小松殿、中宮の御方に参らせ給ひて、金銭九十九文、皇子の御枕にを《お》き、「天をもッては父とし、地をもッては母と定め給へ。御命は方士東方朔が齢をたもち、御心には天照大神入かはらせ給へ」とて、桑の弓、蓬の矢にて、天地四方を射させらる。

(131) 森本仙介前掲論文注(9)に同じ。

(132) 『兵範記』保元元年(一一五六)四月二十日条。裏書
臍緒切了。抱上之間、祝曰、以レ天為レ父、以レ地為レ母、領《ママ》二金銭九十九一令二児寿一。又発二其手掌《(日カ)》一四、号二善理一、寿二千歳一、至二二千石一、乃起レ之、大吉。主水以二此術《呪》文一授二女房一、彼時令レ誦《唱》也。

(133) 平間充子前掲論文注(5)に同じ。

(134) 服藤早苗『平安期　女性のライフサイクル』吉川弘文館、一九九八年。

(135) 加藤美恵子「中世の出産─着帯・介添え・産穢を視座として─」(『女性史学』一六、二〇〇六年)。

(136) 『山槐記』治承二年(一一七八)十一月十二日条。
奉レ切二御臍緒一、先御産成了、即差二小属安倍資忠一右衛門府生也、無レ憚子息云々、遣切二生気方東河竹一、即持参、口径一寸許、長五六寸許、亮重衡朝臣取レ之参二御前一、作二竹刀一只一削作刀方、不レ再云々、亮無レ憚子息也、或用二銅刀一、今度用レ竹也、進レ之。洞院局大夫室、以二練糸一奉レ結二御臍一。長六寸ニ、法二云々、所内大臣取二竹刀一奉レ切レ之洞院局置二帖紙於手上一、其上置二御臍緒一、□切二糸内方一、刀鈍頗奉レ切□□内府與女房之間立二三尺御几帳一云々。

(137) 『日本書紀』巻二、神代下、第九段一書第三(日本古典文学大系)。
一書曰、初火焔明時生児、火明命。次火炎盛時生児、火進命。又曰火酢芹命。次避二火炎一時生児、火折彦火火出見尊。凡此三子、火不レ能レ害。及母亦無レ所二少損一。時以二竹刀一、截二其児臍一。其所棄竹刀、終成二竹林一。故号二彼地一曰二竹屋一。

(138) 『左経記』万寿三年(一〇二六)十二月九日条。
先今日切二御臍緒一幷有二御乳付一(中略)則以二属忠節一遣取二御気方阿川東方一、令三左衛門督作レ之、藤三位奉レ切内御乳母也。

(139)『兵範記』保元元年（一一五六）四月二十日条。
　次儲二竹刀一、図書申二吉方一竹東方、出羽権守資保依二此事物吉者一、仰付令レ切作レ之。次令レ切二臍緒一、産婦手被レ切云々。
(140) 中島和歌子前掲論文注(7)に同じ。
(141) 半井家本『医心方』小児部巻第二十五、小児断臍方、第十（二一五七頁）。
　産経云、凡児断レ臍法、以二銅刀一断レ之吉、臍当レ令二長六七寸一、長則傷レ肌、短則傷レ蔵。
(142)『御産部類記』七、鳥羽院、大記、康和五年（一一〇三）正月十六日条。
　即有二御乳付事一母氏女御云々、其物具自レ院以二経忠朝臣一被レ奉レ献レ之、銅刀切二臍緒一料。（中略）大納言奉レ切二御臍緒一。
(143)『陰陽雑書』第五、産雑事、（中村璋八『日本陰陽道書の研究』前掲注(47)に同じ、八八頁）。
　　切二臍緒一幷乳付、生時用レ之
　以二銅刀一切レ之、吉、
　今案、近代以二竹刀一切レ之、即用二吉方竹一、或亦用二筆管一、云云
『陰陽博士安倍孝重勘進記』切臍緒事（詫間直樹・高田義人『陰陽道関係史料』前掲注(47)に同じ、六七頁）。
　以二銅刀一切レ之、近代以二竹刀一切レ之、即用二吉方竹一、又以二筆管一切レ之。
(144)『山槐記』治承二年（一一七八）十一月十二日条。
　此後御胞衣至二于奉レ蔵之日一、皇子御所東方立二御几帳一置レ之、此所不レ令レ寄レ人云々。
(145) 半井家本『医心方』産婦部巻第二十三、蔵胞衣断理法、第十五（二〇〇四〜二〇〇五頁）。
　産経云、凡欲レ蔵二胞衣一、必先以二清水一好洗二子胞一、令二清潔一。以二新瓦瓮一、其盖亦新。畢、乃以二真絳繒一裹レ胞、訖取二子胞貢銭五枚一、置二瓮底中羅烈一、令二文上向一、乃已取二所レ裹胞一、盛二内瓮中一、以レ盖覆レ之。周密埿封、勿レ令下入二諸虫畜禽獣一得レ食上之。畢、案レ随二月図一、以レ陽人使レ理(埋)レ之、掘二深三尺二寸一、堅二築之一、不レ欲レ令二復発一故耳。能順二従此法一者、令二児長生鮮潔、美好方高心、善聖智富貴一也。且以欲レ令三児有二文才一者、以二新筆一柄一、著二胞上一蔵レ之。大吉。此黄帝百女占中秘文也。且蔵レ胞之人、当レ得二令名佳士者一。則令下児弁慧多智、有二令名美才一、終始無レ病、富貴長

寿上矣。

(146) 半井家本『医心方』産婦部巻第二十三、蔵胞衣断理法、第十五（二〇〇五頁）。

又云、一法、先以レ水洗レ胞令二清潔一、訖復用二清酒一洗レ胞、以二新瓦甕一盛レ胞、取二鶏鶵一枚一、以二布若繒一纏レ鶵置二胞上一、以二瓦甌一盖二其口一理レ之。案二十二月図一、於二算多上一蔵レ之、吉。其地向陽之処、深无レ過二三尺一堅築レ之、勿レ令レ発也。大吉。男用二雄鶵一、女用二雌鶵一。一説云、如来云、我不二殺生一故得二寿長一、何殺生求二寿命一、故不レ疏レ之。

(147)『玉蘂』承元三年（一二〇九）五月二十五日条（今川文雄校訂、思文閣出版、一九八四年）。

次供二夕御湯一、其儀如レ朝、御湯間汲二吉方水一、御湯之間洗二胞衣一、吉時舁二居槽於便宜所一、其傍立二床子一脚一、女房左衛門佐著二件床子一、先以二清水一洗レ之、以二美酒一洗レ之、次以二緋縑一裹レ之、次入二銭五文於白瓷瓶子一、以レ文為レ上用歟、九十九文外□□、次以二胞衣一入二銭上一、次新筆一管入二胞衣上一、次掩二瓶蓋一、以二生気方土一塗二塞之一、左衛門尉行兼塗レ之、次以二行兼一令レ釣二乾方一、予申参也、翌日遣二槽於御乳母許一也。

(148)『左経記』万寿三年（一〇二六）十二月十日条。

宮庁召二内匠寮一召二頭兼懐一、以二巳刻一令レ作二御槽具一、御湯槽一口加レ台、御湯奉仕人料、床子一脚、御迎湯床子一脚、量物御机一脚、有二白絹面一、雕床子二脚、脚別居二□各八口一、二列惣十六口、洗胞衣槽一口、有二下床子一。

(149)『御堂関白記』寛弘六年（一〇〇九）十二月九日条（大日本古記録）。

初着二産衣一給、蔵二御胞衣東方一。

(150)『御産部類記』七、鳥羽院、大記、康和五年（一一〇三）正月二十四日条。

巳剋被レ蔵二胞衣一。大納言幷左少弁顕隆（源礼）奉二仕其事一加二入瓮中金銀・犀角・墨筆・小刀等一。

『御産部類記』八、崇徳院、同委記、元永二年（一一一九）六月五日条。

又午剋被レ蔵二御胞衣於御所甲方一。

(151)『后宮御産当日次第』（続群書類従、第三十三輯下、雑部、以下この史料の引用はこれによる）。

(152)『山槐記』治承二年（一一七八）十一月十二日条（大倉集古館本、『皇室制度史料　儀制　誕生二』）。

定成朝臣献二御乳付雑具甘草湯、又以レ蜜和光明朱、又牛黄等一也、兼給レ之所二料理一也、
納下手箱一合所二儲置一之御薬雑物等上、
（中略）
甘草入道進、
光明朱同、
蜜兼日自二蔵人所一遣召蜜、御園所レ進非二真蜜一、仍定成朝臣賜二蔵人所牒一、差二副寮官一人於仕人一、遣二御園一、所レ取二進真蜜一也、
牛黄入道進、御乳付之後被レ置二皇子御枕上一、
已上御乳付料。

（153）『御産部類記』三、冷泉院、九条殿記、天暦四年（九五〇）五月二十四日条。
先レ是侍医季富等供二甘草汁一、次以レ蜜和二光明□[朱]砂一、塗二□[御]脣一。

（154）半井家本『医心方』小児部巻第二十五、小児与甘草湯方、第四（二一四八頁）。
千金方云、児新生出レ腹、先以レ指断二口中悪血一。去レ之便洗浴断レ臍。竟祝袍訖、未レ与二朱蜜一也。取二甘草如二手中指一節許一打砕、水二合煮取二一合一、以レ綿纏沾取与レ児。吮レ之如二朱蜜法一連吮、計可レ得二一蜆殻一。入レ腹止。児当二快吐一、々二去胸中悪汁一也。吐後消息、□[計]下□[如]二飢渇一頃上、復更与レ之若二前服一。及二更与並不レ吐一者、但稍与。尽二此一合一止、得レ吐二悪汁一、令二児心神智恵无一レ病。都不レ吐者、是不レ含二悪血一耳。勿二復与一レ之。小品方同レ之。

（155）半井家本『医心方』小児部巻第二十五、小児与朱蜜方、第五（二一四九頁）。
産経云、小児初生三日可レ与朱蜜方。令二児鎮一精神魂魄一。真朱精錬研者如二大豆一多、以二赤蜜一蜆殻一和レ之、以レ綿纏沾、取与レ児。吮レ之得二三沾一止。一日令レ尽二此一豆多一耳。作二三日与一レ之。則用二三大豆多一也。勿レ過二此量一、過則傷レ児也。

今案、小品方云、不二宜多一、々則令二児脾胃冷腹脹一。

（156）『御産部類記』七、鳥羽院、大記、康和五年（一一〇三）正月十六日条。

即有二御乳付事一母氏女御云々、其物具自レ院以二経忠朝臣一被レ奉レ献レ之。銅刀切二臍緒一料・牛黄・光明朱・蜜・甘草。大納言奉レ切二御臍緒一。霊薬等典薬頭忠康朝臣罷預、料理進二-上之一。

(157) 半井家本『医心方』小児部巻第二十五、小児与牛黄方、第六（二一五〇頁）。
産経云、朱蜜与竟、即可レ与二牛々一。黄々益二肝胆一、除レ熱、定レ驚、避二悪気一也。作法如二朱蜜一、多少一法同也。小品方同レ之。

(158) 注(152)に同じ。

(159) 『御産部類記』三、冷泉院、九条殿記、天暦四年（九五〇）五月二十四日条。
降誕之後、即□□□〔野剱二〕柄・□〔犀〕角一株・虎首《ママ》一頭《ママ》、置二枕上一為レ護自今以後、懐任皇子、予先可レ儲二件等物一、臨二其時一雖レ求、忽難レ具。（中略）
女房等各着二白裳唐衣一、一人持二虎頭一、一人犀角、一人御剱・人形、列二-立於御前一。

(160) 半井家本『医心方』小児部巻第二十五、小児初浴方、第九（二一五六頁）。
又云、小児初生、以二虎頭骨一漬二湯中一、洗二-浴之一、令二児不一レ病。

(161) 『御産部類記』七、鳥羽院、大記、康和五年（一一〇三）正月十七日条。
次皇子渡二御浴殿一、権大納言公実卿奉レ抱直衣、権中納言卿取二御剣一束帯、虎頭・犀角相加、自レ院被レ献レ之。

(162) 『御産部類記』八、崇徳院、源礼記、元永二年（一一一九）五月二十九日条。
大納言三位奉レ仕二御湯浴殿一、（中略）、女二位為二対湯一。二条殿奉レ抱二皇子一、（中略）、御匣殿持二犀角虎頭一、（中略）、
高倉殿持二御剣一、典侍藤能子散米、（後略）。

(163) 『御産部類記』七、鳥羽院、大記、康和五年（一一〇三）正月十七日条。
剱二柄結二-付一柄金・銀・犀角・銭等一、入二絹袋付一レ之。

(164) 『御産部類記』八、崇徳院、同委（源礼）記、元永二年（一一一九）五月二十九日条。
犀角・金銀・瑠璃・車渠・馬脳・頗璃・珊瑚・琥珀・真珠、銭等入二白生絹小袋一、入二御湯一。

(165) 半井家本『医心方』小児部巻第二十五、小児初浴方、第九（二一五六頁）。

又云、小児初生、以金銀珍宝珠玉等投湯中、児必為貴尊、大吉。

(166)『御産部類記』七、鳥羽院、大記、康和五年（一一〇三）正月二十四日条。
巳剋被蔵胞衣。大納言幷左少弁顕隆奉仕其事加入瓫中金銀・犀角・墨筆・小刀等。

(167)『山槐記』治承二年（一一七八）十一月十二日条。
賜医師禄、依召典薬頭和気定成朝臣衣冠、自東方参進、候南階間簀子、大夫取衣一具紅匂五、紅梅単衣、柳織物表着、（緋一重織物、）召女房取之、給之。定成朝臣下南階、於庭中再拝、入東方門、生出来取之相従医給御衣事旧例無所見、待賢美福両院御産以後有此事歟、

(168)『御産部類記』三、冷泉院、九条殿記、天暦四年（九五〇）閏五月二日条。
（前略）幷侍医桜井宿祢季富・陰陽権助秦連茂・右近将監三嶋真祥（割注略）等給酒肴。而給禄、（中略）季富絹・縑各一疋、連茂白絹、真祥縑一疋季富以下三人、七ヶ日間伺候、仍厚賞翫。件人々給禄之後、於庭中再拝退出。

(169)『紫式部日記』（新編日本古典文学全集　一三六頁）。
月ごろ御修法、読経にさぶらひ、昨日今日召しにてまゐりつどひつる僧の布施たまひ、医師、陰陽師など、道々のしるしあらはれたる、禄たまはせ、うちには、御湯殿の儀式など、かねてまうけさせたまふべし。

(170)『御産部類記』九、通仁親王、為隆卿記、天治元年（一一二四）五月二十八日条。
法皇於簾中令行事給。顕隆卿奉仰、召光平・雅康等。雅康先参本自着衣冠、召上南簀子、顕隆卿取宮御衣、給之有仰詞、　雅康朝臣下南庭、一拝退出。次光平朝臣参上、同給御衣、又一拝退出各須舞踏、不然者二拝欤。

『御産部類記』九、通仁親王、花園左府記、天治元年（一一二四）五月二十八日条。

次召医師・陰陽師等各一人光平衣冠雅保衣冠、光雅依参砌下、仍召昇簀子上、藤中納言顕隆取御衣給之云々。下砌下一拝、退出了。次光平参、同前了。

(171)『后宮御産当日次第』
給医師禄。

白掛一重。諸大夫。

御衣。召二南階間簀子一、亮取レ之、或公卿。

追召加医師。

内々給二御衣一。不レ給二例禄一。

なおこの史料は天暦・寛弘・承暦・元永・保延・治承の后宮の出産例を参考に構成したものである。その中に丹波頼基が医師の名としてみえる。丹波頼基は『大間書』保元四年（一一五九）正月二十九日には女医博士、『吉記』安元二年（一一七六）六月十三日に侍医、『山槐記』文治四年（一一八八）十月十四日には典薬頭になっている。典薬頭は正治二年（一二〇〇）十二月十一日までは確認できる。死去は建仁元年（一二〇一）七月である（履歴は新村拓『古代医療官人制の研究』法政大学出版局、一九八三年、五七頁）。また陰陽師として賀茂宣憲らの名がみえる。そして高倉天皇妃で後鳥羽天皇・後高倉院の母、建久元年（一一九〇）四月二十二日に、院号を得ている七条院の名がみえる。中宮権大進が宗方とある。後鳥羽天皇中宮藤原任子の皇子出産を予想して作成された可能性がある。ただし任子が出産したのは内親王であった。

(172)『兵範記』保元元年（一一五六）四月二十日条。

次与二僧以下禄一、（中略）図書主水等頭正、各綿衣二領、問生等各掛一領。

(173)東野治之「木簡雑識」（『長屋王家木簡の研究』塙書房、一九九六年）に指摘されている。

(174)槇佐知子氏は前掲『医心方 巻二十三 産科治療・儀礼篇』注(17)に同じ三〇一頁で、治産後不能食方第三十二の『子母秘録』の末尾に「許仁則与女」とあることから、『医心方』が引用したものは、彼以外の撰者のものとし、『宋史』芸文志にみえる「張傑子母秘録」十巻の引用とする。しかしこの内容そのものは許仁則のものであることを示していると考えられる。

(175)「天平勝宝八歳（七五六）具注暦」（儀鳳暦）（「正倉院文書」続修十四、『大日本古文書』四ノ二一一頁）。

日遊　其所在産婦不レ可レ居二之坐一、及掃レ舎又忌。

(176)前掲拙稿注(33)に同じ。『私教類聚』は岩波日本思想大系『古代政治社会思想』所収による。瀧川政次郎「私教類聚の構成とその思想」（『日本法制史研究』名著普及会、一九八二年）。

(177) 前掲拙稿注(33)に同じ、及び拙稿「日本古代における外来信仰系産穢認識の影響―本草書と密教経典の検討を中心に―」(本書第二章、初出は二〇〇七年)。

(178) 『西宮記』臨時一(定穢事)所収　或記云が引用する「弘仁式云」。

触二穢忌(悪)事一応レ忌者、人死限卅日、産七日、六畜死五日、産三日、其喫レ宍、及弔レ喪、問レ疾三日。

『令義解』神祇令散斎条

凡散斎之内、諸司理レ事如レ旧。不レ得二弔レ喪、問レ疾、食レ完(宍)。亦不レ判二刑殺一、不レ決二罰罪人一、不レ作二音楽一、不レ預二穢悪之事一。致斎、唯為二祀事一得レ行。自余悉断。其致斎前後、兼為二散斎一。

(179) 片岡耕平「中世の穢れ観念について」(『歴史』東北史学会、一〇二、二〇〇四年)、同「中世の穢観念と神社」(『日本歴史』六八八、二〇〇五年)。

(180) 片岡耕平「「従産穢内迎取養育」考―中世の穢観の一側面」(『年報中世史研究』三〇、二〇〇五年、のち『日本中世の穢と秩序意識』吉川弘文館、二〇一四年、「「従産穢内迎取養育」考」に改稿・改題して所収)。

(181) 飯沼賢司「中世前期の女性の生涯―人生の諸段階の検討を通じて」(『日本女性生活史』第二巻、中世、東京大学出版会、一九九〇年)。

(182) たとえば、安倍晴明撰『占事要決』占産期法、第二十九などに産期を占う法などがみえる。

(183) たとえば、『小右記』寛和元年(九八五)四月十八日条「(前略)以二光栄朝臣一為二女房一令二解除一、依二産事遅々一」、同十九日条「以二清明一為二女房一令二解除一、産期漸過可レ在二去今月一、而無二其気色一」など藤原実資の女房の出産が遅れた時、賀茂光栄や安倍晴明に解除をさせている。なおこの女房は四月二十八日に女子を出産している。

第五章　産穢——産婦と新生児——

はじめに

中世における触穢について多くの研究業績を発表されている片岡耕平氏は、産穢は新生児が発生源であり、出産に付随する「胞衣などの汚物」への嫌悪感に根差して「穢」とされたのではないとした。そして式の産穢七日は異界から来た異質なものである新生児を受け入れる日数であり、産穢が式に規定された当初には、女性の出血を理由としていなかったが、中世に産穢三十日となった時に、「女性の穢」が成立したとしている。

この説は主に「「従産穢内迎取養育」考—中世の穢観の一側面」[1]（以下、第一論文α）、「「従産穢内迎取養育」考」[2]（以下、第一論文β）、「日本中世成立期における触穢観の変容と社会関係」[3]（以下、第二論文）、「日本中世の穢観念とオヤコ関係」[4]（以下、第三論文）、「日本中世後期の触穢と親子」[5]（以下、第四論文）、「女性の穢の成立」[6]（以下、第五論文）などで、繰り返し論じられている。

筆者はかつて「第一論文α」を踏まえて、拙稿「古代・中世前期出産儀礼における医師・医書の役割」の末尾で以下のように簡単に触れ、今後の課題としていた[7]。

片岡耕平氏は産穢が胞衣の出た時でなく、胎児の出産時であることを根拠に、産穢の発生源を新生児とする新説を提示している。そしてこのことから「出産がそれに伴う汚物（胞衣など）故に不浄視されるのではない

（中略）、女性（産婦）に対する不浄視でなかった」としている。これは飯沼賢司氏が死穢と産穢を表裏の関係にあるとする見解に基づく論理から提示されたものである。恐らく死者を死穢の発生源とし、これに対して新生児を産穢の発生源とする見方であろう。日本の産穢期間に新生児は必ずしも白装束を基本としないことを、どのように捉えるかを含め、この問題に対する考察は今後の課題としたい。しかし道教系の産穢認識では、少なくとも産婦の子宮から出た血露が産穢の発生源の一つであったと考えられる。そしてこの不浄と不可分の状態にある「産婦」という特定の状況下の女性も穢悪の存在となり、これを神が穢悪としその穢れが伝染した場には降臨せず、斎を修するのに功がないとされていた。一方で子宮から同時に出現する新生児も斎戒の人からは忌避される場合もあり、満月もしくは百日など、一定期間の祭祀空間へ侵入が忌避された場合もあったことも確かである。いずれにしても穢れの発生源を血忌か新生児かの二者択一的に捉えることはできないのではないかと考えられる。

本章では片岡説を改めて吟味し、この課題に対する私見を提示したい。

一　『文保記』の検討

1　『文保記』生産穢

片岡説は、産穢の発生源が新生児であり、出産に付随する「胞衣などの汚物」への嫌悪感に根差して「穢」とされたのではないとする根拠として、『文保記（太神宮文保記）』を提示している。

『文保記』は文保二年（一三一八）二月制定の伊勢神宮の服忌令（「太神宮参詣精進法」）の「太神宮参詣精進条々」五十三ヶ条（文保目録）と追補三条の計五十六ヶ条に、撰者である檜垣外宮禰宜の度会章尚が注釈を加え裏書したものである。成立年は群書類従本では「永和三年五月二十六日重記」の引用があることから、永和三年（一三七七）以後とされてきた。(8) しかし国立歴史民俗博物館所蔵田中穣氏旧蔵典籍古文書本の奥書から、章尚の孫、檜垣外宮二禰宜度会家尚・常真が所持していた章尚の自筆本は、文保二年（一三一八）から永和元年（一三七五）までの五十八年間に加筆されていたことが明記されており、いったんこの年に完了していたことが明らかにされている。(9)

片岡説が特に根拠とする部分は、「太神宮参詣精進条々」の一つである「一　生産穢　付流産（穢）」の冒頭の部分である。

『文保記』

一　生産穢。付流産（穢）。

（A）人、七日、馬牛犬、三日、流産人、卅日、三ヶ月以（後）胎殤穢同上、馬牛犬、五日以上、无（在）二甲乙丙一、

産婦百日不レ参二太神宮一、不二同宿同火一之夫、一日无（無）レ憚矣。

（B）猪鹿准レ猪、生レ子穢如二牛馬一同三日。

有二死穢一物有二生穢一之故也。

神祇式云、（六）畜産三日、鶏非二忌限一。

（C）雑穢沙汰文第二云、

産〔生〕之間、児出レ胎之時、可二穢始一歟、将胞衣出之後、可レ為二穢始一歟。

産事子出レ胎者、不レ知二胞衣出不一レ出、以レ生為レ始也云々。

（D）此儀不レ能二左右一。以二胞衣一无（無）レ定レ穢、以レ生定レ穢也。所謂生産穢也。
凡胞衣者、以二吉日一後日雖レ納レ之、産穢者、自二所生之日一七ケ日忌レ之（也）。
又為二他人一号二腰抱一、迄二子出生之後一令レ居二産屋一者可レ為レ穢也。
只以二気止一定レ死、以二出生一定レ〔生〕之故也。

（E）寛治八年十一月法家答云。
式云、産穢忌二七日一者。既称二産子一、待二誕生一而始可レ有二此謂一云々。

（本文は田中穣氏旧蔵本。〔　〕は田中本にある文字。（　）は群書類従本にある文字。記号と改行は本章引用者による）[10]

2　片岡説の解釈

片岡説は、引用した部分を「第一論文β」では全体を細かく分類せずに、全体をまとめて次のように解説している。「第五論文」にまで通底する片岡説の解釈の原点であるため、やや長いが引用しておく。

問いはこうである。「産之間、児出胎之時、可二穢始一歟、将胞衣出之後、可レ為二穢始一歟」。出産に対する汚穢視を、それに伴う胞衣などの汚物と関連づける思考が、すでに存在している点は興味深い。が、答えは「以二胞衣一無レ定レ穢以レ生定レ穢也、所謂生産穢也」、すなわち前者であるという。

産穢を、ことさらに「生産穢」と言い換える理由は何か。その真意はこう説明されている。「只以二気止一定レ死、以二出生一定之故也。寛治八年十一月法家答云、式云、産穢忌二七日一者、既称二産子一、待二誕生一而始可レ有二此謂一云々」。つまり、出産という営為を新たな生命の誕生という視点から見るとき、この「生産穢」なる用語は生まれたのである。傷胎穢のあり方を規定した妊娠ないし流産観と連続性を持つ出産観と言える。産穢の発生源は、出産という営為を通じてこの世に誕生する新生児であった。少なくとも十一世紀末（寛治八年）に明法家が如上の判断を下す環境があったこと、そして十四世紀前半までその判断が命脈を保つ環境があったことを確認しておきたい。

もちろん、この解説の主眼は、出産がそれに伴う汚物ゆえに汚穢視されるのではないことを明確にする点にある。しかし、それが産婦に対する汚穢視でなかったことも、また確かである。

ところで、「只以二気止一定レ死、以二出生一定之故也」という記述からは、この「生産穢」観の根底に、生物の誕生と死とを裏腹の現象として結びつける死生観があることが読み取れる。同じ文中に「有二死穢一物有二生穢一」なる一節も見えるから、この生死観は死穢と産穢との関係にまで敷衍しうるものであった。すでに紹介した通り、飯沼氏は、出産と死とが裏腹の関係にあるという見通しの下に、産穢の性質を規定している。氏のこの見通し自体は、正当なものであったと言えよう。しかし、注目すべきは産婦ではなく、むしろ新生児のほうであった。

3　生産穢条の構成

片岡説を吟味するうえで、改めて史料を細かく検討していきたい。まず（A）（B）は服忌令（条々）の内容の引用と、これに対する章尚の解釈と考えられる。特に（B）は動物の産穢に関する内容であるが、これに「死穢あるものは生穢あるの故なり」と解説している。この部分は（D）とともに章尚の自説と考えられる。そして章尚は参考として神祇式を引用している。

（C）の「雑穢沙汰文」は度会貞尚の撰で「貞尚秘書」ともいう。貞尚は章尚の曾祖父で、承久三年（一二二一）に生まれ、弘安五年（一二八二）に禰宜庁の長官である一禰宜となり、正応六年（一二九三）に没している。すなわち「雑穢沙汰文」は十三世紀後半の解釈といえる。

引用された「雑穢沙汰文第二」では、産穢がいつ開始するのかを問題とし、児が「胎（子宮）」から出る時か、胞衣が出た後かを提示し、結論として「産事は子胎を出づ」とし、胞衣が出たか出なかったかは問題にせず、「生を以て始めとなすなり」としている。「云々」までが「雑穢沙汰文」の引用と考えられる。

（D）は（C）を踏まえた章尚の解釈である。この儀はあれこれいうことはできない。胞衣を以て「穢」を定めることはなく、生を以て「穢」を定めるとし、いわゆる「生産穢」としている。そして胞衣は吉日を以て後日に埋納するが、産穢は所生の日から七ヶ日を忌むとする。また他人でも腰抱、すなわち出産介助者が子の出生後も産屋に居させられたならば「穢」となるとしている。

結論としては（C）と同じく、胞衣の娩出後ではなく、胎児の誕生をもって産穢の開始と定める解釈である。そして「気止を以て死と定め、出生を以て生と定めるの故なり」、すなわち死が呼吸の停止を基準とし、産が出生（胎児の誕生）を基準とするためであるとしている。[11] 言わば肺呼吸の開始を基準とした解釈ともいえる。これは（B）の「死穢あるものは生穢あるの故なり」に通じる認識でもある。

そして（E）の「寛治八年十一月法家答」は、章尚が（D）の自説の根拠としたものである。「寛治八年十一月法家答」はまず「式云、産穢忌二七日一」と式を引用している。ただし『延喜式』は「凡触二穢悪事一応レ忌者、（中略）、産七日、（後略）」であり、また「産穢」の語そのものはなく、意訳文である。次に「既に産子と称し、誕生を待って始めてこの謂あるの故」、すなわち「産穢」の開始を子の誕生時とする。

なお（E）の法家答を井原今朝男氏は『文保記』にみえる寛治八年（一〇九四）十一月二十九日の問に答えている「左衛門少志中原範政」としている。[12] ただし『文保記』には、同じ日付の問答として、「一　触穢日数、付改葬穢籠僧等禁忌」条の「籠僧荷棺葬礼輩事」に「喪家事、就二寛治八年十一月廿九日問一、前大判事菅原有真答云（後略）[13]」とあり、菅原有真の答とも考えられる。[14] 中原範政、[15] 菅原真有[16] いずれにしても十一世紀末の明法家の認識といえる。

これを時代順にみると、まず（E）十一世紀末の法家は「既に産子と称す」を根拠に産穢の忌みは子の誕生を待って始まるとする。ただしここでは胞衣ついては触れられていない。なお明法博士は当時「定穢」などの際に勘文を提出することもあり、公的な解釈に影響を与える場合もあった。次の（C）十三世紀後半頃の度会貞尚は、開始時期が胎児の出生時か胞衣の娩出（後産終了）時かを問題にしたうえで、子の誕生説を出している。この「雑穢沙汰文」は、当時「近代神宮之法」、「当家之法」と呼ばれ、渡会家一門独自の家法の解釈である。[17] この解釈を受けて（D）十四世紀初めの章尚は、子供が誕生した時点から産穢が発生すると認識していた。章尚は（B）の「死穢あるものは生穢あるの故なり」と、（D）の「気止を以て死と定め、出生を以て生を定めるの故なり」により、「生産穢」は子が胎（子宮）から出る、すなわち新生児が誕生し呼吸した時点から産穢が開始するという認識を持っていたといえる。

二　新生児と胞衣

1　胞衣の位置づけ

以上の『文保記』の内容を踏まえたうえで、次に検討したいことは、片岡説が新生児との対比で「胞衣」を「汚物」とみる点、これによって本来の産穢は「汚物」（片岡説では悪露などの出血を含むか）、そして産婦と無関係であったと理解する点が妥当といえるかである。

たとえば「第一論文β」では「この解説の主眼は、出産がそれに伴う汚物ゆえに汚穢視されるのではないことを明確にする点にある。しかし、それが産婦に対する汚穢視でなかったことも、また確かである（二二五頁）」、「第四論文」では、『文保記』を「胞衣など汚物を問題視する立場が台頭し、わざわざ否定する必要が生じるまでになっていたことを物語る史料と位置づけることもできるはずである（二六頁）」、「第五論文」では「出産は、それに付随する胞衣など汚物への嫌悪感に根差して穢とされたのではなく、一人の人間の人生の始まりとして選ばれていた（三四頁）」などとしている。

しかし『文保記』の（D）は死を呼吸の停止、生を言わば新生児の肺呼吸の開始とすることを基準として、児の出生時を産穢の開始とし、胞衣娩出時を開始の基準としないことを確認しているだけである。胞衣を汚物とみて比較し、汚物は産穢と無関係であると認識していたか否かは別途検討が必要である。

『文保記』（E）の寛治八年（一〇九四）の法家答には胞衣に関する言及がみえなかったが、『拾芥抄』下、触穢部第二十の「産穢間事」に引用された次の史料から、（E）とほぼ同時期である寛治六年（一〇九二）の時点で、胞衣娩出が問題になっていたことがわかる。

『拾芥抄』下、触穢部第二十[18]

産穢間事

水工抄云、寛治六年十一月廿二日、内府命云、産所之人、後事未レ成之前稱二不穢一如何。匡房申云、便不レ可レ然事也。

すなわち内府（藤原師通）が産所の人は「後事」が終わっていない前は「不穢」と称するのはどうなのかとしたことに対して、大江匡房が否定している。「後事」とは胞衣娩出、後産を意味する。このように新生児出生と胞衣娩出のいずれを開始時点とするかは、すでに十一世紀末には議論されていたといえる。この例では大江匡房は胞衣娩出時以前を「不穢」とする説には否定的であったことがわかる。

ただし前掲の「水工抄」記事の上部の余白には細字で次のような記事がみえる。

『拾芥抄』下、触穢部第二十「産穢間事[19]」

産生之後、胞衣不レ下前不レ為レ穢事、雖レ無二指所見一、人以レ言伝レ之。穢事依二従レ軽之説一、強不レ忌レ之歟。然者胞衣不レ下之間、不レ切二臍緒一者、不レ為レ穢也。无二胞衣一不レ下已切二臍緒一者、可レ為レ穢也。不レ切之間、雖レ隔二一夜一、不レ可レ為レ穢也。大判事明基。

新生児の誕生後、胞衣が下りない前は「穢」としないことについて、さしたる所見はないが、人が言い伝えている。穢事は軽きに従うという説により、強いてこれを忌まないのか。そうであれば、胞衣が下りない間、臍緒を切らなければ「穢」とはならない。胞衣が下りないが、すでに臍緒を切れば穢となる。切らなければ一夜を過ぎても「穢」とはならない、としている。

この史料から胞衣娩出前は「不穢」とする説が言い伝えとして存在していたこと、そしてこれを受けて産穢の開始を臍緒切断時に求める解釈を提示していることがわかる。胞衣と臍緒で繋がったままの新生児は、まだ胎児の状態と同じとみることでもある。「穢事依㆓従㆒軽之説㆒、強不㆑忌㆑之歟」を踏まえると、産穢の開始を遅らせることもでき、触穢を避けて退出する猶予を与えることも可能となる。なお『権記』長徳四年（九九八）十二月三日条によれば、胞衣娩出前に僧都が触穢を忌み着座せずに退出していた。

この臍緒切断時説は史料末尾にみえる大判事坂上（中原）明基の解釈と考えられる[20]。坂上明基は坂上系図によれば承元四年（一二一〇）に七十三歳で没しており、『裁判至要抄』の撰進でも知られる著名な法家である。すなわちこの解釈は十二世紀後半から十三世紀初頭のもので、十一世紀末の（E）よりは後、十三世紀後半の（C）と十四世紀初めの（D）より前の解釈といえる。いずれにしても（E）（C）（D）の説とは異なる解釈も存在していた。

胞衣は胎盤（絨毛膜）と卵膜（羊膜）などで構成され、胎児が生まれると子宮の収縮によって剥離し、一般的には一〇分から三〇分程度で娩出される。最終的にはこの胞衣娩出（後産）を経て出産が完了する。その後臍緒（臍帯）を人為的に切断分離する前は新生児の一部でもある。

『御産部類記』や古記録などにみえる古代中世の出産例によれば、新生児の誕生後、産婦はもとの帯（腹帯）、あるいは替えの帯を結び固めている。これは胞衣娩出を促すためと考えられる。もし胞衣娩出が滞った場合は甑を落として割る呪法などが行われた。現代では胞衣娩出の完了前に切断することが一般的のようであるが、古代中世では胞衣娩出後に切断することの方が多かった可能性がある。臍緒切断用の刀は出産後に生気方の竹を採取する使者を派遣して作成した[21]。この点からも臍緒切断は通常は出産直後ではなく、一定程度の時間が経った後に行われたと考えられる。そして臍緒切断は母親もしくはその近親者が行ったが、少なくとも母親が行う場合は恐らく後産の完了後であったと考えられる。ただし胞衣娩出が長時間滞った場合に、先に切断し、産婦の股に結い着けて娩出を待つ場合もあった[22]。

2　胞衣儀礼

『文保記』の（D）には、胞衣を後日吉日に納めることが記されているが、皇族や貴族の例では、中国医書の『産経』にみえる方法を参考に[23]、新生児を産湯で清めるのとは別に、胞衣を清水や酒などで洗浄し、容器に入れて新生児のいる場所の一角に一時保管し、後日吉方を選定し吉日に納めた。

胞衣洗浄に関する史料上の初見は、万寿三年（一〇二六）の後一条天皇中宮藤原威子（新生児、章子内親王）の時で、「洗胞衣槽」がみえる[24]。治承二年（一一七八）の平徳子（新生児、のちの安徳天皇）の例では、出産当日に胞衣の処理がされ、これを蔵納する日まで、新生児の御所の東方に立てた几帳に置き、この所には人を寄りつかせないようにしている[25]。

吉日に行われた胞衣の蔵納に関する史料上の初見は、寛弘六年（一〇〇九）の一条天皇中宮藤原彰子（新生児、のちの後朱雀天皇）の時で、誕生の半月後に初めて新生児に産着を着せ、同日東方に胞衣を蔵納している[26]。また康和五年（一一〇三）の堀河天皇女御藤原苡子（新生児、のちの鳥羽天皇）の時は、九日目に行っているが、その方角は不明である。[27]元永二年（一一一九）の鳥羽天皇中宮藤原璋子（新生児、のちの崇徳天皇）の例では、八日目に御所申方に蔵納している。[28]治承二年（一一七八）十一月の平徳子（新生児、のちの安徳天皇）の例では、陰陽師が吉日は誕生三日目の十四日、時刻は酉、方角は巽方に至るべしと勘進している。[29]このように誕生三日目から半月頃までの間となっている。

胞衣の処理法で注目されるのが、胞衣を収納した容器である胞衣壺の存在である。胞衣壺は民俗的習俗としても知られ、また多くの発掘出土例がある。[30]発掘出土例の多くは近世のものであるが、その中に若干ではあるが古代の例が報告されている。

奈良時代の胞衣壺に初めて注目したのは、水野正好氏であり、平城京右京五条四坊三坪出土の和同銭四枚・筆管・墨挺・骨片・絹を伴う壺を胞衣壺と認定した。[31]恐らく中国医書の『産経』などが参考にされていたと考えられる。この胞衣壺は平城宮Ⅲ期（七五〇年頃）で、蓋はやや遡る八世紀中葉のものとされ、この頃に当時の先進地域である平城京で胞衣儀礼がすでに存在したことは確かである。

胞衣を吉日に蔵納するまでは、清めて容器に入れ新生児がいる場所の一角に保管し、人を寄りつかせないで隔離していたのは、胞衣が単なる「汚物」というよりも、胞衣は胎（子宮）から出現する新生児の分身であり、これを保護するためであったと考えられる。

なお島野裕子氏は、近世では胞衣は子どもの「同胞」、そして同じ「霊魂」を宿す存在と捉えられていたとしている。[32]また中村禎里氏も、胞衣は新生児との共感性があると考えられていた可能性を指摘している。[33]ただし近世では出産に伴う穢物と胞衣の関係は微妙であり、胞衣を穢物と区別して特殊な扱いをする集団・地域と、胞衣を穢物の一部とみなして処分する集団・地域がなかったわけではないとする。[34]

3 『文保記』の胞衣認識

このように新生児とその一部だった胞衣、いずれもが誕生に不可欠な存在である。産穢の開始をどちらに設定すべきかをいつ頃から問題にしていたのかは不明であるが、残存史料からは、十一世紀末までには、胞衣娩出時説が言い伝えられていたこと、そして十一世紀末に議論していたことを確認できた。十二世紀後半に胞衣娩出の有無ではなく臍緒切断の有無を基準とする法家の解釈も存在していた。そして十四世紀初めの（D）度会章尚は、呼吸の停止と開始を死と生の基準とする見解によって、胞衣を基準とすることを否定したに過ぎない。

もちろん新生児の成長とは逆に、胞衣は時間の経過に伴い現実には腐敗していくことになるが、これらの議論で問題にしているのは出生直後の胞衣であり、またこれを単純に汚物とする認識は窺えない。[35]すなわち片岡説が想定していると考えられる、分娩中、分娩後に産婦から出る血液類などを「汚物」とし、これと胞衣を同類の「汚物」として論じていたとはいえない。『文保記』で胞衣が対比されていたのは、産穢の発生源を新生児か汚物かの二者択一として議論していたためではなかったと考えられる。この場合、新生児が発生源であれば、胞衣も同様に発生源となり得る。[36]

このため片岡説が「第一論文β」で「この解説の主眼は、出産がそれに伴う汚物ゆえに汚穢視されるのではないことを明確にする点にある。しかし、それが産婦に対する汚穢視でなかったことも、また確かである（二二五頁）」、また「第五論文」で「産穢が女性の穢であるとの認識が広がり始めていた状況の中に置きなおすと、見え方は少し変わる。産穢の発生源をめぐる新たな認識が台頭してきたために議論が起こり、根拠を示しつつそれを否定せねばならなくなっていたことを示す史料になる（三七頁）」と、『文保記』を位置づけた点は、適切であるとはいえない。

三　産穢と産婦

1　「出来事（こと）」としての産穢

片岡説が「第五論文」で、インドを研究のフィールドとする人類学者関根康正氏の「ケガレは、実体的機能論で考えられる実体（もの）ではなく、生と死の関係論を基底に持つ「既存秩序の死」という隠喩でないと適切に把握できない出来事（こと）である[37]」という定義を参考にして、産穢を人の誕生によって引き起こされる「こと」と考える点は、筆者も賛同できる。

ただし片岡説は、たとえば「第一論文β」で「産穢の発生源は、出産という営為を通じてこの世に誕生する新生児であった（二二五頁）」とし、産穢の発生源を新生児のみに限定し、産婦を切り離している。

しかし産穢は「女性による出産」という営為を通じた「新生児の誕生」を指標に引き起こされる「こと」であり、産穢は新生児によってだけ引き起こされるのではなく、産婦と新生児によって引き起こされる「こと」と考えるべきである。つまり人の誕生とは、新生児が胞衣とともに女性の子宮から出ること、言い方を換えれば女性によって生み出される「こと」でもある。産婦と新生児のいずれもが当事者であった。誕生と胞衣の関係を民俗学から分析した矢野敬一氏は、「出産直後の状況は、肉体的には母と子、胞衣の三者は互いに分離されていても、象徴的には一体化したままの状況と考えられる」としている。[38]もし新生児が発生源であれば、胞衣も、また産婦も、同様に産穢の発生源といえる。

参考として古代中国の出産禁忌が、新生児と胞衣、そして産婦を対象としていたこともあげられる。すなわち王充（二七～九八）の『論衡』第六十八、四諱の三番目「婦人乳子[39]」には、出産を忌み不吉とし、産家への交通を禁忌し、産婦を出産後一月以上別小屋に隔離し、また出産を見聞することを禁忌する習俗があったことがみえる。[40]そしてこれには新生児や胞衣を不吉として悪む認識があり、[41]また腐臭を問題としていた。当時合理的な思考をしていた王充は婦人が出産するのは、何といってもそれ自身のことだから、斎戒している人がどうしてこれを忌みきらうのかとする。[42]王充は人や犬の出産を諱忌するのは、潔清のために汚辱を被らせないためであるが、自分自身が潔清であれば、心が誠で行いも清く正しい節操を行えるとしていた。[43]逆にいえば、当時の習俗には出産に関連した、恐らくは血などを含む腐臭に対する汚辱観があり、斎戒を行う人がこの汚辱の伝染を忌避した可能性がある。[44]そして約一ヶ月の産婦隔離は、古代の中国医書でも「満月」「月跨ぎ」の期間としてみえ、[45]また現代中国にも類似する民俗例が報告されている。[46]

2　「産穢七日」と産婦

片岡説では式の産穢期間である七日を、異界から来た異質なものである新生児を受け入れる期間としている。しかし七日は新生児だけの期間と認識されていたのかを検討してみたい。

『弘仁式』で産穢が七日と規定されていることを考えるうえで、『延喜式』巻第八、祝詞、14鎮火祭にみえるイザナミの出産神話が参考となる。鎮火祭は神祇令⑤季夏条と⑨季冬条に記されている六月と十二月の祭りであり、

『令集解』神祇令⑤季夏条で、義解が「宮城四方外角に在り、卜部等火を鎮めて祭る。火災を防ぐ為、故に鎮火という」とし、「釈及古記无ㇾ別」とあり、大宝令にも規定されていた祭りである。

『延喜式』巻第八、祝詞、14鎮火祭(47)

（前略）まな弟子に火結神を生み給いて、みほと焼かれて石隠り坐して、「夜七日（夜）・昼七日、吾をな見給ひそ、吾がな妹の命」と申し給いき。この七日には足らずて、隠れ坐す事奇しとて見そなわす時、火を生み給いて、御ほとを焼かれ坐しき。かかる時に、「吾がな妹の命の、吾を見給うなと申ししを、吾を見あわたし給いつ」と申し給いて、（後略）

祝詞では、伊佐奈美命が火結神を出産後に、「石隠り」して七日間の瞥見禁忌を求めていたが、伊佐奈伎命が七日経ずに破ったことが語られている。

一方『古事記』では、伊耶那美命が火之夜藝速男神を生んだことにより、「美蕃登」が灸かれて病み臥せ、反吐・屎・尿・生産の精霊・食物などの男女神らを生んだ後、ついに死去したとあるが、この間の瞥見禁忌はみえない。その代わりに埋葬後の黄泉国における瞥見禁忌が語られている。『日本書紀』神代上、第五段、一書の諸伝類でも、伊弉冉尊が火産霊（火神軻遇突智）を出産した後から死去する間の瞥見禁忌はみえず、黄泉における瞥見禁忌である。また卜部氏の氏文である『新撰亀相記』甲巻の「火鎮祭本辞」にも、「最後に、生める迦具土神（火神なり。）」に玉門を焼かれて、神避ります」とし、黄泉平坂で「上国に悪しき児を生み置きつ」と思い、還って鍬・水・土器の諸男女神を生み、「悪しき子荒びる時には汝等鎮めよ」といったとあるだけであり、瞥見禁忌は黄泉国のこととなっている[48]。

高橋俊彦氏は鎮火祭祝詞にみえる当該部分が、『古事記』上巻で豊玉毘売が産殿で出産する時に「願勿レ見レ妾」とした曾見禁忌を火袁理命が破ったとする出産神話と同類の話になっていることに注目し、産屋の曾見禁忌が原型であり、記紀神話では黄泉国の曾見禁忌に引き裂かれたのではないかとしている[49]。金子武雄氏は、祝詞の「石隠り坐して」を陵墓に隠れるのではなく、産後に他の殿に引き籠る意とし、また七日を「産後の血荒の日数」とする鈴木重胤説[50]を踏襲し、産後の汚穢を憚る期間、もしくは保養のための期間としている[51]。『訳注日本史料　延喜式上』の頭注も金子説を支持している[52]。

ただし梅田徹氏は「石隠り」を殯の場面と解釈し、アメノワカヒコの殯の場面での「而八日八夜、啼哭悲歌（『日本書紀』）」「日八日夜八夜、以遊也（『古事記』）」の知識が殯の場面という共通性に導かれて呼び起こされた可能性を指摘し、ただし「夜七日昼七日」と不一致なのは、記紀の知識や記憶を源泉として繋がりつつも、文章・表現の厳密さを求めない祭式の詞章の特徴としている[53]。しかし祭式の詞章の特徴であるとしても、八日間でなく七日間となった説明にはなっていない。

一方、佐野宏氏は様々な用例を検討したうえで、「石隠り」は「岩陰に身を隠す、人目を避ける」意とし、また「ミアハタス」は、従来解釈されてきた「軽んじた」「辱めた」の意ではなく、「アハタス」の語義の中でも「あるものを乱す」「もとの実体を失わせる」義から「吾を見入り、乱しなさった」の意としている[54]。むしろこの理解の方がふさわしいといえよう。

青木紀元氏は、鎮火祭祝詞の文字の使用法は上代仮名遣いでは異例のものも含み、平安時代のものとするが、内容そのものは古いとしている[55]。三宅和朗氏は用字法では青木説を踏まえつつも、形式や内容の検討から、鎮火祭を大殿祭・御門祭・道饗祭・鎮御魂斎戸祭・遷却祟神と同じく、令前からの古いタイプを踏襲している可能性があるものに分類している。ただし道饗祭は天長十年（八三三）以降に一部を除いて全面的に改作されたとしている[56]。

これに対し工藤浩氏は、青木説が祝詞と書紀一書が鎮火祭行事の同一の伝承に基づくとしたことを批判し、祝詞は「本来鎮火祭とは無関係な記・紀のそれを、鎮火祭の起源を語る伝承につくりかえたもの」としている[57]。この工藤説に対して、前述した佐野宏氏は、祭式の詞章の特徴を説く梅田説を踏まえつつ、「記紀の所伝を基底としながら、そのことに親の子に対する情という解釈を提起し、しかもそのことによって生じた記紀の所伝からの距離を鎮「火」（鎮「火神」）の合目的性へ転化することに成功したもの」としている。

『延喜式』の祝詞式は『弘仁式』の祝詞式を踏襲したものとされており、少なくとも『弘仁式』祝詞式成立以前に、平安時代の用字法を用いた現存の鎮火祭祝詞となっていたと考えられる。残念ながらそれ以前の鎮火祭祝詞がどのようなものであったか、またその成立時期がいつ頃であったかは不明である。

ただし現存の祝詞の特徴である七日間の瞥見禁忌を記紀の出産神話と比較すると、記紀は産殿で本つ国の八尋和迩になって分娩している姿を見られることを、恥ずかしいとして禁じるだけで、日数の限定はない。すなわち出産中に限定されており、出産後の禁忌でないことが特徴である。これに対し祝詞が出産後の七日間としていることは、『弘仁式』で産七日としている認識と通じるものがあるといえる。

そして祝詞では、七日間の瞥見禁忌の対象を「吾（産婦）」と表現しており、新生児を見るなとはしていない。出産後七日間は、実質的に新生児を見ることにも繫がるが、基本的には産婦を対象として語られていることが特徴である。これは大宝令の注釈書である「古記」が神祇令⑪散斎条の「穢悪」を「生産婦女不レ見之類」としたことにも通じるものである。この「古記」の認識は、従来論じられてきた単純な出産神話の瞥見禁忌ではなく、産婦を見る、また産婦が見てはならないとする、外来信仰にみえる穢悪観と密接な関係であったことはすでに論じた。[58]何よりも「古記」は「生産婦女不レ見」を「穢悪」の説明として記しており、単に出産中の姿を恥ずかしいとする瞥見禁忌とは考えられない。

そしてこの七日間は産婦が忌み籠る産屋の期間でもあった。[59]このように『弘仁式』段階の「穢悪」に触れることを忌むべき産七日が新生児だけを対象とし、産婦は無関係であったとはいえない。

3　白調度と着衣

次に片岡説では産後七日間が白一色の空間であったことも、新生児のための非日常空間としている。そして「第一論文β」では、白一色の調度が撤去される八日目に新生児の着衣が変化することもその根拠としている。しかし新生児の産着の変化は八日目に限定されておらず、産後三日目や半月後の例もある。この点についてはすでに論じたが、たとえば『御産部類記』二一、冷泉院、九条殿記にみえる天暦四年（九五〇）五月二十四日の藤原安子（新生児、のちの冷泉天皇）の例では、新生児の「初著給御衣日時」は、三日目か五日目に黄色衣を用いるという勘申がなされている。[60]

白い調度は出産前から設営され、産婦以外の人々は白装束で奉仕したが、産婦自身は吉方の色による御産衣を着用した。吉方の色は赤・黒・青・黄・白の五色のいずれかであり、白の場合もあるが、白とは限らなかった。ただし裳は白が用いられた。十一世紀以前は史料がないため、御産衣は白と推測されるにとどまる。そして出産後七日間の産婦の着衣が御産衣から産婦以外の人々と同じ白に着替えたのかは、言及した史料がなく実際は不明である。

いずれにしても出産後七日間は新生児用の白御帳も設営したが、産婦も産婦用の白調度の中で七日間過ごした。白い調度は新生児だけの空間ではなく、産婦の空間でもあった。産屋が新生児と産婦の両方を隔離する伝統を踏まえているといえる。

四　産穢と血

1　出産中と出産後の血

式の産穢の発生源を新生児のみとする片岡説は、産穢七日と出血は無関係としている。前述したように、産穢を「もの」ではなく、人の誕生によって引き起こされる「こと」と定義しても、産婦による新生児と胞衣の出産という「こと」に、不可避な出血に対する穢れ観が全く無関係であったかは別途検討が必要である(61)。

現実的に新生児と胞衣は、産婦の子宮からの出血と無関係ではない。何よりも新生児と胞衣は娩出時に血を纏い、新生児は口中に悪血を含んで出現している。通常は分娩中の血と分娩後の悪露で約五〇〇ミリリットル程度の出血があるとされている。そして産後七日は、産婦の悪露が最も盛んな時期である。個人差はあるが、通常一日から三日ほどは鮮血の量が多くて生臭く、四、五日頃には褐色に変化してきて量も月経ほどになる。そして産後約一週間以降は、量が減少し色も淡くなり匂いも落ち着き、産後約三週間以降は黄色や白色になっていくとされている。分娩中の鮮血とほぼ同じ状態の時期は概ね七日程度が一つの区切りといえる。そして産後約七日間程度の産婦の出血は不可避な存在であり、これは概ね時代や地域を越えて人類に共通するものといえる[62]。

では出産に伴い産婦の子宮から新生児と胞衣とともに排出される羊水や血液類は、どのように認識されていたのか。たとえば古代中国の医書『千金方』では「水・血悪物」、『産経』では「汚水・血悪物」とし、出産時が産婦の反支月の場合は、産の座は牛皮もしくは灰の上に舗設し、これらを地に着かせないようにせよとしている[63]。

そして産後の出血を、古代中国の医書では、「悪露」「悪血」「余血」、特に『産経』では「穢汁」と表現している。すなわち「悪」や「穢」を冠しており、穢悪としての認識があった。ただし医書では産後の出血が正常に回復しない場合に、産婦に起こる弊害を避けるための処方が記載されている[64]。なおこれらの中国医書は八、九世紀までには日本に伝来していた[65]。

産後七日間程度は、新生児だけでなく、産婦の生死に関わる最も重要な目安となる期間であり、産婦にとっては出血状態もその指標であったといえる。鎮火祭祝詞の瞥見禁忌の期間が七日とされたことは、その禁忌の侵犯によって産婦が死ぬこととも無関係とはいえない。そしてこれが、『弘仁式』触穢規定の「穢悪」に触れて忌むべきことの一つである「産七日」に繋がっている。産婦、そして産婦を通じて出現する新生児とその分身である胞衣、出産に伴う不可避な出血などすべてが「穢悪」と認識され忌むべき存在とされていたと考えられる。

2　式の産穢と血

片岡説は、式の産穢と血の忌みを別ものとし、「第一論文β」では、『延喜式』巻第三、臨時祭54懐妊月事条の原型は、『貞観式』逸文に「凡宮女懐妊者、散斎之前退出」とあり、この時点で成立したが、血（月経）にまつわる部分はなかった可能性すらあるとし[66]、「出産は、血の位置づけが定まるより以前に、穢と規定されていた（二一八頁)」としている。ただし『貞観式』に「有㆓月事㆒者、祭日之前退㆓下宿廬㆒」も存在したことは明らかである。[67]

この懐妊月事条は「宮女」の懐妊者の出産が想定より早まり、突然の早産、あるいは傷胎（流産）という事態が起き、産穢もしくは傷胎穢が発生することを厳密に予防するためと考えられる。懐妊月事条は『弘仁式』には存在せず、『貞観式』で初めて規定されたとされている。しかし『貞観式』撰上以前に、神事の場から懐妊者を退出させることがなかったとはいえない。

『太神宮諸雑事記』一によれば、全文は注に示すが、弘仁四年（八一三）九月十六日、豊受宮大内人神主真房の妻が御祭に参詣して、玉垣の下に祇候している間に、坐りながら出産し、赤子を袖に掻き入れて退出するという事態が生じた。このため同月二十九日に、勅使として王は節職王、中臣は大中臣淵魚、忌部などが派遣され、夫妻に大祓を科し、さらに解任した。そして「自㆑今以後、妊胎女不㆑参㆓入於鳥居内㆒也」という起請宣旨が下されたとある。[68]

『太神宮諸雑事記』は、荒木田徳雄が編述した伊勢神宮に関する主要な古記文を、子孫の荒木田興忠・荒木田氏長・荒木田延利・荒木田延基が書き継いだ編年体の史書で、成立は十一世紀とされている。この史書内容の信憑性を疑問視する説もあるが、荒木田徳雄の内宮禰宜在任期間である貞観十七年（八七五）から延喜六年（九〇六）の記事は信憑性が高いとされ[69]、また奈良末以降のものでも宣旨、格、官符等信用できる史料を引用しているところがあり、大体は真面目な記録とされている。[70]

弘仁四年（八一三）の時期は、『日本後紀』巻二十三が散逸しているため正史では確認できず、記事にみえる大中臣淵魚の位階を当時の従五位下ではなく、「正五位下行主税頭」と誤記しており[71]、また「産穢」の表現など、すべて当時の文章のままとすることはできない。しかし淵魚は弘仁六年（八一五）から承和九年（八四二）までの二十八年間、伊勢大神宮祭主を務めており、また弘仁六年（八一五）に神祇大副、さらにその後神祇伯になっている。[72]そのことから弘仁四年頃に中臣として伊勢に派遣された可能性もある。[73]伊勢神宮では、遅くとも弘仁末年までにはすでに妊婦の鳥居内参入を禁じていた可能性がある。[74]伊勢神宮における神事空間からの妊婦排除を踏まえて、神祇大副や神祇伯でもあった大中臣淵魚の影響もあり、「宮女」懐妊者に対しても検討され、また実際に退出が行われるようになり、『弘仁式』では条文化はされなかったが、これが最終的に貞観十三年（八七一）撰上の『貞観式』に条文として追加された可能性が考えられる。

なお改葬傷胎条も『貞観式』で初めて規定されたとされているが、傷胎は、『拾芥抄』下、触穢部第二十、「忌二三月以前傷胎一事」に「弘仁十二年六月八日格云、四月以後胎傷与死同、三月以前、不二忌限一者」とあり、『延喜式』巻第三、臨時祭51改葬傷胎条が、三月以前を七日とする点では異なるが、『弘仁式』撰上後とはいえ、弘仁年間にはすでに死と同じ「穢」の一つとして認識されていた。[75]いずれにしても懐妊者の神事空間からの排除は、神事の場で出血も不可避な早産（産穢）や流産（傷胎穢）を予防することである。

「血」の忌詞の史料上の初見は、延暦二十三年（八〇四）成立の『皇大神宮儀式帳』の「血乎阿世止云」である。[76]『皇大神宮儀式帳』にみえる仏教関係以外の忌詞である「死」「血」「宍」「墓」「病」は、『弘仁式』触穢規定の「死」「産」「喫レ宍」「弔レ喪」「問レ疾」とも重なる。忌むべき「血」は月経や鼻血なども含む様々な原因による出血といえるが、この中に「産」に付随する血も含まれると考えられる。逆に「産」の血だけは含まれないとする方が不自然な解釈といえよう。なお『延喜式』巻第五、斎宮5忌詞条は、血を「阿世」、斎院司2忌詞条は「汗」、巻第七、践祚大嘗祭7斎事条は「汗」と称せとしている。

片岡説が、産穢が宮女に関する懐妊月事条よりも前に制定されていることを根拠に、産穢と血は無関係と説明

することは適切ではないと考える。(77)

3　産穢七日から産穢三十日へ

片岡説では、式の産穢では無関係だった「胞衣などの汚物」が問題になり、産穢に「女性の穢」と呼ぶべき「血」が追加されていく状況を示すものとして、「第四論文」や「第五論文」で、『玉葉』承安二年（一一七二）七月七日条、また『諸社禁忌』を提示している。次にこの点を検討してみたい。

『玉葉』承安二年（一一七二）七月七日条

今日法勝寺御八講結願、無二御幸一云々。是則南都僧等、参二賀于殿下産一、以二其身一参二法勝寺一、法皇忌二産穢卅日一給之故也。白河・鳥羽両院、共雖三被レ奉レ崇二熊野・叡山等一、除二御参詣之時一外、未レ忌三給産穢卅日一也。而至二于此御時一者、傍祐（祈カ）二両所之霊社一故、有二数日之忌禁一歟。謂三其帰敬已越二先代一者也。抑依二式文有レ限、於二内裏一者、不レ被レ忌二七ヶ日以後一、然而至下于参二禁中一之人上、不レ被レ憚二院参一、只直向二産所一之人、不レ参二院中一也。是依二御信心之余一、雖レ有二卅ヶ日之忌一、更非二式条之所レ載、又非二法令之所レ指、仍被レ略二丙穢一云々。是又頗権議歟。近世事不レ存二首尾一。

『玉葉』の記事によれば、六月二十日の「殿下（藤原基房）産」に参賀した南都僧たちが法勝寺に参じたことによって発生した法勝寺の産穢を、約半月後の七月七日に後白河院が忌み、御幸を行わなかった。日記の記主九条兼実は、白河院、鳥羽院は熊野・比叡山参詣の時以外は「産穢卅日」を忌まなかったとしている。そして後白河院は「御信心之余」に三十日を忌んだが、これは式条や法令にない、「近世事」としている。
片岡説は「第四論文」で、この後白河院の「御信心」による忌みの期間の延長は、神の権威強化をはかる神社側にも影響を与え、建保二年（一二一四）までに成立した『諸社禁忌』で、二十一社のうち、十四社は産穢が三十日となっていること、そして伊勢神宮は「式文七ヶ日、近代卅ヶ日、産婦卅ヶ日以後、若血気不レ失者猶憚レ之」、また広田社では「七个日、産婦百日」としているとし、これらのことを根拠として、新生児を発生源とする産穢七日に対して、この頃までに血などを原因とした産婦と結びついた産穢三十日が成立したとしている。そしてこれを産穢の二層化として説明している。ただし『諸社禁忌』の広田社は「七十日、産婦百日」である。[78]
『玉葉』にみえる「産穢三十日」が、白河院の熊野・比叡山参詣の時点まで遡り得るとすれば、白河院の熊野参詣は寛治四年（一〇九〇）から大治三年（一一二八）までの九回が記録され、鳥羽院も同道した例は七回目の天治二年（一一二五）以降である。恐らく熊野・比叡山参詣の時の「産穢三十日」は少なくとも十一世紀末まで遡ることになる。
ただし三橋正氏は『宮寺縁事抄』（仏神事次第・御神楽次第本）「一、神楽愛給事」所収『江記』寛治五年（一〇九一）八月条（逸文）に、出産から二十日経た後でも、産婦と性行為に及んだ夫が、石清水八幡宮での神事に参加して神からお咎めを受け、託宣により産婦の禁忌日数は「可レ忌二三十三日一」と命じられた例を提示し、神（神社）側から新たな禁忌が要求され、それに従わざるを得なかった状況が生まれていたことを指摘している。[79]すなわちほぼ同時期の十一世紀末に、院側も神社側も産穢日数を増加させており、またその日数は必ずしも三十日に限定されていなかった。なお石清水社の産穢は『諸社禁忌』では三十日となっているが、『八幡宮社制』では「三十ヶ日、或卅三日」となっている。[80]

『諸社禁忌』にみえる産穢三十日や産婦百日が、一見産婦だけに対する規制として追加された記載のようにみえるが、産穢三十日が産婦だけに追加された日数でなかったことは、『玉葉』にみえる白河院などの例からも明らかである。伊勢神宮の場合は、産婦に限定されない三十日が終わっても、産婦が出血している場合にだけ、産婦にさらなる日数を追加するとしているだけである。また伊勢神宮の場合は血気を基準に三十日以上になったが、広田社の百日は血気だけでは説明ができない。

そして『諸社禁忌』には、「産穢」だけでなく、「死穢」の日数を式の三十日だけでなく追加している。日数は五十日とするものが十四社、七十日が二社ある。そして五十日を「喪家（葬家）」に限定することを明記している例が七社ある。このような「喪家五十日」を、「喪家」には死穢が従来なかったが、この頃初めて追加されたという論理で説明することは不自然といえよう。三十日にさらに二十日分が追加されたとするのが自然である。同様に「産穢三十日」を、産婦や血を発生源とする産穢が従来なかったが、この頃に初めて追加されたという論理では説明できない。当然産婦も新生児も当初から七日内の参詣は禁じられており、新規の三十日のうちに式の七日も含まれたと考えられる。つまり三十日は産婦汚穢観がこの時点で初めて追加されたために、三十日に増加したという説明はできない。「死穢」を含め、様々な穢れを規制強化する中の一つとして、「産穢」も日数が増加されたのであり、この頃初めて産婦の血が「女性の穢」として追加されたとはいえない。

「式」制定の時点で日本独自の日数により七日としていた「産穢」を、さらに三十日、百日に増加するにあたっては、「死穢」も含め、中国の医学や道教などの知識が、九世紀の頃よりもさらに強く影響したことが要因の一つとなった可能性も考えられる[81]。

おわりに

以上、片岡説が論拠とした史料の検討を行い、片岡説に対する筆者の見解を提示してきた。論点が多岐にわたったので、これを簡単にまとめると、次のようになる。

まず「一　『文保記』の検討」では、片岡説が産穢の発生源は新生児であり、「胞衣など汚物」ではないとし、その重要な根拠とした『文保記』「生産穢」の史料分析と、この史料に対する片岡説の確認をした。

伊勢神宮の服忌令に外宮禰宜度会章尚が注釈を加えた『文保記』の「生産穢」では、産穢の開始をどの時点とするのかが論じられている。これを時代順にみると、十一世紀末の法家は「既に産子と称す」を根拠に産穢の忌みは子の誕生を待って始まるとし、十三世紀後半頃の度会貞尚は、開始時期が胎児の出生時か胞衣の娩出（後産終了）時かを問題にしたうえで、子の誕生説を出している。この解釈を受けて十四世紀初めの度会章尚は、子供が誕生した時点から産穢が発生すると認識していた。章尚は「死穢あるものは生穢あるの故なり」、「気止を以て死と定め、出生を以て生と定めるの故なり」を前提とし、「生産穢」は子が胎（子宮）から出る、すなわち新生児が誕生した時点から産穢が開始するという認識を持っていたことを確認した。

「二　新生児と胞衣」では、『拾芥抄』所引の「水工抄」にみえる十一世紀末の胞衣娩出時説とその否定説、「水工抄」上部余白にみえる十二世紀後半から十三世紀初頭の坂上（中原）明基の臍緒切断時説、また『御産部類記』や古記録にみえる胞衣儀礼を総合的に検討した。そして胞衣は新生児の一部として認識されていたこと、もし新生児が発生源であれば、胞衣も同様に発生源となり得ると解釈した。すなわち『文保記』「生産穢」は、片岡説が想定していると考えられる、分娩中、分娩後に産婦から出る血液類などを「汚物」とし、胞衣をそれと同じものとし、新生児対「胞衣などの汚物」の二者択一として議論されているとはいえない。そしてこの史料を、片岡説のように、当初女性による汚物が問題ではなかったが、十一世紀末頃に問題とされるようになったことを示す史料とみることもできないと解釈した。

「三　産穢と産婦」では、まず片岡説が「産穢の発生源は、出産という営為を通じてこの世に誕生する新生児であった」、すなわち産穢は新生児によってだけ引き起こされる「こと」と定義したことについて検討した。むしろ産穢は「女性による出産」という営為によって引き起こされた「新生児の誕生」を指標に開始する「こと」と解釈すべきであり、産穢は新生児が胞衣とともに産婦の子宮から出ること、言い方を換えれば産婦に生み出されることによって引き起こされる「こと」であり、産婦と新生児のいずれもが当事者と考えるべきであるとした。

次に片岡説が、式の産穢七日は異界から来た異質なものである新生児を受け入れる期間としていることを検討した。七日は新生児だけの期間と認識されていたのではなく、産婦の期間でもあったと論じた。すなわち『弘仁式』には成立していたとされる鎮火祭祝詞では、記紀神話のような出産中の瞥見禁忌ではなく、出産後七日間を瞥見禁忌期間として表現しており、これは『弘仁式』が産七日とすることと関連すると考えられる。瞥見禁忌は新生児ではなく産婦を対象としており、これが神祇令⑪散斎条の「穢悪事」の例に、大宝令の注釈書の古記が産婦を見る、また産婦が見てはならないとする、外来信仰にみえる穢悪観に通じる産婦瞥見禁忌を提示したことと無関係ではないことを確認した。また片岡説が産穢七日間の白い空間が新生児のためのものとすることを検討した。白い空間は産婦のためのものでもあり、七日は新生児、産婦両者の禁忌期間であったと解釈した。

「四　産穢と血」では、片岡説が式の産穢と血は無関係とすることを検討した。出産中は新生児・胞衣は汚水や血を伴っており、また産婦は産後、特に産後七日程度は血色の悪露が最も多い時期である。すなわち産七日は、新生児の身体だけでなく、産婦の身体が安定し、秩序が回復していくうえでも、重要な目安となる期間である。その一方でこれが、『弘仁式』触穢規定の「穢悪」に触れて忌むべきことの一つである「産七日」に重なり、産婦、そして産婦を通じて出現する新生児とその分身である胞衣、出産に付随する出血など、すべてが「穢悪」と認識されていたと解釈した。

次に片岡説が『貞観式』で追加された懐妊月事条を根拠に「出産は、血の位置づけが定まるより以前に、穢と規定されていた」としたことを検討した。懐妊者の退出は、出血も不可避な早産（産穢）や流産（傷胎穢）を予防するためで、弘仁年間には伊勢神宮の早産事件を切っ掛けに、産婦の神事空間からの排除が始まっていた可能性があり、懐妊月事条はこれを「宮女」にも適応したと考えられることを指摘した。また改葬傷胎条も『弘仁式』撰上後とはいえ、四月以後の傷胎は弘仁年間にはすでに死と同じ「穢」の一つとして認識されていた。

そして延暦二十三年（八〇四）成立の『皇大神宮儀式帳』にみえる忌詞の「死」「血」「宍」「墓」「病」は、『弘仁式』触穢規定の「死」「産」「喫レ宍」「弔レ喪」「問レ疾」と重なり、忌むべき「血」は様々な原因によるといえるが、この中に「産」に伴う血も含まれると考えることが自然な解釈であり、片岡説が、産穢が「宮女」の懐妊月事条よりも前に制定されていることを根拠に、産穢と血は無関係と説明することは適切ではないとした。

そして片岡説は産穢が三十日となり、「胞衣などの汚物」を発生源とする「女性の穢」が成立し、産穢の二層化が起こったとし、その根拠とした『玉葉』及び『諸社禁忌』の史料を検討した。『玉葉』にみえる産穢三十日など、十一世紀末頃に産穢の日数が追加されたことは確かであるが、三十日は産婦だけに追加された日数でなく、『諸社禁忌』にみえる伊勢神宮の例は出血が継続している場合だけ、三十日に加えさらに日数を追加している。また『諸社禁忌』では死穢も式の三十日から五十日、七十日とする例も増加しており、様々な穢れを規制強化する中の一つとして、「産穢」も日数が増加されたのであり、この頃初めて産婦の血が「女性の穢」として追加されたとはいえないとした。

注

（1）片岡耕平「「従産穢内迎取養育」考―中世の穢観の一側面」（『年報 中世史研究』三〇、二〇〇五年）。
（2）片岡耕平「「従産穢内迎取養育」考」（『日本中世の穢と秩序意識』吉川弘文館、二〇一四年）。これは注（1）と同「穢観念と生命観」（『歴史評論』七二八、二〇一〇年）を合わせて再構成したものである。
（3）片岡耕平「日本中世成立期における触穢観の変容と社会関係」（前掲書注（2）に同じ）。
（4）片岡耕平「日本中世の穢観念とオヤコ関係」（『比較家族史研究』二九、二〇一五年）。
（5）片岡耕平「日本中世後期の触穢と親子」（『歴史評論』七八五、二〇一五年）。
（6）片岡耕平「女性の穢の成立」（『歴史評論』八一六、二〇一八年）。
（7）拙稿「古代・中世前期出産儀礼における医師・医書の役割」（本書第四章、初出は二〇〇八年）。
（8）『群書解題』八、雑部、藤井貞文執筆。井原今朝男「中世における触穢と精進法をめぐる天皇と民衆知」（『国立歴史民俗博物館研究報告』一五七、二〇一〇年）。同『史実中世仏教　第2巻　葬送物忌と寺院金融・神仏抗争の実像』興山舎、二〇一三年。
（9）井原今朝男前掲論文注（8）に同じ。同前掲書注（8）に同じ。
（10）『群書類従』第二十九輯、雑部、四九〇頁。及び国立歴史民俗博物館所蔵『文保記』（田中穣氏旧蔵典籍古文書本）。
（11）なお片岡説は（D）の「気止を以て死と定め、出生を以て生と定めるの故なり」の部分を（E）と併せて十一世紀末の認識と解釈していた（第一論文β）。しかしこれに対し井原今朝男氏は、この部分は（E）と別に解釈すべきとした（井原今朝男「書評　片岡耕平著『日本中世の穢と秩序意識』」『史学雑誌』一二四―八、二〇一五年）。井原説のように「気止を以て死と定め、出生を以て生と定めるの故なり」は章尚の自説であり、（E）とは独立させて解釈する必要がある。なおその後、片岡説も区別している（第三論文）。

(12) 井原今朝男前掲書評（注(11)に同じ）。その根拠を同前掲書注(8)に同じ、三八一頁としている。これは「大神宮参詣精進条々の典拠となった明法家勘文・宣旨一覧」である。なお該当する問答の物忌内容を「三十九日間神事人喪家不入」としている。しかし該当部分は「養子事。令云、無レ子者、聴レ養下四等以上親於二昭穆一合者上。就二寛治八年十一月廿九日問一、左衛門少志中原範政答云、律云、養二異生（姓カ）男一徒一年、疏云、養女者不レ坐、説者云々」（群書類従本四八三頁）であり、「内外親族仮服」に関連した養子に関する内容である。そしてこの一覧には菅原有真に関する寛治八年十一月廿九日の問答が抜けている。

(13)『群書類従』第二十九輯、雑部、四九〇頁。

(14) 菅原有真はこの他に『文保記』には、「承暦二年（一〇七八）八月有真答云（五〇五頁）」、「就二応徳二年（一〇八五）廿八日祢宜頼元問一、大判事菅原有真答云（四八八頁）」、「寛治八年（一〇九四）八月十一日。前大判事有真判答分明也（四九五頁）」、「嘉保二年（一〇九五）三月。大判事有真答云（四九〇頁）」、「見大判事有真判答（四九四頁）」がみえる。

(15) 中原範政は『文保記』では寛治八年（一〇九四）に「左衛門少志」とある。『朝野群載』巻第十一、康和二年（一一〇〇）正月二十一日「検非違使転任尉闕請奏」によれば、永保四年（一〇八四）に右衛門少志、応徳四年（一〇八七）に左衛門少志となっている。その後『中右記』承徳元年（一〇九七）正月三十日条によれば、この日に明法博士に任官されている。布施弥平治『明法道の研究』新生社、一九六六年、二一八〜二一九頁参照。

(16) 菅原有真は『二中歴』第十三、一能歴、明法で、十人のひとりに数えられる明法博士であり、明法博士としては承暦元年（一〇七七）が史料上の初見である。伊勢大神宮の神戸田の稲を刈り取った遠江守源基清の罪名勘文を作成したが、これに誤謬があり、大江匡房の勘問を受け、永保二年（一〇八二）十一月二十四日にその過失で罷免されている。ただし『明法肝要抄』（法曹類林）（新訂増補国史大系）には、従五位上守大判事兼行大蔵少輔越中介明法博士の肩書きで、「筑後国坐高良上宮石硯幷高座橋生花可爲瑞物否事」に関する応徳二年（一〇八五）九月十九日勘文を作成しており、その期間は短かったと推定されている（布施弥平治『明法道の研究』新生社、一九六六年、二一五～二一六頁）。服忌や触穢などに通じ、たとえば『後二条師通記』応徳三年（一〇八六）九月十七日条によれば、師通が高陽院触穢事を尋ねている。しかし寛治二年（一〇八八）十二月二十四日の陣定で、流人藤原実政の子左少弁敦宗を解官し、実政罪名の判断を謬ったことから、大判事を除名されている。なおその後『中右記』によれば、藤原宗忠は嘉保元年（一〇九四）四月から五月にかけて「前大判事菅有真茅屋」における職員令や神祇令の講読に通っている。

(17) 井原今朝男前掲書注(8)に同じ、三七八頁。

(18)『拾芥抄』（『改訂増補　故実叢書』第二二、明治書院出版、一九九三年）。

(19) この部分については、『拾芥抄』の古写本の東大史料編纂所本、室町時代中期写本（旧川瀬一馬蔵、大東急文庫本）には触穢部がないので、天文二十三年（一五五四）写本（国立国会図書館蔵）「略要抄」デジタル版（WA16―44）によった。

(20) 坂上明基は坂上系図によれば承元四年（一二一〇）に七十三歳で没している。なお『玉葉』によれば、寿永二年（一一八三）に穢勘文、文治六年（一一九〇）に伊勢大神宮の「穢」について勘申している。また『猪熊関白記』によれば、建永元年（一二〇六）に春日若宮の触穢の判断についても問われている。

(21) これらの例は宮内庁書陵部編纂『皇室制度史料　儀礼　誕生二』吉川弘文館、二〇〇五年の第四章出産儀礼、第二節誕生を参照。

(22) なお『権記』（史料纂集）によれば、寛弘四年（一〇〇七）十一月二十日に藤原行成の室（後妻）は卯時（午前五時～七時）に女児を出産したが、二時（四時間）ほど胞衣が下りなかったので、切って結い着け、未剋（午後一時～三時）に完了したことがわかる。また寛弘五年（一〇〇八）九月には、まず二十五日に双生児の第一子の男児が誕生し、胞衣が下りず、二十六日に第二子の男児が誕生した。この時も胞衣が早く下りず、「然而切取結二着母氏股一」とある。胞衣と臍緒とを切断して、恐らく胞衣側の臍緒を産婦の股に結び着けたと考えられる。二十七日に第一子が死亡し賀茂川の東に棄てたが、この日に胞衣娩出が完了したとある。二十八日に第二子の初沐浴を行ったが、この児も死亡し乙方の東の河原に棄てたとある。これは恐らく一絨毛膜一羊膜双胎、もしく一絨毛膜二羊膜双胎であったと考えられ、絨毛膜（胎盤）が一つという特殊な例における胞衣娩出前の臍緒切断であったと考えられる。

（23）胞衣の処理については、『医心方』巻第二十三、蔵胞衣断理法、第十五に引用されている中国の医書『産経』には、清水で洗い、胞衣を清潔にして、新しい瓦瓮と蓋を用い、真絳繒で胞衣を裹み、銭五枚を取り瓮の底に文を上に並べて置き、胞衣を瓮中に盛り入れて蓋をして覆い、泥土で周りを封じ、虫畜禽類が入り込んで胞衣を食べないようにとある。なお子どもの文才を願う場合は、新筆一柄を胞衣の上に蔵納すると大吉であるとも記している。また同じく引用されている『産経』の別法ではまず清水で洗い、さらに清酒で洗う方法もみえる。

（24）『左経記』万寿三年（一〇二六）十二月十日条（増補史料大成）。史料本文は本書第四章注（148）、一九二頁。

（25）『山槐記』治承二年（一一七八）十一月十二日条（増補史料大成）。史料本文は本書第四章注（144）、一九一頁。

（26）『御堂関白記』寛弘六年（一〇〇九）十二月九日条（大日本古記録）。史料本文は本書第四章注（149）、一九二頁。

（27）『御産部類記』七、鳥羽院、大記、康和五年（一一〇三）正月二十四日条（図書寮叢刊）。史料本文は本書第四章注（150）、一九二頁。

（28）『御産部類記』八、崇徳院、同（源礼）委記、元永二年（一一一九）六月五日条（図書寮叢刊）。史料本文は本書第四章注（150）、一九二頁。

（29）『山槐記』治承二年（一一七八）十一月十二日条。「御蔵胞衣日時、同日（十四）癸酉、時酉、可レ至二巽方一」。

（30）川口宏海「胞衣壺考」（『大手前女子短期大学・大手前栄養文化学院・大手前ビジネス学院研究集録』九、一九八九年）。

（31）水野正好「想蒼籬記壹叢」（『奈良大学紀要』一三、一九八四年）。なお水野説がこの壺を胞衣壺とみた根拠の一つが、『玉蘂』承元三年（一二〇九）五月二十五日条との類似であり、これは『産経』の影響があったとした。その後平城京内出土の銭を伴う埋納壺の事例が多く報告され、壺内の分析から脂肪酸検出が確認された（中野益男・中岡利泰・福島道広・中野寛子・長田正宏「平城京左京（外京）五条五坊十坪から出土した胞衣壺の残存脂質について」『奈良市埋蔵文化財調査概要報告書　昭和63年度』奈良市教育委員会、一九八九年）。これら脂肪酸が検出されたものを「胞衣壺」とみる例が多くなった（山近久美子「平城京における土器埋納遺構―胞衣壺関連報告集成」『防衛大学校紀要』人文科学分冊八八、二〇〇四年、同「平城京における胞衣埋納場所の選地」『人文地理』六二―三、二〇一〇年）。しかし尼寺であった西隆寺から出土した埋納壺遺構を分析した杉山洋氏は、銭を伴う壺から脂肪酸が検出された事例について再検討し、脂肪酸が後事的な流入である場合もあり、水野氏が指摘した出土例は胞衣壺と認定できるが、西隆寺の例は胞衣壺ではなく、地鎮儀礼のための遺構と推測している（杉山洋「考古学からみた土器埋納遺構の性格」奈良国立文化財研究所『西隆寺発掘調査報告書』一九九三年）。そしてこの杉山説を踏まえ、山川均氏も水野氏が指摘した出土例は、胞衣壺と認定できるが、他の例は再考を要するとしている（山川均「平城京跡における「胞衣壺」について」『出土銭貨』四、一九九五年）。しかしいずれにしても水野氏が指摘した平城京右京五条四坊三坪の例は胞衣壺と考える点で、諸説一致している。

(32) 島野裕子「胞衣にみる産と育への配慮―近世産育書における子どもと母の関係―」（『神戸大学大学院人間発達環境学研究科研究紀要』四―一、二〇一〇年）は、近世では胞衣は子どもの「同胞」、そして同じ「霊魂」を宿す存在と捉えられていたとする。

(33) 中村禎里『胞衣の生命』海鳴社、一九九九年。

(34) 中村禎里前掲書注(33)に同じ、六七頁。なお田中久夫「胞衣覚書」（『田中久夫歴史民俗学論集』四、岩田書院、二〇一三年、初出は二〇〇三年）は、現代の民俗調査では、胞衣は汚いもの、捨てるものと認識されているが、この認識は新しく生まれたものと考えられる例もあるとしている（一七頁）。

(35)『資益王記』文明六年（一四七四）三月二十六日・二十七日条（新訂増補史料集覧第三冊）には、禁中に犬が胞衣を咋入れた場合の触穢について、吉田兼倶との間の議論がみえる。兼倶が犬の咋入れた胞衣は七ヶ日とし、五体不具穢（七ヶ日）と同様であり、「産穢卅ヶ日中七ヶ日三博憚候ハ、胞衣之穢分候」とすることに対し、今回の例は当日だけとする資益王は「産穢七ヶ日以後、或撰二吉曜一、自然又土用中之時、経二数日一納二胞衣一之条、古今流例也。雖レ然自二其日一七ヶ日忌之事、更に無レ之上は、不レ可レ過二当日一之由、存レ之候」としている。ただし兼倶が「法楽輩」の七ヶ日説を持ち出したため、資益王は同意したが、なお今回の例は「無体流産、血気歟、若又胞衣歟、不二一決一間、旁当日之由申了、但可レ為二七ヶ日一之条、尚不審也。追而可二尋決一」としている。なお『古事類苑』神祇部三十四、触穢はこの史料を「胞衣穢」として立項している。ただし史料内では「犬咋入胞衣穢」、「胞衣之穢」の語がみえる。

(36) 片岡説では永正十年（一五一三）成立とされる『永正記』が『文保記』の（A）（B）（C）（D）をほぼ同文を引用しつつ、末尾に「此事尚可レ尋二本記之沙汰一、又者有二口伝一、輒不レ可二判断一歟」と記すことをもって、「第五論文」では「産穢の女性の穢への転換が進み、胞衣など、汚物を問題とする考え方の方に馴染みがあったということなのであろう（三七頁）」とする。しかし臍緒切断時説などを想定しているとも考えられ、これが女性の汚物説を想定した注記とは必ずしもいえない。

(37) 関根康正「なぜ現代社会でケガレ観念を問うか―現代社会における伝統文化の再文脈化」（関根康正・新谷尚紀編『排除する社会・受容する社会―現代ケガレ論』吉川弘文館、二〇〇七年）。

(38) 矢野敬一「誕生と胞衣―産育儀礼再考―」（『列島の文化史』四、一九八七年）。

(39)「婦人乳子」の釈文・解釈は山田勝美『論衡　下』新釈漢文大系94、明治書院、一九八四年を参考にした。

(40)「三に曰く、「婦人の子を乳《う》むを諱み、以て不吉と為す」と。将に吉事を挙げ、山林に入り、遠行して川沢を度らんとする者は、皆之と交通せず。子を乳むの家も、亦忌みて之を悪み、道畔に廬せしめ、月を跨えて乃ち入るるは、悪むことの甚だしければなり。暫〔聞〕卒見すら、不吉と為すが若きも、其の事を極原するに、何を以て悪と為さん」。

(41)「夫れ婦人の子を乳むや、子は元気を含みて出づ。元気は天地の精微なるに、何ぞ凶として之を悪む。人は物なり。子も亦物なり。子の生るると万物の生ずると、何を以て異らん。人の生るるを諱みて、之を悪と謂はば、万物の生ずる、又之を悪むか。生るるとき胞と倶に出づ。如し胞を以て不吉と為さば、人の胞有るは、猶ほ木実の核有るがごとし。児の身を包裹し、因りて与に倶に出づること、鳥卵の

 𣪊有るが若ければ、何の妨ありとして之を悪と謂ふか」。

　王充は、子どもは天地の気を持って生まれてくるのになぜ凶として悪むのか、もし胞を不吉とするならば、木の実のさやや鳥の卵の殻と同じようなものであり悪むのはおかしいとしている。逆にいえば、当時新生児や胞衣を不吉として悪む認識があったといえる。

(42)「凡そ人の悪む所は、腐臭の若き莫し。腐臭の気は、人心を敗傷す。故に鼻に臭を聞き、口に腐を食はば、心損し口悪く、霍乱嘔吐す。(中略)凡そ憎悪す可き者は、墨漆を濺ぎて人の身に附著せしむるが若し。目をして見、鼻をして聞か令むるも、一たび過ぎれば則ち已み、忽ち亡へば輒ち去るに、何が故に之を悪むや。出でて負豕を塗に、腐澌を溝に見るも、以て凶と為さざる者は、汚辱は自ら彼の人に在りて、己の身に著かざればなり。今婦人の子を乳むは、自ら其の身に在れば、斎戒の人、何が故に之を忌まん」。

王充は婦人が出産するのは、何といってもそれ自身のことだから、斎戒している人がどうしてこれを忌みきらうのかとする。これは出産を忌避することと腐臭とが不可分の問題であったためと考えられる。そして腐臭は産婦の出血も含むものであったと考えられる。

(43)「(前略)実に説けば、子を産み犬を乳むを諱忌する者は、人をして常に自ら潔清なら使めんと欲し、人をして汚辱を被ら使めんと欲せざるなり。夫れ自ら潔清なれば、則ち意精に、意精なれば則ち行清く、行清ければ而ち貞廉の節立たん」。

(44)この点については拙稿「日本古代における外来信仰系産穢認識の影響―本草書と密教経典の検討を中心に―」(本書第二章、初出は二〇〇七年)。

(45)半井家本『医心方』産婦部巻第二十三、婦人産後禁忌、第十九(『国宝半井家本医心方』五、オリエント出版社、一九九一年、二〇一七頁)の「小品方」。

又云、婦人産後満月者、以二其産生身一、経二闇穢一血露未レ浄、不レ可下出二戸牖一、至中井竈所上也。亦不レ朝二神祇及祠祀一也。

満月者非レ為三数満二卅日一、是跨レ月故也。若下是正月産、跨二二月一、入中三月上、是跨レ月耳。

(46)時代差による産穢認識の変化を考慮する必要はあるが、参考として現代中国の産穢認識を調査した王凱爾「浙江省新昌県里王村における出産儀礼と穢れ意識の調査報告」(『比較民俗学会報』三二―三、二〇一一年)によれば、里王村で一九五〇年前後に第一子を出産した三人の女性に行った調査では、「出産は穢れと考えられ、忌みの対象とされ、家でしてはいけない。それはお客さんがくるからということである。特に、台所には「灶神」(かまどの神)があり、出産してはいけない。(中略)出産する小屋を「紅房」といい、産婦と姑しか入ることはできない。「紅」は血のことを指している。出産に伴い、大量の出血があるから、それを穢れとし、他の人は近づかない」とし、また出産後、産婦は新生児とともに「紅房」を出て、日常に居住している家の部屋（里王村では「月里房」）に入るが、家族以外の人々は入ることを禁じられ、産婦は一ヶ月間神仏や祖先を祭る活動に参加することが禁じられた。特に一週間以内は出血があるから、親戚（特に実家の人々）は出産祝「月里羹」を絶対送ってはならないとしていた。

(47) 引用は『訳注日本史料　延喜式上』集英社、二〇〇〇年の読み下し文。ただし「見あわたし」の原文は「見阿波多志」。

(48) 工藤浩『新撰龜相記の基礎的研究―古事記に依拠した最古の亀卜書―』日本エディタースクール出版部、二〇〇五年。訓読文は沖森卓也・佐藤信・矢嶋泉編著『古代氏文集』山川出版社、二〇一二年を参照した。

(49) 高橋俊彦「神語と神話―鎮火祭の一考察―」（『國學院雑誌』四九―一、一九四三年）。

(50) 鈴木重胤『延喜式祝詞講義』（『鈴木重胤全集』第十一、鈴木重胤先生学徳顕揚会、一九三九年）。ただし「血荒」は通常流産を意味する。

(51) 金子武雄『延喜式祝詞講』武蔵野書院、一九五一年。

(52) 前掲書注(47)に同じ。なお底本は「夜七日・昼七日」とある。

(53) 梅田徹「鎮火祭祝詞の形成」（『王朝文学研究誌』一七、二〇〇六年）。

(54) 佐野宏「「鎮火祭」祝詞の論理」（『福岡大学日本語日本文学』一六、二〇〇六年）。

(55) 青木紀元「火の神の伝承―鎮火祭の祝詞を中心に―」（『福井大学教育学部紀要』人文科学・国語学・国文学・中国学編、一七、一九六七年）。

(56) 三宅和朗「『延喜式』祝詞の成立」（『古代国家の神祇と祭祀』吉川弘文館、一九九五年）。

(57) 工藤浩「『新撰亀相記』所載の鎮火祭起源の伝承について」（『国文学研究』一〇七、早稲田大学国文学会、一九九二年）。

(58) この点は、拙稿「七・八世紀将来中国医書の道教系産穢認識とその影響―神祇令散斎条古記「生産婦女不見之類」の再検討―」（本書第一章、初出は二〇〇六年）で論じた。

(59) この点については、西山良平「王朝都市と《女性の穢れ》」（女性史総合研究会編『日本女性生活史』第一巻、原始・古代、東京大学出版会、一九九〇年)。

(60) 前掲拙稿注(7)に同じ。

(61) たとえば片岡説は定義の根拠として関根康正氏の「ケガレは、実体的機能論で考えられる実体(もの)ではなく、生と死の関係論を基底に持つ「既存秩序の死」という隠喩でないと適切に把握できない出来事(こと)」を引用している。ただし関根康正氏が研究フィールドとするインドで、少なくとも紀元前二世紀から紀元後二世紀に成立した『マヌ法典』五・六二では、「誕生によって引き起こされる汚れ」は父母もしくは母のみが有するとし、六世紀頃までには成立した『ヤージュニャヴァルキヤ法典』三・二九では、「出産による汚れ(スータカ)は両親にある。母親の場合、〔出産の際〕出血が見られることから、間違いなくある」とみえ、出産に伴う血を産穢の証拠として認識していたことも見逃せない。これらは基本的には親族間の触穢に関する規定であるが、親族以外の人に伝染する規定である『マヌ法典』五・八五には「月経中の女」や「出産後十日未満の女」が伝染源とされていた。『マヌ法典』本文は、本書第六章注(11)二六九〜二七二頁。『ヤージャニャヴァルキヤ法典』本文は本書第六章注(12)二七二頁。

なお小谷汪之『穢れと規範—賤民差別の歴史的文脈』明石書店、一九九九年は、産穢は主として母に発生する穢れとされ、流産・月経などの穢れはその当人にのみ関わるものとされていたとする。一方子供にはサンスカーラ(一般に「浄法」と訳される)と呼ばれる一連の儀式(受胎式・誕生式・命名式・外出式・食始め式・結髪式・入門式)はあるが、これらは生まれた子供に発生する産穢を清めるための儀式ではなく、両親の「精子と子宮によってもたらされる罪(両親から受け継ぐ罪)」を清める贖罪の儀式だったことを指摘している。中村裕「『マヌ法典』に見る浄・不浄観について」(『大正大学大学院研究論集』三三、二〇〇九年)は「新生児は両親の罪を受け継いで生を得るので誕生もまた不浄であると考えられた」とする。

(62) なお前掲注(46)で前述した浙江省新昌県里王村の民俗調査をした王凱爾は、「穢れと思われ隔離されるのは出産する時と出産後の七日間である。それは出血があるからである。そして、産湯も産血があるからこそ、穢れと思われる。新生児は不安定の状態にあるが、穢れとは思われない。だから、出産に対する穢れ意識は血穢意識といってもいいであろう。その血穢意識は女性の月経の出血に対する禁忌からも見られる」としている。なお「後産」は新生児の一部分とみられ、夫によって自家の土地に埋蔵されるとしている。

(63) この点については宮内庁書陵部編纂前掲書注(21)に同じを参照。及び前掲拙稿注(7)に同じ。

(64) 半井家本『医心方』産婦部巻第二十三、治産後悪血不止方、第二十一（前掲注(45)に同じ、二〇二一〜二〇二四頁）。

(65)『千金方』、『産経』の伝来時期については、前掲拙稿注(58)に同じで、論じた。

(66) 片岡説は根拠として注で、西山良平前掲論文注(59)に同じを提示している。ただし西山説は存在を肯定している。

(67) 虎尾俊哉編『弘仁式貞観式逸文集成』国書刊行会、一九九二年。

(68)『太神宮諸雑事記』（神道大系、神宮編一）「弘仁四年癸巳九月十六日、豊受宮大内人神主真房妻、参二詣於彼宮御祭一天、祗二候於玉垣下一。而間、件女乍レ坐産生畢。即赤子搔二入袖一天、退出了。仍宮司注二具之由一、上奏早畢。因レ之以二同月廿九日一、被レ祈二申件非常産穢之由一。勅使、王散位従五位下節職王、中臣正五位下行主税頭大中臣朝臣淵魚、忌部等也。件真房夫妻、共科二大祓一、解二任見任一已畢。自レ今以後、妊胎女不レ参二入於鳥居内一也。即起請被レ下二宣旨一又了」。

(69) 西山徳「太神宮諸雑事記の筆者荒木田徳雄の祢宜在任期間について」（『史料―皇學館大學研究開発推進センター史料編纂所所報』五一、一九八二年）。

(70) 新校『群書解題』第六巻（神祇部）阪本廣太郎氏執筆。

(71)『日本後紀』（訳注日本史料）によれば、弘仁六年（八一五）七月壬辰（廿三日）条に従五位下とあり、弘仁十三年（八二二）正月己亥（七日）条に従五位上、弘仁十四年（八二三）十一月庚午（廿日）条に正五位下となっている。主税頭の相当位は「従五位上」で、従五位下の場合は「行」ではなく「守」が正しい。なお『日本後紀』にみえる主税頭の任官例は従五位下が多い。

(72)『続日本後紀』嘉祥三年（八五〇）三月辛巳（三日）条（新訂増補国史大系）に「散位従四位上大中臣朝臣淵魚卒。淵魚、故南朝右大臣正二位清麻呂朝臣之孫、正五位下継麿之第三男也。大同四年有レ勅、以二功臣之後一、叙二従五位下一。弘仁六年任二神祇大副一。厥後稍経二階級一、登二于四位一。即転レ伯。尋兼二摂津権守一。天長十年叙二従四位上一。承和十年上表致仕。立性謹密、諳二練神事一。自二弘仁六年一、至二承和九年一、都廿八ケ年、兼掌二伊勢大神宮祭主一。自レ臥二家園一。不レ厠二人物一。幽閑送レ日。薬餌待レ終。時年七十七」。

(73)『日本後紀』天長元年(八二四)四月乙丑(六日)条に、祟りのために御剣幷幣帛を奉献する使者うち、中臣として伊勢大神宮に派遣されている。なおこの時は神祇大副正五位下とある。

(74)小堀邦夫「触穢制度史稿(その五)」(『神道学』一四三、一九八九年)は『文保記』『永正記』にも引用され、産穢の議定の際の論拠の一つとなっており、紀年等については信憑性があるとしている。なお『文保記』では「妊者不二参宮一事。弘仁四年九月十六日、豊受太神宮御祭夜、大内人真房妻候二于玉垣下一産之後、不レ可レ参二于二所太神宮鳥居之内一之由、被レ下二起請宣旨一畢」とみえる。

(75)なお『貞観式』期の四ヶ月以下の傷胎例は、『日本三代実録』仁和三年(八八七)六月十一日癸丑条(新訂増補国史大系)に、「禁中有二孕婦胎傷穢一。由レ是、停二月次神今食祭一焉」、十四日条に、「去十一日、依レ例可レ修二月次神今食祭一。内裏有二婦人胎傷之事一。乃随停止。但胎孕之後、未レ及二三月一。是以、今日欲レ行二月次神今食祭之礼一。以二内蔵寮忽然犬死一故、大二祓於建礼門前一、以停二祭事一」とある。

(76)『皇大神宮儀式帳』の忌詞の対象は、「人打」「鳴」「血」「宍」「仏」「経」「塔」「法師」「優婆塞」「寺」「斎食」「死」「墓」「病」である。

(77)服藤早苗「斎宮の忌詞と女性穢観の成立」(後藤祥子編『王朝文学と斎宮・斎院』竹林舎、二〇〇五年)は、月事を穢と明記する史料が九・十世紀ではみえないとし、この時期に月事は「穢」とされておらず、また不浄視もされていなかったとする。しかし『延喜式』巻第三、臨時祭の49条から57条まではいずれも広義の穢関係条文として列挙し、神事において忌むべき対象としていたことは確かである。たとえ「月事穢」と通称されなかったとしても、血に関わる忌みの一種であり、不浄観がなかったと言い切れない。

正史における月事の初見史料は、『日本三代実録』仁和二年(八八六)九月七日壬午条の「斎内親王、今日修二禊葛野河一。九日擬レ入二大神宮一。内親王忽有二月事一。亦太政大臣堀河辺第犬死。触穢之人、参二入内裏一。由レ是、停不レ行」であるが、伊勢斎内親王（繋子内親王）の月事と犬死穢の両方を理由にして神事（葛野河での修禊）を停止している。月事を神が忌む不浄と認識していたといえよう。なお『延喜式』穢関係条文は、人間と「六畜」の死や出産及び肉食（「49触穢応忌条」）、喪や病（「50弔喪条」）、改葬や流産（「51改葬傷胎条」）は忌む日数が指定されているが、「死穢」「産穢」「傷胎穢」とは表現されていない。祈年・賀茂・月次・神嘗・新嘗祭等の致斎・散斎期間における僧尼・重服の内裏参入禁止（「52致散斎条」）、無服の殤で休暇を申請した者の祭祀関与の禁止（「53無服殤条」）、妊娠と月経（「54懐妊月事条」）は、祭祀の日または日数が指定されている。そして穢れの伝染（「55甲乙触穢条」）、宮城内の司の「穢」の対処（「56一司穢条」）、失火の所の忌（「57触失火条」）となっている。

(78) 三橋正「『諸社禁忌』校本」（『日本古代神祇制度の形成と展開』法藏館、二〇一〇年）。史料本文は本書第六章注(62)二七七頁。

(79) 三橋正「『諸社禁忌』について」（前掲書注(78)に同じ）。

(80) 『続群書類従』第三輯下、神祇部。

(81) 前掲拙稿注(58)に同じで指摘したが、たとえば中国医書では産婦隔離を「満月」、「月跨ぎ」、すなわち約一ヶ月以上としている。道教経典では、たとえば『赤松子章暦』巻二「殗穢」では、殗穢を日数で区別し、人間の出産の場合は百日とし、巻二「禁戒」では、儀礼祭祀空間である「治」に入ってはならない日数が示されている。

第六章　穢れ観の伝播と受容

はじめに

本章に与えられた課題は、古代における穢れ観の伝播と受容について、諸宗教の複合・重層の観点から考究し、さらに中世以降の展開を見通しながら、特に女性と穢れ観との関係について、血盆経信仰を中心に論述することである。すなわち日本古代の「穢れ観」が、儒教、道教、仏教など外来信仰の「穢れ観」との接触の中で整備され、さらにどのように変化していったかである。

「穢れ観」については、宗教学、文化人類学、民俗学、文学、歴史学など、様々な分野によって研究が蓄積され、また学際的な研究も試みられている。しかし学術的な分析用語として使われる「ケガレ」も、操作概念としてのテクニカルターム、歴史的語彙、民俗語彙など、研究者や研究分野によって捉え方が多様であり、共通認識を必ずしも形成しているわけではない[1]。

この中でも、日本に影響を与えた文化人類学の代表的な研究の一つがメアリ・ダグラス氏の研究である。穢れの本質を無秩序とし、社会の秩序を侵す穢れを排除することは、環境を組織しようとする積極的努力とし、また穢れに危険性と創造性の両義性があるとした[2]。これに対し近年関根康正氏はケガレ・不浄とされるものが、単純なヨゴレ（不潔・不衛生）とは異なる観念であり、また「ケガレ」（ケガレの受容）を「変化する否定性」、「不浄」

（ケガレの排除）を「変化しない否定性」と定式化した。そしてケガレの観念は脅威などの否定的理解だけでは説明できない特質を持っており、再生産と関係し、ケガレの隔離はこの再生への準備、すなわち創造性へ向かう準備でもあるとした。特に死・出産などに関しては、この世とあの世との狭間という関係性において出現する出来事とし、「もの」でなく「こと」であるとしている。[3]

このような理論との関係も重要ではあるが、本章で扱う「穢れ観」は、基本的には日本の文献史学研究を参考に考察する。

この分野では膨大な研究の蓄積があるが、近年の古代・中世の研究の中心は、「①『延喜式』などの触穢規定に現れる穢、②最も清浄な京都（内裏）を中心とし、穢が周辺から侵入するという同心円構造、③らい者・非人の穢」をテーマとしたものである。[4] この中でも研究が進展したのは、『弘仁式』『貞観式』『延喜式』にみえる「式」の「触穢」である。議論を「式」を基準とし、そこに規定された「穢」の変化に限定して分析することによって、共通理解を形成できる利点がある。ただし「式」の「触穢」は、神祇祭祀の斎戒に関する禁忌であり、多様な「穢れ観」「不浄観」の一部でしかない。一定の神祭りの範囲に限定されず、恒常化し、拡大解釈された「穢れ観」、たとえば出産や月経の「穢れ観」から派生し、来世観にも関わった血盆池地獄の「穢れ観」など、実際に女性に及ぼした影響も無視するわけにいかない。

本章では、この視点を踏まえつつ、諸信仰に付随する「穢れ観」について検討していくことにしたい。

一　「式」の「触穢」関係規定

1　「式」の穢規定

　まず「穢れ観」の問題を考えるうえで基礎となる「式」の穢規定を簡単に整理しておきたい。「式」の穢規定は『弘仁式』から始まり、さらに『貞観式』、そして最終的に『延喜式』で完成した（表「式」の穢規定参照）。『延喜式』巻三、臨時祭では、人間と「六畜」の死や出産及び肉食（「49触穢応忌条」）、喪や病（「50弔喪条」）、改葬や流産（「51改葬傷胎条」）、妊娠と月経（「54懐妊月事条」）、「穢」の伝染（「55甲乙触穢条」）がみえ、さらに宮城内の司の「穢」の対処（「56一司穢条」）、失火の所の忌み（「57触失火条」）などがみえる。また祈年・賀茂・月次・神嘗・新嘗祭等の致斎・散斎期間における僧尼・重服の内裏参入禁止（「52致散斎条」）、無服の殤で休暇を申請した者の祭祀関与の禁止（「53無服殤条」）も穢規定の範疇に含まれる。

　このうち、「49触穢応忌条」と「50弔喪条」は、『西宮記』「定穢事」所引の逸文によって、すでに原型が『弘仁式』に存在したことが知られている。『延喜式』では、これが二条分に分割された。また「52致散斎条」「54懐妊月事条」は『年中行事秘抄』に『貞観式』の逸文がみえる。そして『小野宮年中行事』「雑穢事」、『北山抄』巻第四「雑穢事」に引用された「前後神祇式」は、前式が弘仁十一年（八二〇）撰進、天長七年（八三〇）施行の『弘仁式』、後式が貞観十三年（八七一）撰進、施行の『貞観式』であり、これらの条文がこの期間に規定として明文化されたと考えられる。ただし「前後神祇式」の各項目がどの式の時点のものかは不明確な部分もあり、「今案」

表　「式」の穢規定

弘仁式	貞観式	延喜式
穢（悪）忌の事に触れて忌むべきは、人の死は卅日を限り、産は七日、六畜の死は五日、産は三日、その宍を喫る、及び喪を弔い、疾を問うは三日。	（小野宮年中行事所引前後神祇式） 一　人の死は三十日を忌め葬る日より始めて計えよ。産は七日。 一　宍を喫る、及び喪を弔い、疾を問うは三日を忌め。その神祇官は尋常に忌め。供奉の諸司は忌まず。但し祭の時に当たらば、余の司も皆忌め。 一　六畜の死は五日を忌め今案、鶏は忌む限りに非ず、産は三日。 一　喪を弔い、疾を問い、及び山作所に到り、三七日の法事に遭わば、身穢れずと雖も、而も当日は内裏に参入るべからず。	（49触穢応忌条） 凡そ穢悪の事に触れて忌むべきは、人の死は卅日を限り葬る日より始めて計えよ、産は七日、六畜の死は五日、産は三日鶏は忌む限りに非ず、其の宍を喫るは三日この官は尋常にこれを忌め。但し祭の時に当たらば、余の司も皆忌め。 （50弔喪条） 凡そ喪を弔い、疾を問い、及び山作所に到り、三七日の法事に遭わば、身穢れずと雖も、而も当日は内裏に参入るべからず。
	（小野宮年中行事所引前後神祇式） 一　改葬及び四月已上の傷胎は、並三十日を忌め。その三月以下は七日を忌め。	（51改葬傷胎条） 凡そ改葬及び四月已上の傷胎は、並卅日を忌め。その三月以下の傷胎は七日を忌め。
	凡そ六月十二月月次、十一月新嘗等の祭の前後の散斎の日は、僧尼及び重服にして奪情従公の輩も、内裏に参入ることを得ず。軽服の人と雖も、致斎幷に散斎の日は、参入ることを得ず。	（52致散斎条） 凡そ祈年、賀茂、月次、神嘗、新嘗等の祭の前後の散斎の日は、僧尼及び重服にして奪情従公の輩も、内裏に参入ることを得ず。軽服の人と雖も、致斎幷に前の散斎の日は、参入ることを得ず。自余の諸祭の斎日も、皆この例に同じくせよ。
	（小野宮年中行事所引前後神祇式） 一　無服の殤によりて暇を請う者、限の日未だ満たざるに、召されて参入らば、祭の事に預かるを得ず。	（53無服殤条） 凡そ無服の殤によりて暇を請う者、限の日未だ満たざるに、召されて参入らば、祭の事に預かるを得ず。

凡そ宮女懐妊せば、散斎の前に退出せよ。月の事有る者は、祭日の前に宿廬に退き下がれ。 （小野宮年中行事所引前後神祇式） 一　（前略）殿に上ることを得ず。その三月、九月の潔斎には、あらかじめ宮外に退出せよ。	（54懐妊月事条） 凡そ宮女懐妊せば、散斎の前に退出せよ。月の事ある者は、祭日の前に宿廬に退き下がり、殿に上ることを得ず。その三月、九月の潔斎には、あらかじめ宮外に退出せよ。
（小野宮年中行事所引前後神祇式） 一　甲の処に穢有り、乙その処に入らば著座を謂う、下も亦同じ、乙及び同処の人は皆穢となせ。丙、乙の処に入らば、ただ丙の一身のみ穢となし、同処の人は穢となさず。乙、丙の処に入らば、同処の人皆穢となせ。丁、丙の処に入るとも穢となさず。	（55甲乙触穢条） 凡そ甲の処に穢あり、乙その処に入らば著座を謂う、下も亦同じ、乙及び同処の人は皆穢となせ。丙、乙の処に入らば、ただ丙の一身のみ穢となし、同処の人は穢となさず。乙、丙の処に入らば、同処の人皆穢となせ。丁、丙の処に入るとも穢となさず。その死穢に触れたらんの人は、神事の月に非ずと雖も、諸司幷に諸衛の陣及び侍従の所などに参著するを得ず。
（小野宮年中行事所引前後神祇式） 一　宮城の内の一司に穢ありとも、祭事を停廃すべからず。	（56一司穢条） 凡そ宮城の内の一司に穢ありとも、祭事を停廃すべからず。
（小野宮年中行事所引前後神祇式） 一　失火の所に触れたる者は、神事の時に当たらば七日を忌め。	（57触失火条） 凡そ失火の所に触れたる者は、神事の時に当たらば七日を忌め。

などを含む割注は『貞観式』段階の増補とされている。また「55甲乙触穢条」は『貞観式』で成立し、これに表の傍線部分が『延喜式』で追加されたと推定されている。

いずれにしても「式」の穢規定は、死、出産、月経などの「穢れ観」を、空間や時間に関して合理的に整理し、法制化させたものといえる。死、出産、月経などに関わって発生した穢れを日数で区切ることによって単純化することができ、そして日数の期間は強い影響力を持ち、斎戒もしくは忌籠りを必要とするが、日数を経過した後は、その影響を勘案することを無視することができる。またその穢れの伝染を、その接触状況によって峻別することで、祭祀に参加できる者とできない者を明確化できる。さらにその伝染も特定の状況においてのみ伝染し、たとえばその場で「著座」をしなければ、伝染を回避することも可能とした。いわば制度化され管理された死、出産、月経などの禁忌区分となったといえる。

2 「式」の穢規定の位置づけ

近年の研究では、「式」の「触穢」は、太古からのものではなく、この時期に人為的に整備された、歴史的所産とする説が出されている。たとえば三橋正氏は、記紀神話の「穢」は「きたない」「わるい」「みにくい」「よごれる」など普通の使われ方であり、「死」を悲しいもので、それを遠ざけ、「穢らわしい」とするごく自然な感情はあるが、これに記紀神話編者が特別な意義づけをしていたとは考えられないとし、式の「穢」とは別ものとする。そして「「穢」規定は「神祇令」散斎の「穢悪の事」という語の細目規定に端を発しながら、それとは異なる原理（神観念）によって、『弘仁式』上程から『貞観式』撰定までの試行錯誤の期間を経て、最終的に『延喜式』穢規定として確立された（三〇〇頁）」としている。さらに「『弘仁式』で初めて具体的な姿を現わした「穢悪」は、数十年のうちに「穢」という概念に発達し、更に「祟をなす神」という神観念と結びついて強調され、神事優先・神仏隔離の原則に基づいて実践されていった（三〇九頁）」としている。そして六国史における神祇特有の「穢」の用法の初出は、『続日本後紀』承和三年（八三六）九月丁丑（十一日）条の「宮中有レ穢」としている[5]。

三橋正氏が指摘したように、「式」の穢規定が九世紀に人為的に整備されたこと、中でも特に「祟をなす神」との関係が重要であったことは確かである。次節で詳述する養老神祇令⑪散斎条の「穢悪」に関する注釈のうち、延暦年間成立の「令釈」が「神の悪む所」、天長年間の『令義解』が「不浄の物、鬼神悪む所」と注釈したことは、「穢悪」が神・鬼神との関係で理解され、さらに祟りを避けるという意識があったといえる。

ただし『延喜式』でも「49触穢応忌条」は依然と「穢悪」の語を踏襲しており、単純に「穢悪」と「穢」が全く異なる概念とは言い切れない。「穢悪」から「穢」への変化は、式制定者が人為的に異なる概念を作成するために創設した用語というより、「式」による制度化が明確になり、実行される過程で用語がより単純化されていったことによるのかもしれない。また九世紀に「式」規定として、「触穢」が人為的に整備されたとしても、この世とあの世との狭間において出現する出来事である死や出産を忌避し恐れる意識、屍の腐敗などに対する不浄観・穢れ観、血を恐れる意識、血の腐敗などに対する不浄観・穢れ観など、それ以前からの観念との関係については、単純に切り離さずに、その関係を検討しておく必要がある。

なお近年の研究では、「式」の「穢」が「律令」とは別の概念であることを強調する説もある。この説は「穢事律令に載せず。式より出づ[6]」という『宇槐雑抄』の藤原頼長の認識を、「律令」と「式」の概念の格差の根拠にしている[7]。しかし頼長の議論は、その前の記事から推測すると、「穢」の伝染に関する「55甲乙触穢条」の問題を前提としており、その規定は「律令」には載っておらず、「式」にしかないことをいっている。前述したようにこの規定は『貞観式』に成立したと考えられ、「律令」に規定がみえない。その意味では正しいが、これをもって「式」の「穢」が律令条文にみえる「穢悪」観念と全く無関係とはいえない。そしてこれは十二世紀の院政期貴族の認識であり、八世紀の「律令」制定期の認識や九世紀の「式」制定期の認識とは区別しておく必要がある。十二世紀の認識をそのまま遡及することには慎重でありたい。

また十一世紀の摂関期貴族である藤原実資が、関白頼通の「天竺は触穢を忌まず」の発言に対し、「穢は日本事、大唐は已に穢を忌まず[8]」と答えている。これをもって「穢」が「日本」独自の歴史的背景の下で生み出された観念であったことを示す例とする見方もある[9]。

しかし実資自身は万寿四年（一〇二七）八月二十五日にこの記事を書いた後、長元二年（一〇二九）以降に執筆した『小野宮年中行事』「雑穢事」では、密教経典の『陀羅尼集経』第九にみえる「烏枢沙摩解穢法印」の呪を引用している。この真言は呪法を行う人が、もし死尸、婦人産処、六畜産生、血光流処などの種々の穢れを見た時、印を作り、解穢呪を誦し水で面を洒うためのものである。そのうえで、実資は「或僧侶云はく、『穢を忌むの文、内典には見えず』といへり。解穢の法已に真言に見ゆ。仍りて疑蒙の人を披かむが為に此の文を載す」と記している。さらに「伊弉諾尊黄泉に入りて曰く、吾汚穢の処に至る。故吾身の濁穢を滌ぎ去るべしと云々」と神話を引用し、「彼の身を滌ぐは、面を洗ふに似たり。神仏の道、相通ずと謂ふべし」としている[10]。恐らく「穢」を再検討した結果、このような認識に変化したと考えられる。

実際、『マヌ法典[11]』や『ヤージュニャヴァルキヤ法典[12]』によれば、インド社会において死、出産、月経などの「穢れ観」とそれに対する宗教的禁忌が存在していた。また中国でも後述するように儒教、道教や中国化した密教に「穢れ観」がみえ、これらと日本の「穢れ観」は決して無縁ではなかった。

その点からあらためて神祇令⑪散斎条の「穢悪」と唐令との関係、また外来信仰の「穢れ観」との比較やその影響関係を検討しておきたい。

二　令「穢悪」規定と外来信仰

1　神祇令の「穢悪」

まず「式」の穢規定、特に『弘仁式』からみえ、『延喜式』「49触穢応忌条」の「穢悪」の出発点となっている、神祇令⑪散斎条の「穢悪」について確認しておきたい。

神祇令では、⑩即位条で、斎を散斎と致斎に分けており、また⑫月斎条で、一月斎を大祀、三日斎を中祀、一日斎を小祀とする。そして次に引用する⑪散斎条では、その期間における禁忌として、「不得弔喪・問病・食宍」「不判刑殺」「不決罰罪人」「不作音楽」「不預穢悪之事」をあげている。[13]

凡そ散斎の内には、諸司の事理めむこと旧の如く。喪を弔ひ、病を問ひ、完《（宍）》食むこと得じ。また刑殺判らず、罪人を決罰せず、音楽作さず、穢悪の事に預らず。致斎には、唯し祀の事の為に行ふこと得む。自余は悉くに断めよ。其れ致斎の前後をば、兼ねて散斎と為よ。

⑪散斎条は唐祠令を基本的に踏襲したもので、「疾」「不判署刑殺文書」「楽」の部分の表現を若干変更し、日本令において「食宍」を特別に挿入した他は、ほぼ唐祠令と同じである。すなわち唐の祭祀の散斎・致斎を手本として、日本の神祇祭祀の散斎や致斎を厳密に整備しようとした日本令の制定者は、中国の「穢悪之事」も含めて検

討し、継受可能な字句をそのまま神祇令に取り入れ、さらに「食宍」禁忌規定のみを追加したといえる。

また⑯供祭祀条には、幣帛・飲食・果実などは所司の長官自身が検校し、必ず精細にして「穢雑」になることを禁じている。すなわち供物の清浄性を確保し「穢雑」を排除することが規定されている。[14] この条文と同趣旨の唐祠令41【開二五】では、饌供について行事の官が監検封受して、「美悪之義」を省くこととしており、「穢雑」の語はない。[15] 残念ながら「穢雑」に関する集解諸説がなく、また開元二十五年令以前の唐令の影響があったかも未詳であるが、日本令で「穢雑」の語が採用された点は無視できない。これは職制律⑬造御膳条や⑱外膳犯食禁条に「穢悪之物」が飲食中にあった場合の処罰がみえ、⑱外膳犯食禁条の注の「穢悪之物。謂。不浄之物」に通じるものといえる。この語や注はいずれも唐職制律の造御膳犯食禁条・百官外膳条を踏襲した表現である。なお隋末の成立で、隋唐期の道教科戒威儀書である『洞玄霊宝三洞奉道科戒営始』巻三第九、居処品に「穢雑及び六畜屍産穢せしむること勿れ」という表現がある。[16] また『続日本紀』に、太政官から僧綱へ、僧尼の勝手な乞食を禁じるために出された文の中で、出典は不明であるが、経曰くとして「日に乞告して市里に穢雑す（後略）」という表現がある。[17]

2　儒教・道教の「穢れ観」

唐祠令の散斎・致斎は、基本的には斎戒による徳の顕彰と身体の浄化を行う儒教の「斎」である。たとえば『礼記』では斎を齊と表記し、祭義第二十四の「内に致齊し、外に散齊す」、祭統第二十五の「散齊七日を以て之を定め、致齊三日を以て之を齊ふ」など、散斎・致斎に関する記述がみえる。[18]『礼記』には「穢悪」の語を用いた禁忌はみえないが、礼における斎戒において食物・性・死・刑などの殗穢が禁じられていた。この「殗穢」は国家祭祀の次元、さらに社会全体に根強く存在していた[19]。たとえば、『周礼注疏』巻三十六秋官「蜡氏」は骴の除去を職掌とするが、これに関する唐の賈公彦の疏に「祭は皆斎す。斎は潔静にして、穢悪を見るを欲せざるなり」とする例などがある[20]。

また一世紀の後漢時代、江南地域で出産を不吉とし、産家への交通を禁忌し、出産後の時期に産婦を別小屋に隔離し、また出産を見聞することを禁忌とする習俗があった（『論衡』[21]）。この産穢の根底には血の腐臭を穢れとする産婦穢れ観があり、これが伝染すると捉え、斎戒の人が忌避していた。

そして道教でも礼の「殗穢」から継承して、人間の死喪、出産、月経、ある種の病を穢れとした。たとえば上清派の道教経典の『上清太上黄素四十四方経』の中に、意識を集中し神々を瞑想する「存思」を行う道士、天やその精霊の上帝、また北極星である「太一」に関わる修法を学ぶ道士が、死尸血穢の物を見ることを禁じ、もしこれを予見した時は、真朱を入れた水で目を洗い、口をそそぎ、手足を洗うとし、また一死尸を見ると一年、これらの修法ができなくなるとしているものがある[22]。また『赤松子章暦』にみえる上清派系の「科」には、人間の死や出産、また六畜の死の殗穢を日数で区切り、その殗穢の間は斎醮を禁止している例もある[23]。

そして唐代の道教経典の『斎戒籙』には、斎を行う人は、父の喪に服している孝子、新産の婦人、月水が未終了の人、及び痎瘧、瘡疥、癈疾などの病の人を忌み、これらの人を斎堂や庭壇に昇らせ、そこで使役して願いをかなえたりすることを禁じており、その理由はこれらの人々の穢れが真霊に触れ、賢聖が降臨せず、斎を修するのに功がないとしている例がみえる[24]。

以上のように道教諸派による差異はあるが、七世紀初頭の隋末までにはすでに、人間と六畜の死と出産や病者を、道教祭祀に関わる道士女官などが穢れとして認識し、一定期間は触れること、産室に入室することの禁忌が成立していた。[25]

3　医書・本草書に取り込まれた「穢れ観」

ここで注目しておきたいのは、このような死・出産・月経に対する「穢れ観」は、医書、本草書など医学、薬学的な知識にも取り入れられていたことである。たとえば道教系産穢認識の影響を受けた中国医書は易産法を説く内容がみえると同時に、産婦穢悪観・産婦不見、さらに産褥期間の神祇隔離規定がみえる。

五世紀成立の『小品方』には「凡そ婦人は産の闇穢血露の未だ浄からざれば、戸牖を出でて、井竈の所に至るべからざる也。神祇及祠祀を朝せざる也」[26]とあり、出産の闇穢があり、「血露」が終わらない時は、産婦が家から出て井戸や竈のところに行くこと、また神祇や祠祀を拝することを禁じている。また七世紀半ば成立の『千金方』では「論に曰はく、産婦は是れ穢悪と雖ども、然るに痛の将なる時、及び未産、已産は、並びに死喪に穢れる家の人を来たらしむるを得ざれ。之を視れば則ち生れ難く、若しくは已産の者は則ち児を傷る」[27]とある。基本的には産婦穢悪観が存在しているが、その一方で産婦も陣痛時や出産前後に死喪汚穢の家の人を見ると難産となり、出産後ならば子どもに障害が起こるとし、産婦も死穢や穢汚を避けるべきとする。

また薬学に関する本草書の中にも同様の観念が存在している。たとえば敦煌本『本草集注』（開元六年〈七一八〉写）の序録の中に「服薬、通じて死戸及び産婦淹穢の事を見るを忌む」とあり、服薬の時には、死戸及び産婦の穢れを見ることを禁忌としている。[28]『本草集注』は、上清派の道教や仏教、医・薬・陰陽五行に通じていた陶弘景が、南斉の永元二年（五〇〇）前後に著したもので、隋唐では医生が学ぶ本草書としては重視されていた。

一方『抱朴子』内篇、金丹には、合薬する時に鶏・犬、小児、婦人が見ることを忌む例があり、[29]『千金方』にも特定の合薬に産母や喪孝、痼疾、六根不具足人、六畜が見ることを忌む例がある。[30] このように医書では合薬の時に産婦に見られてはならないとし、本草書では服薬の時に産婦を見てはならないとしており、見る主体が逆転しているが、見る、見られるは相互関係にある。

4　密教経典に取り込まれた「穢れ観」

また仏教経典の中にも「穢れ観」があり、特に医書と同じく易産法、死産処置法を記すとともに、産室進入禁止、産婦不見などの禁忌を記すものがある。ただしこのような経典は早期に翻訳されたものではなく、唐宋の頃に訳された密教経典であることが特徴である。確実な初見例は、『千金方』とほぼ同時代の七世紀半ば訳の『陀羅尼集経』や『千手千眼観世音菩薩広大円満無礙大悲心陀羅尼経』（以下『千手千眼陀羅尼経』）である。さらに『龍樹五明論』の例は、編纂は八世紀以降と推定されているが、その原型が六世紀に遡る可能性もある。[31] これらの密教経典は、インドや中央アジアにおける産穢認識との関係も否定できないが、経典そのものは道教との関係が濃厚で、中国撰述の可能性が高い。

『陀羅尼集経』の第九巻は烏枢沙摩明王信仰に関する巻である。烏枢沙摩明王はすべての穢悪を浄めて、浄穢を差別しないとされ、烏枢沙摩法は疾病、毒蛇、怨家、智恵、富貴などにも修するが、多くは安産、解穢に修された。この烏枢沙摩法の中でも「烏枢沙摩解穢法印」には、呪法を行う人がもし死尸、婦人産処、六畜産生、血光流処などの種々の穢れを見た時、印を作り、解穢呪を誦すようにとある。[32]

『千手千眼陀羅尼経』にも、難産や死産の時に大悲呪を誦せば、安産になると記す。[33] その一方で訶梨勒などの薬剤を調合する時には、新産婦人と猪狗に見せてはならないとする。[34] 合薬を行う時に産婦や動物が見ることを忌むのは、前述した道教の影響を受けた医書に散見する。

また現存する『龍樹五明論』巻下、五明論決、「論曰」の中の「服香方法」にも類似の記述がある[35]。服香は本草書の服薬に通じる点があり、両者とも死尸、産穢を見ることを忌む点は興味深い。また龍樹菩薩出二十法を行う者が酒・肉・五辛を食し、「婦女産生皆不レ得レ見」すなわち産婦を見ることを禁じている[36]。

以上の七世紀までの密教経典の他に、以下の八世紀に漢訳された密教経典、たとえば、菩提流志訳『一字仏頂輪王経』では死喪の家、初産生の家、不浄人の家に行くことやその家の食物を食べることを禁じるものがあり[37]、また不空訳『菩提場所説一字頂輪王経』は、新産や死家だけでなく月経女性の作った食物を食べることを禁じている[38]。そして輸波迦羅（善無畏）訳『蘇婆呼童子請問経』にも、密教行者の乞食法の中で新産婦の家に入ること、牛・馬・驢・駝・猪・犬・羊という七種類の動物の産処に行くことを禁じている[39]。また輸波迦羅訳『蘇悉地羯羅経』には穢処や不浄処に行った時に、まず烏枢沙摩真言を誦し作印せよとする写本がある[40]。

このように七・八世紀に翻訳された密教経典の中に、道教経典や医書、本草書と類似する、死喪家や産室への進入と飲食の禁止、産婦を見ること、逆に産婦が見ることの禁止がみえ、さらに中には六畜もしくは牛・馬・驢・駝・猪・犬・羊など特定動物の出産禁忌が含まれていた[41]。

5　大宝令注釈書「古記」の神祇令「穢悪」解釈

以上の外来信仰の「穢れ観」を踏まえると、神祇令⑪散斎条の「穢悪」に関する『令集解』諸説の中で、天平十年（七三八）頃成立とされる大宝令の注釈書である「古記」が、「生産婦女不レ見之類」と記していることが注目される。生産婦女、すなわち産婦が見ること、産婦を見ることの、いずれにもとれる曖昧な表現である。この「古記」の解釈を、従来は『古事記』にみえる豊玉毘売が出産時に「願勿レ見レ妾」と述べたような出産瞥見禁忌であり、神話的な解釈を提示したものと解釈されてきた。(42) しかしこの表現は、前述した中国医書、本草書にみえる道教系産穢認識の表現や七・八世紀成立の密教経典と通じる面がある。古記は「穢悪」の例として、出産に関わる「穢れ観」を想定し、これを生産婦女に見られること、また生産婦女を見ることとして表現したものといえる。(43) そしてこの「穢悪」は『弘仁式』の「穢悪」に出産が含まれるうえでの原型といえる。

前述した『小品方』『千金方』は八世紀初頭には日本で確実に受容されており、また『本草集注』は、藤原宮出土木簡によって、遅くとも七世紀末には利用されていたことが確認されている。それ以前の六世紀から渡来が確認できる医師、薬師、呪禁師、さらに七世紀後半では、たとえば持統五年（六九一）に銀を賜った医博士徳自珍、呪禁博士木素丁武・沙宅萬首らや、百済亡命貴族の医学、呪禁の知識の影響によって、これらの禁忌が意識されはじめていた可能性は高い。また天武十四年（六八五）に白朮を献上した百済僧法蔵が、持統六年（六九二）には陰陽博士となっているように、医学的知識を持った僧侶が陰陽に通じていたことも注目される。このように医書、本草書、陰陽書の知識にみえる「穢れ観」が、遅くともこの頃には、知られるようになっていたといえる。そして王権を中心とした人間の死や出産に対する認識に影響を与えはじめていた可能性は十分考えられる。

また密教経典の『陀羅尼集経』『千手千眼陀羅尼経』『五明論』『一字仏頂輪王経』『蘇婆呼童子請問経』も、八世紀前半までに将来されていたことが正倉院文書によって確認できる。そして『千手千眼陀羅尼経』は天平十三年（七四一）の玄昉発願一〇〇〇巻の残巻分が現存している。(44)

また正倉院文書の中でも特に注目されるのが、天平宝字七年（七六三）六月三十日の道鏡宣にみえる『陀羅尼集経』第九巻の請求である。(45) 第九巻は前述した烏枢沙明王信仰を記した部分である。さらに宝亀十一年（七八〇）作成の『西大寺資財流記帳』によれば、西大寺四王堂に高さ一丈一尺一寸という長身の「火頭菩薩像二躯」が安置されていた。火頭菩薩は烏枢沙摩明王の別名であり、道鏡が『陀羅尼集経』第九巻を参考にして作成させたと推定されている。

なお『陀羅尼集経』以外で、九世紀以降の烏枢沙摩明王信仰の受容に結びつく経典に、阿質達霰訳の三経典『穢跡金剛禁百変法経』『大威力烏枢瑟摩明王経』『穢跡金剛説神通大満陀羅尼法術霊要門』があるが、道教との関係が深く、訳者の実在性を疑問視する見解もある。これらは『開元釈教録』では未載であり、八世紀には将来されておらず、真言系では大同元年（八〇六）の空海の請来目録が史料上の初見である。天台系では最澄自らは将来しなかったが、弘仁三年（八一二）に空海へ『烏枢瑟摩経』の借用願を出しており、その後に円仁・円珍らが将来している。九世紀以降も烏枢沙摩明王信仰に対する関心が継続していたことがわかる。

このように八世紀前半までに王権周辺や畿内において、出産の「穢れ観」や禁忌などを含む密教経典が受容され、その流れの一例として八世紀後半の道鏡の烏枢沙摩明王信仰があった。この点から『弘仁式』の死と出産に関する「穢悪」の枠組みとその原型の成立に、道教との関係が濃厚である密教経典も影響を与えた可能性が考えられる。[46]なお大本敬久氏は仏教の斎戒が心身の清浄を目的とするもので、日本の清浄観と共通する部分があり、穢概念形成に仏教思想の影響があったとしている。[47]

6　「六畜」の死穢・産穢の規定

『弘仁式』以来、「式」規定には、人間だけでなく「六畜」の死穢と産穢の規定があることが特徴である。「六畜」とは一般には牛・馬・羊・豚（猪）・狗（犬）・鶏をさし、たとえば『周礼』天官冢宰第一の「庖人、共に六畜・六獣・六禽を掌る」や、『漢書』『隋書』など、中国文献に多くみえる用語である。

そして道教経典には「六畜」の産穢禁忌が多くみえる。たとえば六世紀編纂の『無上秘要』巻九十九が引用する「洞元五符経」には、肉食等の禁忌とともに「喪尸猪犬産汙を見ることを禁ず[48]」とあり、七世紀隋末の成立で、隋唐期の道教科戒威儀書の『洞玄霊宝三洞奉道科戒営始』巻三、居処品にも「穢雑及び六畜屍産穢せしむること勿れ[49]」とある。

また医書、本草書では人間の死や出産の禁忌が示されている例が多いが、前述した『千金方』や『抱朴子』のように、合薬の時「六畜」や「鶏犬」に見られることを忌避するものがみえる。さらに「六畜」の出産禁忌に言及する医書類の例もある。そして仏教経典では、四世紀に漢訳された初期仏教経典の『増一阿含経』などをはじめとし、「六畜」の語が散見する。ただし管見では「六畜」の産穢に言及する例は、前述した『龍樹五明論』と『陀羅尼集経』のみで、他の密教経典に動物の出産禁忌例はあるが、これを「六畜」とは表記していない。

日本古代の「六畜」の用例は、六国史では『日本書紀』の二例のみであることが特徴である。一例は皇極三年（六四四）に、東国不尽河辺の人、大生部多の言説に惑わされた巫覡らに勧められ、人々が財宝を喜捨し、酒や「菜・六畜」を路の辺に陳ねて常世神に祈ったとあり[50]、道教の影響が窺える常世神信仰に関係した記事である。もう一例は天武十三年（六八四）の白鳳大地震の被害状況の中に「人民及び六畜多に死傷はる」とあり[51]、人間と「六畜」の死尸を想定できる記事である。この点から七世紀後半、または遅くとも養老四年（七二〇）成立の『日本書紀』編纂時に、道教系信仰と結びついた「六畜」の用例があったといえる。

九世紀の例は管見の限りでは、弘仁年間に編纂された部分である『日本霊異記』下巻第三十三縁に引用された『像法決疑経』にみえる[52]。ただし『像法決疑経』は中国撰述の偽疑経であるが、現存経典には「六畜」の語はなく

「畜生」とある。[53] そしてそれ以降の「六畜」は、摂関期の陰陽道や具注暦の用語例が主である。これらのことから『弘仁式』の「六畜」規定の文言そのものが、外来信仰の影響を受けていることは確かである。

日本の動物の死穢は、九世紀の『日本三代実録』では馬・犬・牛の例と、この他に本来の「六畜」ではない狐の例がみえるが、数量的には十七例中十四例と犬死穢が圧倒的に多い。一方動物の産穢は九世紀の『日本三代実録』では十例すべて犬産穢のみである。『太神宮諸雑事記』では馬の産あるいは傷胎の例は承平五年（九三五）が初見であり、[54] 牛の例は康平五年（一〇六二）、治暦四年（一〇六八）頃までみえない。

7　日数の問題

ただしすべて外来信仰の影響によっているわけではなく、受け皿になった日本の禁忌の特質を引き継いだ点、また新しく変容させた点など、相違する特色もあったと考えられる。たとえば『弘仁式』規定のもう一つの特徴である、「穢悪」を一定日数で区切ることに関しては、類似点と相違点がある。

日本の人間の産穢は七日、「六畜」の産穢は三日である。人間の産穢七日は、『延喜式』鎮火祭の祝詞にみえる伊佐奈美命が火結神を出産後に「夜七日（夜）、昼七日、吾をな見給ひそ」とした七日を原型としている可能性が高い。一方、仏教では斎戒や修法の日程などで「七日七夜」は多くみられる日数区分でもある。ただし前述した密教経典では出産禁忌には日数による期間の設定をしていないことが特徴である。これらの密教経典だけからでは、『弘仁式』の人間と「六畜」の死穢・産穢を日数で区切るという内容は成立しないといえる。

穢れの期間を日数で区分し、その期間だけを問題とする点は儒教や道教にも類似する要素がある。日本の場合は、神祇令⑩即位条では散斎一月、致斎三日を基準としており、一定の斎戒日数に由来すると考えられる。これに対し儒教の礼の斎戒は『礼記』の「散齊七日」「致齊三日」など日数を七・三で区切ることに特徴がある。道教でも斎戒の日数に七日を単位とする例もある。ただし道教経典類は人間の産穢は百日、「六畜」の産穢は七日の例が多い。たとえば六朝末から唐の著述とされている『赤松子章暦』巻二「殗穢」では、殗穢を日数で区別し、人間の産穢の場合は百日であり、また同じ巻二「禁戒」には、儀礼祭祀空間である「治」に入ってはならない日数が示されており、「六畜」は出産後七日未満が禁じられている。またここでは誕生した小児の場合は百日、「六畜」の子は「満月」未満、すなわち誕生後約一ヶ月未満が禁じられており、子どもについては別の指示がみえる。なお産婦が神祇を拝することを禁じる期間を血露の期間を目安とする『小品方』の例や、産後の「満月」を基準とする『千金方』の例もある。これに比べて日本の「式」規定は人間の産穢は七日、「六畜」の産穢は三日と短いことが特徴であり、この点は日本では刑罰の数量を全体に少なくして継受する特徴と類似する。

三　「穢れ観」の変化

1　受容の変遷

いずれにしても日本の律令神祇祭祀の斎戒における死や出産の禁忌は、中国の医書、本草書、陰陽書、暦、密教経典を媒介として、儒教、道教、仏教系の外来信仰の影響を色濃く受けていったといえる。ただし律令以前からの死や出産に対する何らかの習俗も受け皿にしたと考えられる。たとえば大化二年（六四六）に廃止を命じられた旧俗の中に、帰郷役民の病死者や溺死者の放置に対して、路辺住民が役民の仲間に祓除を強要すること、預り馬の妊娠に対して祓除を強要することがみえる。(55)地域によっては死や妊娠さらに出産に対する祓除の慣習が存在した可能性を示唆している。

このような習俗を受け皿にして、六世紀代は朝鮮半島経由の五経博士、渡来系医師、薬師、呪禁師、陰陽関係者、僧尼、七世紀以降は百済亡命貴族などを媒介とし、また中国から直接もたらされた儒教、道教、陰陽五行、密教などの外来信仰に付随した「穢れ観」が影響を与えた可能性は高い。なお日本は道教を制度的に受容しなかったが、それが宗教書だけではなく、医書、本草書、暦などの中にも組み込まれていたことの意味も大きかった。そして神祇令⑪散斎条の死や病の禁忌と出産を含む「穢悪」を出発点とし、さらに八世紀後半の宝亀・延暦期の神祇儀式整備の時期に、雑多で未整理であった「穢れ観」が整理されていくようになり、これが九世紀初頭の延暦二十年代前半に編纂が開始された細則規定の「式」として整備され、最終的には弘仁十一年（八二〇）成立、天長七年（八三〇）施行の『弘仁式』に収録された。そしてさらに『貞観式』に至る間に整備が進行していった。ただし前述したように、すべて外来信仰の影響によっているわけではなく、受け皿になった日本の禁忌の特質を引き継いだ点、また新しく変容させた点など、相違する特色もあったといえる。

2　「定穢」と神社禁忌

この「式」の穢規定が十世紀以降、さらに『延喜式』として効力を発揮することにより、触穢は定着していった。そして醍醐天皇以降、神事に際し、「穢」の状況を厳密に検討し、たとえば遺骸が「一体」か「五体不具」かを判断し、その忌む日数を決定するなど、その対応について最終的な判断を下すことを「定穢」と称し、公卿僉議を経たうえで天皇が行うことが原則となっていった。この「定穢」を分析した三橋正氏によって以下のような変化が指摘されている[56]。

摂関期では判断を下すうえで神祇官と陰陽師による卜占を判断の参考とする例がみえるようになり、また最終判断は天皇が原則であったが、たとえば三条天皇期に藤原道長主導による判断で行われたように、政治状況によっては天皇による「定穢」が形骸化することもあった。さらに摂関期末から院政期にかけては、「式」規定を基準とするだけでなく、先例も重視され、また陰陽師の占いだけでなく、明法博士の勘申を判断の参考にするようになった。そして「穢」に対する判断が多様化することによって、「穢」の疑いがある場合でも適用する拡大解釈がなされるようになった。

一方個人的に神の祟りを避けるために、「式」規定を参考にするようになり、精進潔斎に関しても影響を受けるようになっていった。平安貴族が、個人的な「穢」に対して「式」の規定内の忌日数を厳密に遵守していたこと、また伝染を避けるために、「式」の「55甲乙触穢条」の通り「著座」を避け[57]、天皇の臨終に際しても「下殿」していたことが[58]、『小右記』や『権記』の記事から確認されている。

なお「著座」だけでなく、『北山抄』巻第四（雑穢事）には今案として「飲食」も同じ扱いとなっている[59]。そして摂関期や院政期において、僧都が出産後まだ胞衣が出ない時に穢れを忌避して著座せずに退出したり（『権記』[60]）、日頃安産の修法を行っていた験者が逃げ出したりしており（『玉葉』[61]）、このような密教僧、験者の産穢忌避もみられた。

そして中世以降には、「式」規定ではなく、各神社・寺院における慣習によって、「穢」を判断するようになり、「服忌令」が作成されるようになっていった。鎌倉初期には、伊勢神宮・石清水八幡宮・賀茂社など二十一社の産穢・死穢・触穢・五体不具・失火・姙者・月水・鹿食・蒜・薤・葱・六畜産・六畜死の禁忌を集成した『諸社禁忌』が作成された。これによれば、死穢は「式」の三十日から喪家五十日と増加している例が多い。また産穢も、「式」の七日から三十日に増加している神社が多い。月水も七日が多い。その中でも伊勢神宮は近代三十日とし、産婦も三十日であるが、もし血気が失われない者はなお憚るとしている。月水（月経）は「七ヶ日、臨時翌日行水はこれを忌まず」としている。また広田社では産穢は「七十日」、産婦は「百日」、月水は「始日より十一ヶ日参社」としているものもある。[62]産婦に対する「穢れ観」が増大化していることがわかる。そして室町期の永享十二年（一四四〇）『伊勢大神宮参詣精進条々』[63]では、伊勢神宮も産女百日以後の参宮とされ、また出産や月水の時の着衣は、たとえ洗濯したとしても、参宮の時に着てはならないなど、女性と密接な関係にある「穢れ観」が禁忌期間の拡大化だけでなく、忌避の強化が進行していった。

3　「穢れ観」の恒常化

前述した中国撰述を含む唐宋代に翻訳された密教経典などにみられた、出産や月経など一定期間の「穢れ観」だけでなく、仏教経典の中には、女性に対する「穢れ観」を恒常的なものとして語るものも存在する。たとえば初期仏教経典では、四世紀の瞿曇僧伽提婆訳『増一阿含経』邪聚品は、女人の五種の悪として、その一番目に「穢悪」をあげている。[64]そして馬王品にも女人の九悪法として、やはり一番目に「女人臭穢不浄」をあげている。[65]また大乗仏教経典では、『法華経』の中でも五世紀初頭の鳩摩羅什訳とされている『妙法蓮華経』提婆達多品では、龍女に対する舎利弗の発言に、サンスクリット原典にはない「女身垢穢、是れ法器に非ず」の語が挿入されている。[66]そして元嘉元年（四二四）以降の曇摩蜜多訳『仏説転女身経』では、女身の中には百匹の虫がおり、恒に苦患と愁悩とのもとになり、この女身は「不浄之器、臭穢充満」であり、枯れた井戸、空き城、廃村のるようなもので、愛着すべきものではなく、厭い棄て去るべきものとしている。[67] このように漢訳経典の女性に対する「穢れ観」は直接的には産穢や月水穢に限定せず、恒常的な穢れ観になっていることが特徴である。

六世紀の敦煌や吐魯番など西域の例ではあるが、女性が前世の業により穢れた女身に生まれたことを前提としつつ、それからの脱却を願って仏教への帰依を表明している経典題跋が発見されており、恒常的な「穢れ観」の影響がみえている。また七世紀中頃、南山律宗の祖で律五大部を含む多くの著述を残した道宣は、弟子僧慈忍のために『浄心誡観法』を撰述し、その中の「誡めて女人の十悪実の如く厭離し解脱することを観ぜしむる法」で、「女人十悪」を数えあげ、その最後に女身は「臭悪不浄常流（臭悪な不浄が常に流れている）」とし、春夏の熱い時に虫や血などが下るとしている。そして「経云」として、女根の中に二万の姪虫が存在し生臭く穢れており、密かに胎孕を堕し懐姙産生すると汚穢狼藉であるとし、善神は見聞して悉く皆捨て去り、悪鬼魍魎は数々来て侵擾すると記している。[68] 前述の『仏説転女身経』と類似する点はあるが、ただし同一の言説を示す現存経典はなく、むしろ道教やそれと密接な医書、さらにのちの『血盆経』に通じる認識が含まれていることが注目される。

これらの女身に対する「穢れ観」は、出産や月経など特定の状況と全く無関係ではないが、それだけに限定されない恒常的な穢れとなっている。女性たちが前世の罪業によって穢れ多い女身に生まれたとし、これを女性たち自らが受け入れて忌避する観念、また男性が穢れをはじめとする諸悪を恒常的に持っている女身と接触することによって清浄性を喪失することを忌避する観念となっている。すなわち血穢を含みつつさらに拡大解釈された女性に対する「穢れ観」となっていることが特徴である。[69]

さらにこのような観念が日本では、たとえば十四世紀初頭頃に僧無住が著した『妻鏡』の「女人の七種の科」の中で、「身常に不浄にして、蟲血数流出。懐妊産生けがらはしく、月水胞胎不浄なる。是を見て悪鬼は競ひ、善神は去り、愚人は愛し、智者は憎む」と記し、出産や月経なども含めて、女身が常に不浄であるとしている。これは前述した『浄心誡観法』の女人十悪を改変したものであり、このような女性観が影響を与えていった。

4　血盆経信仰の展開

そして産穢と月水穢は、触穢の禁忌期間に限定された「穢れ観」を越えて、女性の死後世界観にも及ぶものとなっていった。その代表的な言説が、血盆経信仰である。血盆経とは、『仏説大蔵正教血盆経』に代表される中国の俗経典で、血盆池地獄から女性を救済するための方法を示すうえで、目連が一役果たす形式で説かれているものである。

この血盆経信仰は、中国における成立は十世紀以降であろうが、一一九四年すなわち十二世紀末から、仏教の血盆経ないしその思想の存在が文献的に確認できると指摘されている。そして明清時代に仏教の血盆池地獄とともに道教では血湖、弘陽教では血湖地獄とされ、その救済の信仰として流布したことが知られている[70]。仏教系の血盆経信仰が日本へ伝来した時期について、鎌倉・南北朝期の一二五〇年から一三五〇年とする説[71]もあるが、現在では室町期に入ってからであったとする説が通説的位置を占めている[72]。近世には熊野比丘尼が布教に使用した「観心十界曼荼羅」に、蛇身となった女性たちが血盆池地獄に堕ち、救済を求める姿が描かれていった。そしてその傍らで女性に『血盆経』を示している如意輪観音が描かれているものもある[73]。

血盆池地獄に堕ちる原因について、現在伝来している『仏説大蔵正教血盆経』には、女性は、出産の時に流した血露が地神を汚し、汚穢した衣裳を川の水で洗濯すると、水流を汚し、誤ってその水で諸善人が茶を煎じて諸聖に供養し不浄を致すことであるとしている[74]。そして出産の血だけでなく、月水を含む写本もある。日本では中世においてすでに出産の血だけでなく、月水も堕地獄の原因となっていたことが明らかにされている。[75] 中国でも月経を原因とする例は少数ながら見出されるが、時として月経が出産を上回る傾向は日本で起きたとする説もある。[76]

朝鮮半島における『血盆経』は、現在朝鮮時代の十六世紀末頃とされる牧野和夫氏所蔵のものが確認されている。[77] ただしそれ以前の状況を考えるうえで、次のような興味深い仏教説話がある点に注目しておきたい。

『三国遺事』巻三、造像第四、「洛山二大聖　観音」には、元暁法師が観音菩薩の真身仏を瞻礼するため洛山に向かう道中、何人かの女に遭遇したが、その中のひとりは橋の下で「月水帛」を洗っており、その女に水を乞うと、「穢水」を酌んで献じたので、法師はこれを覆して棄て、さらに「川水」、恐らく川上の水を酌んで飲んだとある。寺到着後にこの女が聖女で観音の真身仏であったと気づいたものの、法師は聖窟に入り真容を見ようとしたが、風浪により入ることができなかったという。[78]

元暁は七世紀の新羅に実在した著名な高僧であるが、この説話では聖女であることを見抜けず、月経に由来する「穢水」を拒否したことなどによって、観音の真容を拝せなかったことになる。女性が月経に由来する「穢水」を僧に供する点は、『血盆経』の言説との関係で注目される。ただしこの説話では血盆池地獄にまで発展しておらず、その点で本来は穢れた水を僧に供することを避ける原初的なものとなっている。

月経の「穢れ観」の存在は、一一四五年編纂の『三国史記』の百済系説話にもみえる。庶人の貞妻が百済の蓋婁王（在位一二八〜一六六）に言い寄られた時、今は月経であり「渾身汙穢」として、他日に薫浴して来るまで俟つように懇願し、王はそれを許したので、その間に逃亡を試みたという。[79] この点はインドの『マヌ法典』にみえる月経中の性交禁忌と類似している。[80] 二世紀の史実とは言えないが、少なくとも月経に対する「穢れ観」があり、性交禁忌が存在したといえる。そしてこのことが七世紀に滅亡した百済の説話として伝承されたことは注目される。一一四五年編纂の『三国史記』や、高麗の高僧一然が一二八〇年代に編纂した『三国遺事』の説話を、安易に七・八世紀の「穢れ観」とすることはできず、編纂時頃の「穢れ観」を反映している可能性も排除できないが、百済や十世紀に滅亡した新羅の伝承として語られていることには注目しておきたい。

ただし『三国遺事』の説話は、逆に月水穢を克服すべきものとしている点で特異なものといえる。この点は新羅の修行僧が若い娘（実は観音）の出産を忌避せず手助けし、産後に産婦が沐浴した湯に修行僧も浸かり、金色の弥勒像になったとする話「南白月二聖　努肹夫得　怛怛朴朴[81]」と通じるものとなっている。すなわち産穢や月水穢の存在を前提としつつも、その克服が信心の証とされている点が注目される。救済対象は、女性に限定されず、女性の穢れを忌避せず、自発的に穢れを受け入れる男性をも対象としていたといえる。

そしてまた産婦や月経の女性が観音の化身であったことも重要である。血盆経信仰と結びついた観音は、中国の『仏説大蔵正教血盆尊経』の経文に「観音」の二文字があり、中国に淵源があると予想されている[82]。日本では文正元年（一四六六）写『（聖徳）太子伝』所引のものに「観音大士」とあるのが早い例として指摘されている[83]。また前述の十六世紀末の朝鮮版『血盆経』にも如意輪観音が描かれていた。この点から『三国遺事』の例は、直接『血盆経』との関係は不明ながら、観音と産穢・月水穢の結びつきが遅くとも十三世紀まで遡ることを確認できる貴重な史料といえる。そして中国・朝鮮半島の血盆経信仰の展開、さらに日本への影響を考えるうえでも示唆的な史料といえる。

おわりに

以上、日本の多様な「穢れ観」が、様々な時代に、儒教、道教、仏教など外来信仰の「穢れ観」との接触の中で整備され、変容していったことを述べてきた。すなわち律令神祇祭祀の斎戒における死や出産の禁忌は、日本における原初的な忌避習俗を受け皿にしつつも、中国の医書、本草書、陰陽書、暦、密教経典を媒介として、儒教、道教、仏教系の外来信仰の影響を色濃く受けていたことを指摘した。

そして唐祠令の影響を受けた八世紀の神祇令⑪散斎条の死の禁忌と出産を含む「穢悪」を出発点とし、八世紀後半の神祇儀式整備の時期に、雑多で未整理な「穢れ観」が整理されていくようになり、九世紀前半の『弘仁式』、九世紀後半の『貞観式』に成文化が進み、十世紀前半の『延喜式』の触穢規定として定着していった。この「式」規定によって死、出産、月経などの「穢」が及ぼす空間・時間・伝染を一定の範囲に限定して管理することになったが、十世紀以降、実際に起こった「穢」の状況に判断を下す「定穢」において、「式」規定だけでなく、先例や陰陽師、神祇官、さらに明法博士の判断などを勘案することになっていった。そして中世には各神社の慣習を反映した「服忌令」が作成され、「式」規定より禁忌期間の拡大化や忌避観念の強化が進行していった。

また出産や月経の「穢れ観」は、触穢の禁忌期間に限定された「穢れ観」を越えて、恒常的なもの、死後にも影響を与える観念とされる場合がみられた。その具体例である中・近世に流布した血盆経信仰も、中国・朝鮮半島の「穢れ観」の影響を受けたものであった。

注

（1）北條勝貴「〈ケガレ〉をめぐる理論の展開　序論」（服藤早苗・小嶋菜温子・増尾伸一郎・戸川点編『ケガレの文化史―物語・ジェンダー・儀礼』叢書・文化学の越境⑪、森話社、二〇〇五年）。

（2）メアリ・ダグラス『汚穢と禁忌』（原著は一九六六年）塚本利明訳、思潮社、一九七二年。

（3）関根康正『ケガレの人類学―南インドハリジャンの生活世界』東京大学出版会、一九九五年。同「なぜ現代社会でケガレ観念を問うか―現代社会における伝統文化の再文脈化」（関根康正・新谷尚紀編『排除する社会・受容する社会―現代ケガレ論』吉川弘文館、二〇〇七年）。

（4）勝田至「中世触穢思想再考」（『日本中世の墓と葬送』吉川弘文館、二〇〇六年）。

（5）三橋正「穢」（『日本古代神祇制度の形成と展開』法藏館、二〇一〇年）。

（6）『宇槐雑抄』仁平二年（一一五二）四月十八日条（『群書類従』第二十五輯、雑部）。

穢事不レ載二律令一、出レ自レ式。明法博士申状不レ可二信用一。

（7）片岡耕平『日本中世の穢と秩序意識』吉川弘文館、二〇一四年。

（8）『小右記』万寿四年（一〇二七）八月二十五日条（大日本古記録）。

関白云、内裏穢已来、御捧物事従レ内有レ仰、仍不レ可レ忌之由被二奏聞一、天竺不レ忌二触穢一者。余答云、穢者日本事、大唐已不レ忌レ穢。

（9）片岡耕平前掲書注（7）に同じ。

（10）『小野宮年中行事』（『群書類従』第六輯、公事部）。

雑穢事

一　人死忌卅日。自二葬日一始レ計。産七日。

（中略）

陀羅尼集経第九云、烏枢沙摩解穢法呪、印呪依二秘密一不レ載也。是法中着レ水、呪七遍了洗面、然後誦二持諸余呪法一。行二呪法一人若見二死尸、婦人産所、六畜産生、亘光流処一、見二如レ是等種々穢一時、即作二此法一誦二解穢呪一、即得二清浄一、所レ行呪法悉有二効験一。若不レ爾者、令二人苦験一、及被二殃言一面上生レ瘡。解穢神呪必不レ得レ忘。或僧侶云、忌レ穢之文、不レ見二内典一者。解穢之法已見二真言一。仍為レ披二疑蒙人一、載二此文一。又伊弉諾尊入二黄泉一曰、吾至二汚穢之処一、故当レ滌二去吾身之濁穢一云々。具見二六月大祓部一。彼滌レ身似二洗面一。神仏之道可レ謂二相通一。

ただし『大正新脩大蔵経』の烏枢沙摩解穢法印と若干字句の異同がある。『大正新脩大蔵経』の経文本文は本書第二章、七九～八〇頁。

(11)『マヌ法典』渡瀬信之訳注、平凡社、二〇一三年。

第三章　家長の生き方

祖霊祭

〈祖霊祭の式順〉

三・二三九　チャンダーラ、豚、鶏、犬、月経中の女、去勢者は、ブラーフマナが食べるのを見てはならない。

三・二四〇　火中への供物の献供（ホーマ）、布施、食事、また神々あるいは祖霊への献供において、彼らによって見られたものは効果を生み出さない。

第四章　家長の生き方（続き）

スナータカとしての生き方

〈妻に関する注意事項〉

四・四〇　情欲が高まっても、月経中の妻と交わってはならないし、同じ寝台で一緒に寝てもならない。

四・四一　なぜならば、〔月経の〕汚れが溢れる妻と交わるとき、その男の知力、威力、体力、視力および寿命が失われるからである。

四・四二　〔月経の〕汚れが溢れる彼女を避けるとき、その者の知力、威力、体力、視力および寿命は増大する。

四・四四　威力を望む最高のブラーフマナは、（中略）分娩中の彼女を見てはならない。

〈諸規定〉

四・五七　空き家に独りで寝てはならい。自分より優れた者に意見をしてはならない。月経中の女と話をしてはならない。招かれないのに祭儀に出向いてはならない。

〈ヴェーダの詠唱停止〉

四・一一〇　学識あるブラーフマナは、エーコーディシュタ（最も最近に死んだ者のための祖霊祭）への招きを受けたとき、王に出産・死亡の不浄があるとき、あるいは日・月に触の不浄があるときは三日間〔ヴェーダを〕詠んではならない。

四・一一二　寝ながら、足を長椅子にかけながら、しゃがみながら、肉を食べたとき、出産・死亡の汚れを持つ者の食べ物を食したとき、詠んではならない。

〈食べ物を受けてはならない人間〉

四・二〇八　ブラーフマナ殺しによって見つめられたもの、月経中の女に触れたもの、鳥の啄んだもの、犬が触れたもの〔を食してはならない〕。

四・二一二　医者、猟師、残酷な人間および残食を食する者の〔食べ物〕、ウグラの食べ物、出産後十日未満の不浄な女の食べ物、食後の清めをした後の食べ物、出産後十日未満に出された食べ物、

第五章　家長の生き方（続き）

　食べ物に関する規則

〈禁止される飲食物〉

五・六　赤い樹液、樹の切傷から流出している樹液、シェールの実、出産したばかりの牝牛の乳を注意深く避けるべし。

五・八　出産後十日未満の牝牛の乳、駱駝、単蹄動物あるいは羊の乳、発情期の牝牛の乳、子のいない牝牛の乳、

死・誕生によって引き起こされる汚れと清め

五・六一　完全な清浄を望む者たちにとっては、死によって引き起こされる汚れがサピンダ親族に対して規定されるとまったく同じように、誕生に関してもそうであるべし。

五・六二　死によって引き起こされる汚れは全〔サピンダ親族〕が有する。誕生によって引き起こされる汚れは母と父が有する。〔あるいは〕誕生による汚れは母のみが有し、父は沐浴によって清浄となる。

五・六六　流産のときは、〔胎児の〕月数の〔昼〕夜で清められる。月経中の女は月経が終わったとき沐浴することによって清められる。

五・七七　十日を過ぎて〔サピンダ〕親族の死あるいは息子の誕生を聞いたときは、衣服のまま沐浴して人は清められる。

五・七九　十日の〔汚れの〕間に、別の死あるいは誕生が生じたときは、ブラーフマナは、十日にならない間の期間不浄となる。

五・八五　チャンダーラ、月経中の女、パティタ、出産後十日未満の女、死体、彼らに触れた者――これらの者たちに触れたときは沐浴によって清められる。

五・八六　不浄なものを見たときは、常に、水を啜った後、注意深く、最善を尽くして太陽に関する聖句（リグヴェーダ一・五〇・一以下）、および清めの聖句（パーヴァマーニー　リグヴェーダ第九巻）を低唱すべし。

五・八七　脂肉の付いた人骨に触れたとき、ブラーフマナは沐浴によって清められる。脂肉が付いていないときは、水を啜った後、牛に触れるかあるいは太陽を見るかによって〔清められる〕。

清めの手段一般

五・一〇八　清めを必要とするものは土あるいは水によって清められる。河川は流れによって清められる。心汚れた女は月経によって、ブラーフマナの最高者は〔いっさいの行為をヴェーダに〕委託すること（サンニヤーサ）によって〔清められる〕。

(12)『ヤージュニャヴァルキヤ法典』井狩弥介・渡瀬信之訳注、平凡社、二〇〇二年。

第一巻　行動の準則（アーチャーラ）

家長の生き方

可食と不可食

一・一六六　月経中の女が触れたもの（中略）を避けるべきである。

第三巻　罪の除去（プラーヤシュチッタ）

死によって引き起こされる不浄（アーシャウチャ）

三・一八　死体にかかわる不浄は十日もしくは三日であるといわれる。二歳未満の者［が死んだ場合の不浄は］両親にある。出産によるけがれは母親のみにある。

三・二一　流産については、［胎児の］月数に等しい夜が清めをもたらす。（後略）

三・二九　出産による汚れ（スータカ）は両親にある。母親の場合、［出産の際］出血が見られることから、間違いなくある。［父親は、出産の］当日は、前の世代［の父祖］が誕生するのであるから、汚れることはない。

三・三〇　月経期の女や［死による］不浄を有する者に触れた者は沐浴すべし。そのかれら（月経中の女などに触れた者たち）に［触れたときは］水を啜るべし。水神に捧げられるマントラ（リグヴェーダ一〇・九・一―三）を低唱すべし。サーヴィトリー（リグヴェーダ三・六二・一〇）を心の中で一回［低唱すべし］。

(13)神祇令⑪散斎条。史料本文は本書第一章、一二三頁。

(14)神祇令⑯供祭祀条。

凡供㆓祭祀㆒幣帛、飲食、及果実之属、所司長官、親自検校。必令㆓精細㆒。勿㆑使㆓穢雑㆒。

(15)唐祠令41【開二五】（『唐令拾遺』）。『大唐郊祀録』巻第一、凡例上、視牲器、「又案祠令」として引用されているものによって復元されている。

諸饌供㆓備祭㆒、祀前一日、諸司官典送㆓斎所㆒、行事之官、並監検封受、省㆓其美悪之義㆒。

(16)『洞玄霊宝三洞奉道科戒営始』巻三第九、居処品（SN一一二五。SNは、クリストファー・シュペール編『道蔵通検』に付された経典番号であるシュペール・ナンバー。以下同じ）。『正統道蔵』（精装版、芸文印書館、一九七七年〈以下『正統道蔵』はこれによる〉第41冊三三〇八三頁）。『中華道蔵』（華夏出版社、二〇〇四年〈以下『中華道蔵』はこれによる〉第42冊一七頁）。史料本文は第一章、三二頁。

(17)『続日本紀』養老二年（七一八）十月辛酉（十日）条（新日本古典文学大系）。

又経曰、日乞告穢㆓雑市里㆒。情雖㆑逐㆓於和光㆒、形無㆑別㆓于窮是㆒。如㆑斯之輩、慎加㆓禁喩㆒。

(18)『礼記』祭義篇、祭統篇。史料本文は本書第一章、二五頁。

(19) 都築晶子「六朝後半期における科戒の成立―上清経を中心に―」（麥谷邦夫編『三教交渉論叢』、京都大学人文科学研究所、二〇〇五年）。

(20)『周礼注疏』（『四庫全書』経部四、礼類一、上海古籍出版社、一九八七年）。史料本文は本書第一章、一六頁。

(21)『論衡』第六十八、四諱篇「婦人乳子」。史料本文は本書第二章、七二～七三頁。

(22)『上清太上黄素四十四方経』（SN一三八〇。『正統道蔵』第56冊四五五八五・四四五八六頁）。『中華道蔵』第1冊六三〇・六三一頁。史料本文は本書第一章、二八～二九頁。

(23)『赤松子章暦』巻二第二十三「殗穢」（SN六一五。『正統道蔵』第18冊一四四八三頁）。『中華道蔵』第8冊六三八頁。史料本文は本書第一章、三〇頁。

(24)『斎戒籙』第十「説雑斎法」（SN四六四。『正統道蔵』第11冊八九九八頁）。『中華道蔵』第42冊二四八頁。史料本文は本書第一章、二七頁。

(25) 拙稿「七・八世紀将来中国医書の道教系産穢認識とその影響―神祇令散斎条古記「生産婦女不見之類」の再検討―」（本書第一章、初出は二〇〇六年）。

(26)『医心方』産婦部巻第二十三、産婦用意法、第三（『国宝半井家本医心方』五、オリエント出版社、一九九一年、一九八二頁）所引の小品方。史料本文は本書第一章、四〇頁。

(27)前掲『医心方』産婦部巻第二十三、産婦用意法、第三（注(26)に同じ。一九八一頁）所引の千金方。史料本文は本書第一章、三五頁。

(28)龍谷大学佛教文化研究所編『敦煌写本本草集注序録・比丘尼注戒本』龍谷大学図書館善本叢書16、法藏館、一九九七年、六〇五行目。史料本文は本書第二章、七六頁。

(29)『抱朴子』内篇巻四、金丹（SN一一八五。『正統道蔵』第46冊三七七二一頁）。『中華道蔵』第25冊一九頁。史料本文は本書第二章、七七頁。

(30)『新雕孫真人千金方』東洋医学善本叢書、第12冊、オリエント出版社、一九八九年、四九頁。史料本文は本書第一章、五七頁。

(31)長部和雄「竜樹五明論小考」（『唐宋密教史論考』神戸女子大学東西研究所叢書、第一冊、一九八二年）によれば、六朝以来の道・密混淆経文が上積に上積をかさねてできたものではなく、恐らく道・密混淆の六朝経文による編集で、道教臭味の濃厚なものとなったとしている。そして早ければ盛唐玄宗時代、遅ければ代宗・徳宗以降、中・晩唐純密・雑密併行時代の編集と推定している。なお『大正新脩大蔵経』は、平安時代写本、蔵外の稀覯本を幾多収蔵する石山寺の蔵本を原本とする。

(32)『陀羅尼集経』第九巻「烏枢沙摩解穢法印第十七」（『大正新脩大蔵経』第一八巻八六三頁）。史料本文は本書第二章、七九～八〇頁。

(33)『千手千眼観世音菩薩広大円満無礙大悲心陀羅尼経』（『大正新脩大蔵経』第二〇巻一〇八頁）。

(34)前掲書注(33)に同じ、一一〇頁。史料本文は本書第二章、八二頁。

(35)『龍樹五明論』巻下、五明論決、「論曰」（『大正新脩大蔵経』第二一巻九六八頁）。史料本文は本書第二章、八〇頁。

(36)『龍樹五明論』巻下、呪事第一、龍樹菩薩出二十法（『大正新脩大蔵経』第二一巻九六二頁）。史料本文は本書第二章、八〇頁。

(37)『一字仏頂輪王経』(『大正新脩大蔵経』第一九巻二三九頁)。史料本文は本書第二章、八二頁。

(38)『菩提場所説一字頂輪王経』(『大正新脩大蔵経』第一九巻二〇八頁)。史料本文は本書第二章、八二頁。

(39)『蘇婆呼童子請問経』(『大正新脩大蔵経』第一八巻七二一頁)。史料本文は本書第二章、八三頁。

(40)『蘇悉地羯羅経』(『大正新脩大蔵経』第一八巻六一七頁)。

(41)拙稿「日本古代における外来信仰系産穢認識の影響―本草書と密教経典の検討を中心に―」(本書第二章、初出は二〇〇七年)。

(42)岡田重精『古代の斎忌〈イミ〉―日本人の基層信仰―』国書刊行会、一九八二年。

(43)前掲拙稿注(25)(41)に同じ。

(44)『千手千眼陀羅尼経残巻(玄昉願経)』(京都国立博物館蔵)。

(45)「奉写四十巻経料雑物納帳」(『正倉院文書』続々修十ノ二十八、『大日本古文書』一六ノ四一二〜四一四頁)。史料本文は本書第二章、八五頁。

(46)前掲拙稿注(41)に同じ。

(47)大本敬久『触穢の成立―日本古代における「穢」観念の変遷―』創風社出版、二〇一三年。

(48)『無上秘要』巻九十九(SN一一三八。『正統道蔵』第42冊三三七九六頁)。『中華道蔵』第28冊三〇三頁。史料本文は本書第一章、三二頁。

(49)前掲書注(16)に同じ。

(50)『日本書紀』皇極三年(六四四)秋七月条(日本古典文学大系)。

(前略)由レ是、加勧、捨二民家財宝一、陳レ酒、陳二菜六畜於路側一、(後略)。

(51)『日本書紀』天武十三年(六八四)十月壬辰(十四日)条。

(前略)由レ是、人民及六畜、多死傷之。

(52)『日本霊異記』下巻第三十三縁（新日本古典文学大系）。
像法決疑経云、（中略）不レ得三撾二打三宝奴婢及以六畜一、（後略）。

(53)『仏説像法決疑経』（『大正新脩大蔵経』第八五巻一三三七頁）。
（前略）一切俗官不レ得三撾二打三宝奴婢畜生一。（後略）。

(54)『太神宮諸雑事記』第一、承平五年（九三五）六月条（『群書類従』第一輯、神祇部）。
祭使祭主神祇大副奥生参二着離宮院一。而十五日夜、彼宿房仁随身駄落胎已畢。仍恐二件穢気一不二参宮一。過二七ケ日一、以二同廿一日一参宮奉二納官幣一畢。

(55)『日本書紀』大化二年（六四六）三月甲申（二十二日）条。
復有二被レ役辺畔之民一、事了還レ郷之日、忽然得疾、臥二死路頭一。於是、路頭之家、乃謂之曰、何故使三人死二於余路一。因留二死者友伴一、強使二祓除一。由レ是、兄雖レ臥二死於路一、其弟不レ収者多。復有二百姓一、溺二死於河一。逢者、乃謂之曰、何故於我使レ遇二溺人一。因留二溺者友伴一、強使二祓除一。由レ是、兄雖レ溺二死於河一、其弟不レ救者衆。

（中略）

若是牝馬孕二於己家一、便使二祓除一、遂奪二其馬一。

(56)三橋正前掲書注(5)に同じ。

(57)たとえば産穢に関しては、『小右記』正暦元年（九九〇）十二月二十九日条に、藤原懐平が自分の女子誕生から七日目に藤原実資邸宅を訪れた時、立ちながら謁談している。

(58)『権記』寛弘八年（一〇一一）六月二十二日条（増補史料大成）。
辰剋有二臨終御気一、仍左大臣示二右大臣以下一皆令二下殿一。暫之、令二蘇生一給云々、即諸卿等参上。

(59)『北山抄』巻第四、拾遺雑抄下、雑穢事（神道大系）。
一、甲処有レ穢、乙入二其処一、謂、着座。下同。今案、飲食同レ之。（後略）。

(60)『権記』長徳四年（九九八）十二月三日条（史料纂集）。

午剋京兆消息云、雖レ遂二産事一、今一事未レ遂、邪気所為歟、僧都雖二来臨一、忌二触穢一不二著座一、早退去云々。

（61）『玉葉』承安三年（一一七三）九月二十三日条（図書寮叢刊）。

日来験者等、依レ忌レ産、各逐電退出。

（62）三橋正「『諸社禁忌』校本」前掲書注（5）に同じ。

諸社禁忌

一、産穢。

伊勢太神宮式文七ヶ日、近代卅ヶ日、産婦卅ヶ日以後、若血気不レ失者猶憚レ之、

石清水卅箇日、　賀茂七ヶ日、

松尾卅ヶ日、　平野卅ヶ日。但公事七ヶ日以後不レ憚レ之、

稲荷卅ヶ日、　春日卅ヶ日、

大原野卅ヶ日、　住吉卅ヶ日、

日吉七十日、或八十日、　梅宮卅ヶ日、

吉田卅ヶ日、但七ヶ日以後、参社当日之外、往反之人不レ憚レ之、

広田七十日、産婦百日、或如二普通一　同浜南宮同二于広田一、

祇園卅ヶ日、　北野卅ヶ日、

貴布祢卅ヶ日、但如二法意一者、七ヶ日歟、

日前卅ヶ日、　天野卅三日、

熊野　金峯山

（63）『伊勢大神宮参詣精進条々』（『続群書類従』第三輯下、神祇部）。

一　懐妊女房五ヶ月以後不二参宮一申。

一　産女百日以後参宮。

一 血下卅ヶ日穢。百日以後参宮。
一 流産卅ヶ日穢。百日以後参宮。
一 月水止後十一ヶ月以後参宮。
一 産幷月水之時着衣、縦雖レ令二洗濯一、参宮之時不レ可レ着レ之。

(64)『増一阿含経』邪聚品（『大正新脩大蔵経』第二巻七〇〇頁）。史料本文は本書第三章注(5)、一一八頁。
(65)『増一阿含経』馬王品（『大正新脩大蔵経』第二巻七六九頁）。史料本文は本書第三章注(6)、一一八頁。
(66)『妙法蓮華経』提婆達多品（『大正新脩大蔵経』第九巻三五頁）。史料本文は本書第三章注(7)、一一八頁。
(67)『仏説転女身経』（『大正新脩大蔵経』第一四巻九一九頁）。史料本文は本書第三章注(8)、一一九頁。
(68)『浄心誡観法』（『大正新脩大蔵経』第四五巻八二四頁）。史料本文は本書第三章注(16)、一一九～一二〇頁。
(69)拙稿「女性と穢れ観」（本書第三章、初出は二〇〇九年）。
(70)ミシェル・スワミエ「血盆経の資料的研究」（『道教研究』第一冊、昭森社、一九六五年）。
(71)ミシェル・スワミエ前掲論文注(70)に同じ。
(72)武見李子「『血盆経』の系譜とその信仰」（『仏教民俗研究』三、一九七六年）。同「日本における血盆経信仰について」（『日本仏教』四一、一九七七年）。
(73)牧野和夫・高達奈緒美「血盆経の受容と展開」（『女と男の時空―日本女性史再考』第五巻「女と男の乱」、藤原書店、二〇〇〇年）。
(74)『仏説大蔵正教血盆経』のテキストについては、前川亨「中国における『血盆経』類の諸相―中国・日本の『血盆経』信仰に関する比較研究のために―」（『東洋文化研究所紀要』一四二、二〇〇三年）。以下に前川亨が校訂用に用いた（スワミエ校訂底本・乾隆六年刊、吉岡義豊博士所蔵）を掲載し、これに返り点を付した。ただし諸本の異同については略した。

仏説大蔵正教血盆経

爾時、目連尊者、昔日往到二羽州追陽県一。見二一血盆池地獄一。闊八万四千由旬、池中有二一百二十件事一、鉄梁鉄柱、鉄枷鉄鎖、見南閻浮提許多女人、被頭散髪、長枷紐手、在地獄中受罪。獄卒鬼王、一日三度、将血勒教罪人喫、此時、罪人不甘伏喫、遂被獄主将鉄棒打作叫声、目連悲哀、問獄主、「不見南閻浮提丈夫之人、受此苦報、只見許多女人、受其苦痛」。獄主答師言、「不干丈夫之事。只是女人産下血露、汚触地神、并穢汚衣裳、将去渓河洗濯、水流汚漫、誤諸善男女、取水煎茶、供養諸聖、致令不浄。天大将軍、箚下名字、附在善悪簿中、候百年命終之後、受此苦報」。目連悲哀、遂問獄主、「将何報答阿娘産生之恩、出離血盆池地獄」。獄主答師言、「惟有小心教順男女、敬重三宝。更為阿娘持血盆斎三年、仍結血盆勝会、請僧転誦此経一蔵、満日懺散、便有般若船、載過奈河江岸、看見血盆池中、有五色蓮華出現。罪人歓喜、心生慚愧、便得超生仏地。諸大菩薩、及目連尊者、啓告奉勧南閻浮提衆信男女、早覚修持、大辨前程、莫教失手、万劫難復。仏告説女人血盆経、若有信心書写受持、令得三世母親、尽得生天、受諸快楽、衣服自然、長命富貴。爾時、天龍八部、人非人等、皆大歓喜、信受奉行、作礼而去。

(75) 松岡秀明「我が国における血盆経信仰についての一考察」(『東京大学宗教学年報』六、一九八九年、のち総合女性史研究会編『女性と宗教』日本女性史論集五、吉川弘文館、一九九八年所収)。

(76) 前川亨前掲論文注(74)に同じ。

(77) 牧野和夫・高達奈緒美前掲論文注(73)に同じ。

(78) 『三国遺事』巻三、造像第四、「洛山二大聖　観音」(村上四男撰『三国遺事考証』下之一、塙書房、一九九四年)。
昔義湘法師、始自唐来還、聞大悲真身住此海辺崛内、故因名洛山。(中略)後有元暁法師、継踵而来、欲求瞻礼。初至於南郊水田中、有一白衣女人刈稲。師戯請其禾、女以稲荒戯答之。又行至橋下、一女洗月水帛。師乞水、女酌其穢水献之。師覆棄之、更酌川水而飲之。時野中松上有一青鳥。呼曰休醍□(醐)和尚、忽隠不現。其松下有一隻脱鞋。師既到寺、観音座下又有前所見脱鞋一隻。方知前所遇聖女乃真身也。故時人謂之観音松。師欲入聖崛更覩真容、風浪大作、不得入而去。

(79) 『三国史記』巻第四十八、列伝第八「都彌」(学習院東洋文化研究所、一九六四年)。

（前略）遂引二其婦一、強欲レ淫レ之。婦曰、今良人已失。単独一身、不能自持、況為二王御一、豈敢相違。今以二月経一、渾身汙穢。請俟二他日薫浴而後来一。王信而許レ之。婦便逃至二江口一。（後略）。

（80）『マヌ法典』四・四〇、四・四一、四・四二。史料本文は注（11）。

（81）『三国遺事』巻三、造像第四、「南白月二聖　努肸夫得　怛怛朴朴」前掲書注（78）に同じ。

（前略）娘呼曰、予不幸適有二産憂一、乞三和尚排二備苦草一。夫得悲矜莫レ逆、燭火殷勤。娘既産、又請レ浴。努肸慚懼交心、然哀憫之情有加無巳、又備二盆槽一。坐二娘於中一、薪湯以浴レ之。既而槽中之水香気郁烈、変成二金液一。努肸大駭。娘曰、吾師亦宜レ浴レ此。肸勉強従レ之、忽覚二精神爽涼一、肌膚金色。視二其傍忽生二一蓮臺一。娘勧二之坐一、因謂曰、我是観音菩薩。来助二大師一、成二大菩提一矣。言訖不レ現。朴朴謂二肸今夜必染レ戒、将二帰听レ之。既至、見下肸坐二蓮臺一、作二弥勒尊像一放二光明一、身彩中檀金上。（後略）。

（82）牧野和夫・高達奈緒美前掲論文注（73）に同じ。

（83）高達奈緒美「血の池地獄の絵相をめぐる覚書―救済者としての如意輪観音の問題を中心に―」（『絵解き研究』六、一九八八年）。同「血の池如意輪観音 再考―六角堂・花山院・西国三十三所の伝承から」（『宗教民俗研究』一六、二〇〇六年）。

初出一覧

初出と本書収録上の変更点などは以下の通りである。

第一章　七・八世紀将来中国医書の道教系産穢認識とその影響
　　　—神祇令散斎条古記「生産婦女不見之類」の再検討—
　初出　東京女子大学読史会『史論』第五九集、二〇〇六年三月
第二章　日本古代における外来信仰系産穢認識の影響—本草書と密教経典の検討を中心に—
　初出　東京女子大学読史会『史論』第六〇集、二〇〇七年三月
第三章　女性と穢れ観
　初出　『佛教史學研究』五一—二、二〇〇九年三月。
　東方学会による英訳 "Women and Views of Pollution"
　初出　"ACTA　ASIATICA" 97、二〇〇九年八月。
第四章　古代・中世前期出産儀礼における医師・医書の役割
　初出　『国立歴史民俗博物館研究報告』第一四一集、（新谷尚紀編「生老死と儀礼に関する通史的研究」）二〇〇八年三月。
第五章　産穢—産婦と新生児—　新稿

第六章　穢れ観の伝播と受容

初出　佐藤文子・上島享編『宗教の受容と交流』日本宗教史4、吉川弘文館、二〇二〇年十一月。

本書に収録するにあたり、全章にわたり以下の変更を行った。

本文については、誤植訂正し、また論旨に大幅な変更がない範囲で、新知見などを含め適宜補足し、また文章表現の改訂を行った。

引用史料については、誤植訂正し、句読点の見直しを行った。また返り点についても見直しを行い、返り点がなかった史料は新たに付した。

特に道教関係の史料は、初出版では『正統道蔵』（精装版、芸文印書館、一九七七年）の史料を著者が翻刻引用し、これに著者が独自に句読点を付していたが、本書ではこれを『中華道蔵』（華夏出版社、二〇〇四年）の句読点を参考にその見直しを行った。また注の『正統道蔵』（精装版、芸文印書館、一九七七年）の該当頁表記法を「芸文印書館本11―八九九八頁」から「『正統道蔵』第11冊八九九八頁」のように改訂統一し、さらに『中華道蔵』の該当頁を追加した。

また医書関係の史料も、句読点、訓読文の一部見直しを行った。このため全章で史料表記法も統一した。

注については、史料や参考文献の書誌情報は、本書内の統一を行った。また初出版以降の情報を必要に応じて注に付け加えた。第六章の初出版は参考文献の提示のみで、注のない形式であったが、本書では新たに注を付し、適宜内容の補足を行った。

あとがき

私は一九七〇年代初頭から日本古代史の研究を始めていたが、特に一九八〇年代からは女性の仏教信仰に興味を持つようになり、一九八四年に大隅和雄氏、西口順子氏を発起人として始まり、十年間活動した「研究会　日本の女性と仏教」に参加し、女性の信心、尼と尼寺など、日本古代・中世の女性と仏教に関する研究を行ってきた。その過程で女人結界や血盆経信仰と関連がある穢れ観についても関心を持つようになり、少しずつ論文を発表してきた。

最初は一九九〇年に、「女性と古代信仰」（総合女性史研究会編『日本女性生活史』第一巻、原始・古代、東京大学出版会）の第一章の中で、簡単に言及していた。これを一九九五年に「血穢について」として独立させ、補論として拙著『女の信心―妻が出家した時代―』（平凡社）に掲載した。この頃から日本の穢れ観を仏教だけでなく道教などの外来信仰と比較し、その伝来と受容を検討する必要性を指摘していた。

その後十年近くは別なテーマを研究し、女性と穢れ観の研究そのものからは遠ざかっていた。しかし幸いにも二〇〇四年から新谷尚紀氏を研究代表者とする「国立歴史民俗博物館〔共同研究〕生老死と儀礼に関する通史的研究」のプロジェクトに、研究分担者として参加する機会を得た。共同研究者として天野正子氏、岩本通弥氏、大出春江氏、大藤修氏、小峯和明氏、近藤好和氏、榊佳子氏、柴田純氏、関沢まゆみ氏、堀田幸義氏、山田慎也氏、山田岳晴氏、綿引香織氏が参加され、民俗学、文化人類学、日本史、日本文学、社会学など学際的な環境に身を置くことができ、また特に新谷氏や関沢氏など民俗学分野におけるケガレ論の専門家にも多くの刺激を受けることができた。このプロジェクトは生・老・死、いずれかの儀礼を検討することを目的としていたが、私自身は生に注目することにし、少しずつ出産儀礼の史料を収集するようになっていった。

またこの頃に日本古代の疾病認識に関する卒業論文を準備していた指導学生がおり、このため丹波康頼撰『医心方』を読む機会があり、中国医書の中に産穢認識があることに気づくようになった。そして佐藤信氏、篠川賢氏、新川登亀男氏、三宅和朗氏とともに当時世話人として関わっていた「あたらしい古代史の会」で、何度も報告を聞いていただいた。まず二〇〇五年七月に、早稲田大学での例会で「七・八世紀将来中国医書にみえる出産禁忌・穢悪認識」として報告をした。この時はまだ道教に関しては言及していなかったが、関連史料を集め、二〇〇六年一月に、早稲田大学での例会で「道教系出産禁忌・穢悪認識について」を報告した。道教についてはまったくの初心者であり、史料の引用にクリストファー・シュペール編『道蔵通検』に付された経典番号であるシュペール・ナンバーを付すことなどをはじめ、増尾伸一郎氏から多くの御教示をいただいた。また勤務先の大学図書館には道蔵が架蔵されておらず、当時非常勤講師を勤めていた早稲田大学図書館の『正統道蔵』を閲覧する機会を得たことも幸いであった。これらをまとめた論文（本書第一章）が、二〇〇六年三月に刊行された。

さらに仏教経典、特に密教経典にみえる産穢認識を検討して、二〇〇六年八月に、坂出簡易保険保養センターで開催された「日本宗教史懇話会サマーセミナー（第2期第7回）」で、「日本古代の出産禁忌と外来信仰―密教経典の検討を中心に―」を報告した。また『論衡』にみえる出産習俗や本草書の史料の存在にも気づき、これも追加して、二〇〇六年十二月に「あたらしい古代史の会」の早稲田大学での例会で、「日本古代の出産禁忌と外来信仰の産穢認識―本草書と密教経典の検討を中心に―」として報告し、これをもとにした論文（本書第二章）が、二〇〇七年三月に刊行された。

一方、二〇〇六年三月からは、岡佳子氏を研究代表者とする、平成十八（二〇〇六）年～平成二十（二〇〇八）年度、科学研究費補助金、基盤研究（Ｂ）「日本の宗教とジェンダーに関する国際総合研究―尼寺調査の成果を基礎として―」のプロジェクトに、共同研究者として参加する機会を得た。このプロジェクトでは、尼門跡寺院の史料調査の他に、ハーバード大学ライシャワー日本研究所、及び荒木浩氏と井伊春樹氏を研究代表者とする科学研究費プロジェクトとの共同開催による、国際シンポジウム「仏教学を越えて―日本仏教学の新しい方向」が行われた。二〇〇七年十一月にハーバード大学で行われたシンポジウムには、阿部龍一氏をはじめとし、多くのアメリカの研究者が参加されたが、私たちのチームでは、牛山佳幸氏、岡佳子氏、佐藤文子氏、平雅行氏、高木博志氏、西口順子氏、原口志津子氏、原田正俊氏、松浦典弘氏、吉田一彦氏が参加した。私自身は「第一パネル　宗教とジェンダー」において、「女性と穢れ観」を報告する機会を得た。この報告は『平成十八年～平成二十年度　科学研究費補助金（基盤研究（Ｂ））研究成果報告書　１本文編』（二〇〇九年三月）に掲載された。そしてこの報告をもとに、史料や女人結界に関する点などを大幅に加筆した論文（本書第三章）が、二〇〇九年三月に刊行された。さらに東方学会の企画による英語訳版が、二〇〇九年八月に刊行された。

前述した国立歴史民俗博物館のプロジェクトは、二〇〇七年三月に終了したが、その成果として「国立歴史民俗博物館　基幹研究　生老死と儀礼に関する通史的研究」報告書に掲載された論文（本書第四章）は、二〇〇八年三月に刊行された。

その後またしばらくの間、別のテーマの研究を行うことになり、この問題から遠ざかっていた。しかし幸いにも二〇一五年に、吉田一彦氏らによるシリーズ『日本宗教史』全六巻（吉川弘文館）の企画が立ち上がり、佐藤文子・上島享編第４巻の『宗教の受容と交流』の中で、穢れ観の伝播と受容に関する概説を書くことを依頼された。

それまでの研究を踏まえながら、女性との関係にとどまらず、多様な穢れ観を見据える必要があった。原稿は二〇一七年七月に入稿し、二〇二〇年十一月に刊行された。

そして二〇二三年初めになって、長らく課題としていた片岡耕平氏の研究に対する検討をまとめること、そしてこれを本書第五章として加えた論文集を出版する決心がついた。

このように本書の第一章から第四章は、それぞれプロジェクトの課題とする研究の目的や視点の差もあったが、ほぼ同時期に研究を進めていた。それぞれのテーマの中で基本となる点として言及する必要から、また第六章は概説という特性によって、内容的に重複する部分もあるが、今回はそのまま各章とすることにした。そして二〇二三年十月半ばになってようやく論文集の原稿をまとめることができた。

本書を作成するにあたり、参考とした様々な先行研究、また「研究会　日本の女性と仏教」「日本宗教史懇話会」「あたらしい古代史の会」、国立歴史民俗博物館のプロジェクト、尼寺調査の科学研究費プロジェクトの研究者の方々から賜った多くの学恩に感謝申しあげたい。その中には三橋正氏、増尾伸一郎氏、新川登亀男氏などもおられたが、残念ながらすでに鬼籍に入られてしまった。心からご冥福をお祈り申しあげたい。

最後になってしまったが、実は本書の作成を塙書房の寺島正行氏からご依頼いただいたのは、二〇一二年三月であり、その時に前向きに検討するとお約束をしてから、はや十年以上の月日が経過してしまった。この間粘り強く、毎年見捨てずに論文集の出版をお勧めくださっていた。途中で投げ出さずに出版できたのは、偏に寺島氏のお陰といえる。このことに心より感謝し、厚く御礼申しあげたい。

二〇二四年四月

勝浦令子

勝　浦　令　子（かつうら・のりこ）

略歴
1951年　京都府京都市に生まれる
1981年　東京大学大学院人文科学研究科国史学専攻博士課程単位取得退学
1982年　日本学術振興会奨励研究員
1986年　高知女子大学文学部専任講師
1987年　同　助教授
1992年　東京女子大学文理学部助教授
1996年　同　教授
2009年　同　現代教養学部教授
2019年　東京女子大学名誉教授
博士（文学）　（2001年　東京大学）

主要著書
『女の信心—妻が出家した時代—』（平凡社　1995年）
『日本古代の僧尼と社会』（吉川弘文館　2000年）
『孝謙・称徳天皇—出家しても政を行ふに豈障らず—』（ミネルヴァ書房　2014年）
『橘嘉智子』（吉川弘文館　2022年）

日本《にほん》古代《こだい》の穢《けが》れ観《かん》と外来信仰《がいらいしんこう》

2024年10月15日　第１版第１刷

著　者　勝　浦　令　子
発行者　白　石　タ　イ
発行所　株式会社　塙　書　房
〒113-0033　東京都文京区本郷６丁目26－12
電話　03(3812)5821
FAX　03(3811)0617
振替　00100－6－8782

富士リプロ・弘伸製本

定価はケースに表示してあります。落丁本・乱丁本はお取替えいたします。

ISBN978-4-8273-1354-3 C3021

索　　引

（件名／史料名／人名／研究者名）

件　　名

あ行

か行

さ行

た行

な行

は行

ま行

や行・ら行

史料名

あ行

か行

さ行

た行

人　名

さ行

た行

研究者名

あ行

か行

さ行

た行

な行

は行

ま行

や行

ら行・わ行